KB233706

정보혁명의 정치경제학

* 이 연구는 대한발전전략연구원의 후원에 의하여 이루어진 것입니다.

문화과학 이론신서 31

정보혁명의 정치경제학

강남훈 지음

문화과학사

'이론신서'를 펴내며

이론과 과학이 오늘처럼 불신을 받은 적이 있었을까, 한때 종교의 아우라를 지닌 채 권위를 누리던 과학은 이제 그 옛 영화를 잃은 듯하다. 기존의 가치와 이념들, 실천의 관행과 기준들의 토대가 흔들리면서 과학은 이 불안정한 동요를 일으킨 주범의 하나로 질타받는 중이다. 이 위기는 이론과 과학의 사회적 역할과 기능, 위치 등과 관련되어 있기도 하지만 기실 그 내부에서 일어나는 위기다. 과학이 자신의 대상을 외부에서 관찰한다고, 주관과 객관의 확고한 분리가 보장된다고 하던 태평기는 지났다. 관찰 행위 자체가 대상을 변형하며, 게임의 수행이 그 규칙을 바꿔낸다는 사실로 과학은 이제 그 '객관적' 지위를 의심받게 되었고 그 체계 안의 혼돈으로 인해 이론 자체가 뿌리에서 동요하고 있다.

하지만 이론과 과학이 종교와 다르다면 그것은 바로 위기의 항존성을 자신의 존재조건으로 삼는다는 점일 게다. 역사적 과학혁명들을 돌이켜 보아도 과학의 역사는 그런 내적 위기를 돌파하는 과정 자체였다. 이 과정을 통해 이론은 자신의 역사적 피구속성에 대한 인식을 심화하였고, 상상력과 모험, 새로운 실험과 창조를 독려하고 촉발하는 계기로 삼았다. 기존의 사유방식과 이론적 패러다임들에 균열이 가고 가치체계와 이념들이 여기저기서 붕괴하고 있는 오늘 우리가 다시 한번 새로운 이론적 혁명이 필요함을 느끼는 것은 그 때문이다.

새로운 이론적 혁명의 필요성이라는 문제와 그것의 실제 공정과 진행 문제는 물론 별개다. 역사적 경험들은 이론적 혁명의 진행이 단일 사건의 양상보다는 복수적 사건들의 연쇄적 진행에 가까움을 보여주고 있다. 따라서 이론적 혁명을 이루기 위해서는 그 당위성을 주장하는 데만 그치지 않고 복수적 사건들의 연쇄를 실제로 조사해야 한다. 여기에는 지배적인 이론과 과학의 패러다임 전체 구조와 한계를 살피는 일에서 이론적 생산과 소통의 사회적, 역사적 조건의 변화를 되새겨 보는 일까지가 포함될 것이다. 자명한 것으로 보이는 과학들 사이의 위계와 경계를 다시 정하는 일도 중요한 과제다. 자연과학과 인간과학의 분리, 인간과학과 사회과학, 예술에 대한 이론들간의 분리는 더 이상 자명한 것도 당연한 것도 아니다. 전지구적으로 확산되고 있는 자본주의 상품화에 따른 물질적 자극과 욕구의 증대, 정보통신망의 확산에 따른 소통의 복합화와 특수화, 자원의 급속한 낭비 등은 더 이상 분리된 요소들이 아니라 각 차원간에 '나비효과'의 파장을 주고받으며 사슬처럼 얽히고 있다. 또한 복합적 현실의 연쇄 그리 속에서 계급, 인종, 성의 문제들은 점점 더 중층적으로 '절합'되며, 생산력의 팽창과 전지구적 사용에너지의 한계용량이라는 문제와 더한층 복잡한 함수관계를 가짐이 분명해지고 있다. 21세기 개인과 사회의 운명은 이처럼 복합적이고 불확정적인 유동성을 지닌 중층적 연쇄고리에 대한 심도있는 인식과 그에 따른 탄력있고 유연한 자기조정 능력을 어떻게 획득할 것인가에 달려 있다. 분과학문의 체계에 의해 격리되고 단자화된 제과학들의 위상과 편성을 변환하여 새로운 연쇄고리로 연결하는 것도 그래서 필요하다.

이론적 실천의 과정도 불확정성 속에서 탄력적인 유연한 태도를 지녀야 할 것이다. 이제까지 대다수 이론은 때로는 상투화된 권위주의에 사로잡혀, 때로는 과제의 무게에 짓눌려 경직성에서 벗어나지 못하고 있다. 그러나 진지함의 외관을 쓴 경직성은 이론의 창조적 생명력을 앗아갈 뿐이다. 이론의 내적 진지함은 오히려 유머 정신, 역동적인 실험정신을 북돋운다. '진지한 과학'과 '혁명적 과학'은 '즐거운 과학'과 다르지 않다. '즐거운 혁명'이다! 명령하고 억압하는 것이 아니라 스스로 움직이게 하고 창조적 실험을 활성화하는 과학, 규범에 묶이지 않고 상상력이 넘치는 과학, 창백한 금욕의 과학이 아니라 범람하는 욕망의 과학, 순응하는 과학이 아니라 저항하고 개입하는 과학이어야 한다. 세기의 전환점에서 창백한 금욕의 과학을 떠나보내고 저항의 생명력에 넘치는 '욕망의 과학'을 맞이하자.

1995년 5월 문화과학 이론신서 기획위원

감사의 글

　학위 논문부터 지금까지 쓴 논문들이 대부분 가치론에 대한 것이어서 한편으로는 세파에 흔들리지 않고 한 가지 주제를 꾸준하게 연구한다는 격려를 받기도 하였지만, 다른 한편으로는 미안한 생각이 들기도 하였다. 정치경제학을 전공하고 있는 이상 현재 움직이고 있는 현실에 대하여 무엇인가 말을 해야 한다는 의무감이 들었기 때문이다. 그래서 순수한 가치론 이외에 연구 주제를 하나 더 잡아야겠다는 생각을 하게 되었고, 여러 가지 검토를 하다가 결국 좋아하는 컴퓨터와 관련된 분야를 연구하기로 결심하게 되었다.

　지금은 상황이 많이 달라졌지만, 처음 정보혁명에 대하여 연구를 시작할 때만 해도 이 분야에 대한 연구를 발견하는 것이 쉽지 않았다. 우리 나라 경제학의 학문적 수준은 아직까지도 새로운 이론을 만들어낼 만한 수준에 도달하지 못했다고 할 수 있다. 돌이켜 보면 IMF 위기는 기본적으로는 재벌중심의 한국경제의 위기였지만, 다른 측면에서 보면 한국경제학의 위기였다고 할 수 있다. IMF 직전까지도 강경식 씨의 『국산품 애용이 나라를 망친다』라는 책이 서점 베스트셀러 진열대에 놓여 있었는데, IMF 위기가 닥치니까 이러한 주장의 허구성이 적나라하게 드러나게 되었다. 오히려 일반 국민들이 일어나서 금 모으기 운동을 한 것이 외환위기를 극복하는 데 훨씬 더 도움이 되었다. 미국의 경제학이나 경제정책을 므비판적으로 수용하여 한국 현실에 그대로 적용시키려고 한 것이 잘못이었다. 이제는 경제학을 연구하는 사람들이 스스로 생각할 때가 되었다고 생각한다.

이 책은 정보혁명에 대한 정치경제학적 연구이다. 따라서 정보혁명에 대한 주류경제학의 지나치게 낙관적인 여러 가지 주장들을 비판하는 것이 이 책의 주된 목적의 하나이다. 그런데 잘 드러나지는 않겠지만, 나는 주류경제학뿐만 아니라 주류경영학에 대해서도 비판을 하려고 노력하였다. 오늘날 경제학은 일반 대중으로부터 자꾸 멀어지고 있는 데 반해서 경영학은 대중들에게 점점 더 많은 영향력을 미치고 있다고 생각했기 때문이었다. 현실에서 동떨어진 이론은 지적 유희에 불과하며 스스로 도태될 것이 틀림없다.

이 책을 쓰기 위하여 그 동안 몇 편의 논문을 발표하였다. 이 논문들의 목록은 참고문헌에 실려 있다. 논문을 발표하고 난 두에 받은 여러 가지 비판을 수용하여 내용을 수정하고 그 동안 진전된 연구결과들을 보충하면서 미진했던 생각들을 발전시켜 가는 형식으로 작업을 진행하였다. 워낙 급변하는 분야라서 현실을 따라가는 것이 쉽지는 않았다.

이 책의 초고가 된 나의 논문들을 읽고 진지하게 토론해 준 노동가치론연구회, 한국사회경제학회 및 서울사회경제연구소의 은사님들과 동료 교수님들께 감사를 드린다. 연구 결과를 가지고 서울대학교 대학원생들과 진보네트워크 회원들과 세미나를 한 것도 많은 도움이 되었다. 학문은 연구자들 사이의 네트워크에서 생긴다는 말을 어느 때보다도 실감하고 있다. 민교협과 교수노조에서 활동을 하고 계신 여러 교수님들께도 감사드린다. 우리 사회에 진보적인 교수운동이 없었다면 진보적인 연구를 계속하는 것이 매우 힘들었을 것이다. 그리고 아무런 조건 없이 이 연구를 후원해 주신 대한발전전략연구원에 이 기회를 빌어서 다시 한번 감사를 드린다. 마지막으로 20년 이상을 함께 살아오면서 부족한 나를 도와주었고, 새로운 분야를 연구하도록 격려해 준 아내에게도 감사를 드린다.

2002. 7. 12.　강남훈

차례

서론

　오늘날 정보통신산업의 급격한 발전은 우리의 사회와 경제에 상당한 변화를 일으키고 있다. 안방에 앉아서 세계 모든 나라의 정보를 수집할 수 있게 되었으며, 세계의 누구하고도 빛의 속도로 의사소통하는 것이 가능해졌다. 3,000만 명이 넘는 사람들이 핸드폰을 가지고 다니고 있으며, 또한 핸드폰으로 사진과 동영상을 주고받을 수 있게 되었다. 전자상거래와 홈쇼핑의 매출은 날로 증가하고 있으며, 인터넷을 통한 대중들의 자유로운 의사 전달은 기존의 언론 권력을 위협할 정도가 되었다. 전자화폐가 등장하고 핸드폰과 신용카드가 결합되고 디지털 방송이 시작되었다. 월드컵을 계기로 한국의 IT 산업은 더욱 발전할 것으로 예상된다. 이러한 변화가 과연 어디까지 진행될 것인가? 이제는 정보통신기술의 발전과 그에 따른 경제적 사회적 변화에 대하여 차분하게 음미해 보는 것이 필요한 시점이 되었다.

　흔히 이러한 변화에 대하여 두 가지 견해가 대립하고 있다. 하나는 정보통신기술의 발달이 과거의 경제법칙이 더 이상 적용되지 않는 새로운 경제를 만들어 낼 것이라는 견해이다. 이 입장은 노동이나 자본이 아니라 지식이 가장 중요한 생산요소가 되고, 고용과 물가 사이의 배반관계가 없어지며, 경기순환이 사라지고, 궁극적으로 인간의 모든 경제문제가 해결될 것이라고 보고 있다. 이러한 견해는 최근 미국의 불황으로 지지자를 많이 상실하였지만, 불황이 끝나면 언제든지 다시 전면에 등장할 것이다.

다른 하나는 정보통신기술의 발달이 과거의 다른 기술혁신과 전혀 다를 것이 없다는 견해이다. 정보통신산업은 여러 산업 중의 하나에 불과하고, 기술혁신으로 새로운 산업이 등장하는 것은 언제나 있는 일이며, 1990년대 미국에서의 장기 호황은 경기순환의 호황국면이 금융적 요인으로 인하여 연장된 것에 불과하며, 기록적인 주가상승은 금융시장의 활성화와 주식자금 증가에 따른 거품에 불과한 것으로 보고 있다. 이러한 견해는 앞의 견해에 비하여 이성적인 측면이 있지만, 정보혁명의 의의를 제대로 파악하지 못하고 있기 때문에 그로 인한 사회경제적 변화를 과소평가하는 경향이 있다.

이 책의 기본적인 입장은 이러한 두 가지 견해에 모두 반대하는 것으로서, 요약하자면 대략 다음과 같다. 정보통신기술의 발전은 이전의 산업혁명과는 본질적으로 다른 측면이 있다. 그렇기 때문에 이 기술혁신으로 인하여 경제구조에 상당한 변화가 일어날 것이다. 그러나 이러한 변화가 기존의 경제법칙을 폐기하거나, 모든 사람을 행복하게 만드는 것은 결코 아니다. 이러한 기술혁신이 자본에 의해서 주도되고 있으며, 신자유주의적으로 활용되고 있기 때문이다.

이 책에서는 정보통신 기술의 발전으로 인한 경제적 사회적 대변화를 정보혁명(information revolution)이라고 부르려고 한다.

이것은 산업혁명(industrial revolution)에 대응되는 말이다.

흔히 산업혁명은 두 차례에 걸쳐서 일어났다고 파악된다.[1] 제1차 산업혁명은 18세기 3삼분기에 시작된 것으로서, 증기기관과 제니 방적기의 발명, 수도구의 기계로의 전환 등이 그 특징이다. 제2차 산업혁명은 제1차 산업혁명 100년 뒤에 시작된 것으로서, 전기와 내연기관의 발명, 과학에 기초한 화학의 발전, 철강주조법의 개발, 통신기술의 시작(전보와 전화의 발명) 등이 그 특징이다. 이러한 두 차례의 산업혁명은 기본적으로 모두 에너지에 관한 혁명이었다고 할 수 있다. 정보혁명은 대체로 1970년대에 시작되어 1990년대를 거쳐 지금까지 전개되고 있는 것으로 파악된다.[2] 이러한 견해는 두 차례의 산업혁명과 현재의 정보혁명을 순차적으로 발생한 것으로 파악하고 있다.

나는 이러한 견해에 기본적으로 동의하지만, 산업혁명과 정보혁명의 근본적인 차이는 기술혁신의 시점이 아니라 내용에 있다는 점을 강조하고 싶다. 산업혁명은 신제품 개발을 포함하여 제품을 만드는 과정에서의 혁명임에 반해 정보혁명은 정보를 처리하고 전달하는 과정에서의 혁명이다. 따라서 산업혁명과 정보혁명은 얼마든지 서로 중첩될 수 있다. 제2차 산업혁명 과정에서도 전보, 전화, 라디오 등의 발명으로 정보기술의 비약적인 발전이 있게 되었다. 현재의 정보혁명 과정에서도 산업기술의 발전은 계속되고 있다. 단순하게 기술혁신 속도만을 비교한다면 오늘날의 산업기술 발전 속도가 과거의 산업혁명기보다 훨씬 빠를 것이다. 현재의 기술혁신을 정보혁명이라고 부르는 것은 정보기술의 발전이 경제성장을 주도하고 있다는 의미에서이지, 산업기술의 발전이 더 이

---

1) Manuel Castells, *The Rise of the Network Society*, Blackwell, 1996, p. 34.

2) Ibid.

상 이루어지지 않는다는 뜻은 결코 아니다.

정보혁명은 어떤 기준에서 혁명이라고 불릴 수 있는 것일까? 현재와 같은 정보통신기술의 발전을 혁명이라고 부르는 이유는 핵심 발명을 중심으로 하여 수많은 기술혁신이 집단적으로 일어나고 있으며, 이로 인하여 생산, 교환, 분배, 소비라는 인간의 경제과정 전체에 걸쳐서 불연속적이고 비가역적인 변화가 급격하게 일어나고 있기 때문이다. 정보혁명에 포괄되는 기술혁신의 범위로서는 흔히 IT(information technology)라고 불리는, 컴퓨터와 인터넷을 중심으로 하는 좁은 의미의 정보기술3) 이외에 NT(nano-technology)라고 불리는 나노기술과 BT(bio-technology)라고 불리는 생명공학 등을 포함시킬 수 있다. 나노기술은 양자 컴퓨터 등과 같이 주로 정보기술의 하드웨어를 혁신하기 위하여 집중적으로 연구되고 있다. 생명공학은 생명에 관한 정보를 발견하여 이용하는 방향으로 발전하고 있으며, 정보기술을 집약적으로 활용하고 있다. 뿐만 아니라 이 세 가지 기술은 점점 융합되고 있는 추세이다. 4)

이 책은 정보혁명에 대한 정치경제학적 분석이다. 정치경제학적 분석은 노동가치론을 기본으로 하고 있기 때문에 이 책에서도 노동가치론에서 시작해서 정보혁명을 분석하려고 한다. 노동가치

---

3) 이것은 극소전자공학(microelectronics), 컴퓨팅(computing, 하드웨어와 소프트웨어), 원격통신과 방송, 광전자공학(optoelectronics) 등을 포함하는 개념이다.

4) Manuel Castells, op. cit., ch. 1. 정보기술혁명 범위에 유전자공학을 포함시키고 있다. 그는 두 가지 이유를 제시하고 있다. 첫째는 유전자 공학이란 생물의 정보코드를 해독, 조작, 재프로그램하는 작업이기 때문이며, 둘째는 생물학, 전자공학과 정보과학이 원료, 도구, 개념적 접근방식에서 수렴하고 있기 때문이다.

론 같이 낡은 이론으로 정보혁명을 어떻게 설명할 수 있겠는가 의심하는 사람들이 있지만, 정치경제학이 과학적인 이론이라면 정보혁명과 같은 최첨단 현상도 잘 설명할 수 있어야 할 것이다. 정보혁명에 의해서 경제법칙 자체가 달라지는 것은 아니며 단지 그 표현행태만 달라지는 것이다. 오히려 노동가치론에 입각해서 정보혁명을 분석할 때에 정보혁명의 진정한 모습을 파악할 수 있다는 것이 나의 생각이다.

이 책은 기본적으로 이론적인 분석이지 실증적인 분석은 아니다. 여러 장에서 상당한 예가 나오지만, 그것은 통계 자료를 바탕으로 한 실증으로서가 아니라 이론적인 분석을 보완하기 위한 예증으로서 제시된 것이다. 이러한 예증들은 주로 미국을 대상으로 하고 있는데, 그것은 미국에서 정보혁명의 모습이 가장 선명하게 드러난다고 판단하기 때문이다. 그러나 이 연구의 결과가 미국에만 적용되는 것은 아니다. 물론 이 연구 결과를 한국이나 다른 제3세계 경제에 적용하려고 할 때에는 적절하게 수정하는 것이 필요할 것이다.

제1부에서는 '정보혁명과 가치관계'를 다루고 있는데, 이것은 정보혁명의 미시경제학이라고도 할 수 있다.

우선, 1장에서는 정보혁명의 두 가지 요소에 대하여 분석하고 있다. 정보혁명은 디지털과 네트워크라는 두 가지 요소로 구성되어 있다. 디지털이란 모든 정보를 0과 1의 비트를 이용해서 표현하는 것인데, 아날로그 형태로 주어지는 정보를 디지털 형태로 변환하는 것이 필요하다. 이러한 변환을 위해서는 표준이나 형식과 같은 사람과 사람 사이의 약속이 필요하다.

그리고 네트워크란 정보전달체계를 가리키는 말이다. 네트워크가 성립되기 위해서는 정보를 전달하는 방법에 관한 약속, 사람과 사람 사이의 약속이 전제되어야 하는 것이다. 이와 같이 디지털과 네트워크라는 정보혁명의 두 요소는 인간관계에 기초한 것이며, 거기에는 한 점의 신비스러움도 없다.

이처럼 정보혁명은 정보에 관한 혁명이면서 사람들 사이의 약속에 기초하고 있다는 점이 근본적인 특징이다. 이러한 특징 때문에 약속을 추가하거나 변경함으로써 얼마든지 계속해서 추가적인 기술혁신이 나타날 가능성이 생긴다. 또한 약속이란 사람들 사이의 관계이기 때문에 약속을 만들고 지키는 것으로 인해서 생기는 이득의 증가를 누가 향유할 것인가를 둘러싸고 첨예한 갈등이 나타날 가능성이 있다.

2장에서는 정보혁명을 상품화 경향이라는 시각에서 분석하고 있다. 상품화 경향이란 새로운 사용가치나 비상품 사용가치를 상품으로 만드는 경향을 말한다. 정보상품은 생산측면에서는 외부효과와 규모수익체증 등의 특징을 가지고 있으며, 소비측면에서는 비배제성, 비경합성, 불투명성 등의 특징을 가지고 있다. 이러한 특성들은 정보가 상품이 되는 것에 장애가 되며, 이러한 장애를 극복하기 위해서 비용을 추가하여야 한다. 바로 이 비용이 상품화 비용이라고 할 수 있다. 상품화 비용을 충당하고도 이윤을 남길 수 있을 때 상품화 조건이 충족된다고 할 수 있다.

상품화 비용은 사회 전체로 보면 비생산적이고, 낭비적인 비용이다. 이러한 비용은 생산의 사회적 성격과 소유의 사적 성격 사이의 모순 때문에 발생한 것이다. 정보혁명은 한편으로는 이러한 비용을 기술적, 제도적으로 감소시켜 주지만, 다른 한편으로는 그 모순을 점점 증폭시키고 있다. 오늘날 정보가 부의 원천으로 보이는 현상의 바탕에는 바로 이러한 정보의 상품화 경향이 놓여 있다. 상품화에 성공하면 화폐형태로 표현되는 사회적 부가 증가하겠지만, 이것이 반드시 본원적인 사회적 부의 증가를 의미하는 것은 아니다.

3장에서는 비생산적 노동과 정보혁명의 관계에 대하여 분석하고 있다. 생산물에 사용가치를 추가하면서 가치를 추가하는 노동이 생산적 노동이고, 사용가치를 추가하지 않거나 가치를 추가하지 않는 노동은 비생산적 노동이다. 이 때 생산적 노동의 개념 속에는 유체물을 만드는 노동뿐만 아니라 무체물과 서비스를 생산하는 노동도 포함된다. 무체물이나 서비스도 사용가치오 가치를 가지기 때문이다. 이것은 대체적으로 제도학파에서 거래비용이라고 파악하는 부분과 일치한다. 비생산적 노동은 일부는 상품의 잉여가치에서 공제되고, 일부는 상품에 명목가치를 추가하는 형태로 보전된다.

정보혁명과 산업혁명의 차이는 노동자에 미치는 영향이라는 관점에서 바라보면, 산업혁명은 주로 생산적 노동에 대하여 영향을 미쳤던 데 반해, 정보혁명은 비생산적 노동에 집중적인 영향을 미치고 있다는 데 있다. 비생산적 노동은 주로 시장이라는 제도의 불완전성, 즉 시장에서 완전한 정보가 주어지지 않기 때문에 필요한 노동이었는데, 정보기술은 점점 더 많은 정보를 제공해 주기 때문에 불필요해지는 것이다. 기술혁신이 생산적 노동을 축출하면 특별잉여가치를 발생시키고, 나중에 상대적 잉여가치가 발생하며, 마침내 이윤율이 저하하게 된다. 그러나 비생산적 노동을 축출할 경우에는 낭비되던 비용을 절약하는 것이기 때문에 이윤율 저하 경향이 나타나지 않는다. 바로 여기에 "고실업 속의 고이윤율", 혹은 "20대 80의 사회"가 나타날 수 있는 가치론적 근거가 있다.

4장에서는 가치론을 가지고 정보상품의 교환과 정보상품의 이윤을 어떻게 설명할 것인가라는 문제를 다루고 있다. 정보상품 중에서는 한계생산비가 0에 가까운 경우, 즉 노동을 투입하지 않아도 추가생산이 이루어지는 듯이 보이는 경우가 있다. 그러나 이런 상태가 지속되는 경우에는 장기적으로 이 상품이 재생산되지 않을 것이므로 이 상품의 가치를 0이라고 볼 수는 없다. 정보상품은 버전(version)과 카피(copy)를 구별하고, 버전을 생산하거나 재생산하는 데 투하되는 노동량이 그 상품의 가치를 결정한다고 파악하여야 한다.

정보상품 이윤은 세 가지 성분으로 구성되어 있다. 하나는 특별잉여가치로서 경쟁 기업에 비하여 기술적 우위가 있을 때 사회적 가치와 개별가치 차이만큼의 초과이윤을 획득하는 것을 말한다. 두 번째는 지대로서 자본의 생산력에 기인하지 않는 외부적인 조건에 의해서 두 자본 사이에 수익성에서 차이가 날 때 발생한다. 마지막은 독점이윤으로서 시장에서 독점력을 가지고 있을 때 획득할 수 있다. 이 중에서 사회 전체적으로 보아서 생산력을 가장 높이는 효과가 있는 것은 특별잉여가치이다. 독점이윤은 다른 부분의 잉여가 이전된 것에 불과하므로 독점이윤이 증가한다고 해서 사회 전체적으로 잉여가치가 증가하는 것은 아니다. 지대는 허위의 사회적 가치에 불과하고 지대를 낳는 조건은 자본에 의해서 만들어질 수 없으므로 지대의 기술진보 효과는 그다지 크지 않다고 할 수 있다. 지대나 독점이윤은 그것을 획득하기 위해서 노력하는 과정에서 사회적 낭비를 초래할 수 있다.

제2부에서는 정보혁명과 축적구조를 다루고 있는데, 정보혁명의 거시경제학이라고도 할 수 있다.

5장에서는 1990년대 미국에서의 소위 '신경제 현상'에 대해 설명을 시도하고 있다. 신경제에 대해서는 거품에 불과하다는 상당히 부정적인 견해가 있지만, 전후 가장 오랜 기간 동안 확장국면이 계속되었으며, 실업률이 낮아지고 고용비용지수가 증가하는데도 물가가 상승하지 않았다는 것 등은 신경제 현상이 정보혁명이라는 실체를 가지고 있었다는 것을 의미한다. 1990년대 미국에서는 금융시장의 활황과 더불어 정보혁명으로 인한 상품화 경향, 비생산적 노동의 축출 경향 등이 함께 작용하여 신경제 현상을 낳았던 것이다.

미국에서의 신경제 현상은 두 단계를 거쳐서 진행되어 왔다고 할 수 있다. 제1단계에서는 IT생산산업이 발달하고 IT사용신규사업이 등장하여 호황이 시작되지만 아직까지 생산성 증대 효과가 나타나지 않는 단계였다. 제2단계는 IT사용기존사업에서 비생산적 노동자의 축출이 본격화되면서 생산성 증대 효과가 본격적으로 나타나는 단계였다. 생산성 증대 효과는 신경제 이후의 불황기에서도 나타나고 있다.

6장에서는 지식기반경제론을 다루고 있다. 지식기반경제는 흔히 노동보다 지식이 중요해지고 수확체감이 아니라 수확체증의 법칙이 적용되는 새로운 경제로 묘사된다. 이 장에서는 재정거래라는 관점에서 가치법칙의 작용을 새롭게 해석한 뒤 지식기반경제론에 대하여 다음과 같은 분석을 하고 있다.

지식은 항상 더 많은(혹은 더 좋은) 사용가치를 만들어낸다. 그러나 지식이 항상 더 많은 가치, 즉 더 많은 이윤을 만들어내는 것은 결코 아니다. 지식을 개발한 자본에게 이득이 되기 위해서는 특별잉여가치, 지대나 독점이윤이 발생하여야 한다. 그 중에서 특별잉여가치나 지대를 발생시키는 경우에만 사회 전체적으로 더 많은 가치가 창출된다고 말할 수 있다. 지식이 늘어나면 사용가치가 늘어나지만 가치는 늘어나지 않을 수도 있다는 것은 정치경제학의 근본 모순인 사용가치와 가치 사이의 모순이 발전한 것이다. 지식기반경제는 지식을 독점하고 지식의 확산을 막음으로써 지식의 증가를 잉여가치의 증가로 연결시키려고 한다. 지식기반경제는 미래학자들이 꿈꾸는 것처럼 이상적인 경제가 결코 아니다.

7장에서는 정보혁명에 의해 새롭게 형성되어 가는 자본주의 경제체제를 배제적 축적체제라고 규정하였다. 배제적 축적체제란 정보혁명으로 만들어진 축적체제에 신자유주의적 조절이 더해진 것이라고 할 수 있다. 축적체제 차원에서 생산방법이 대량생산에서 대량맞춤생산으로 바뀌어감에 따라 유연생산체제가 확립되면서 비생산적 노동이 축출되고 있다. 노동력 재생산 과정에서는 지식노동자와 보통노동자 사이의 임금 격차가 커지고, 집단임금이 개별임금으로 전환하며, 노동력 재생산이 금융시장에 의존하게 된다. 잉여가치의 지배적 형태가 상대적 잉여가치로부터 특별잉여가치, 독점이윤, 지대 등으로 바뀌고 있다. 비생산적 노동자들의 축출은 잉여가치율이 저하에 반작용하는 힘으로 작용하고 있다. 노동자들의 축출로 인해서 발생하는 수요의 감소는 지식노동자의 고소비와 세계화를 통한 세계시장의 확보 등에 의해서 유지되고 있다. 배제적 축적체제와 세계화 경향은 이렇게 연결되어 있다.

배제적 축적체제는 신자유주의적 조절양식과 결합되어 있다. 신자유주의적 조절 중에서 가장 중요한 것은 주식시장을 통한 조절이다. 주식자본 그 자체로서는 잉여가치를 생산하지 못하는 자본의 운동이고 투기적인 성격을 가지고 있다. 창업자 이득의 형태로 산업자본에 자금을 공급하며 주기적으로 배당의 형태로 산업자본으로부터 자금을 받는다. 주식시장은 기본적으로 불안정하고 취약성을 가지고 있다. 따라서 주식시장을 통한 조절은 불안정하고, 단기주의에 빠지기 쉬우며, 배제적인 임노동관계를 정당화하게 된다. 주식시장과 정보혁명은 상호작용을 통하여 서로를 강화하면서 더욱 발전하고 있다.

정보혁명은 생산성을 비약적으로 발전시키고, 더 많은 정보와 지식을 생성하고 있기 때문에, 인간의 많은 경제적 문제를 해결할 수 있는 잠재적 가능성을 가지고 있다. 예를 들어 시장에서는 가격이라는 하나의 정보만이 집중적으로 유통되기 때문에 가격에 나타나지 않는 많은 정보는 불확실하게 주어진다. 정보혁명은 이러한 불확실성을 제거해 줌으로써 시장의 무정부성을 완화시킬 가능성이 있다. 또한 정보가 풍부해질수록 네트워크 형태의 수평적 조직이 바람직하게 되기 때문에 비민주적인 위계적 조직이 사라질 가능성이 있다. 그러나 이러한 가능성들에도 불구하고 정보혁명은 자본의 운동에 의해서 주도되고 있으며, 신자유주의적인 조절양식과 결합되어 배제적 축적체제를 만들어내고 있는 것이다.

앞으로 정보혁명의 성과를 사회구성원들이 골고루 나누어 가질 수 있는 체제를 만드는 것이 민주화 운동의 과제가 될 것이다. 노동자들을 배제하는 경향에 대한 강력한 해결책의 하나는 노동시간의 단축이다. 산업혁명을 거치면서 하루 16시간이었던 노동이 8시간으로 줄었다면, 정보혁명을 거치면서 하루 8시간인 노동시간은 4시간으로 줄어들어야 한다. 지식의 상품화는 사회 발전을 촉진하고 사회 전체의 이익이 되는 한에서 허용되어야 하며, 그 이득을 사회적으로 통제할 수 있는 장치도 마련하여야 한다. 강력한 독점금지법을 만들어서 승자독식 경향에 제동을 걸고 경쟁을 촉진하여야 할 것이다. 지대와 금융소득 등과 같은 불로소득에 대한 통제 장치를 만들어야 하며, 금융자본의 국제적 이동에 더해서도 투기성을 억제할 수 있는 제도를 모색하여야 할 것이다.

제1부: 정보혁명의 미시경제학

정보혁명과 가치관계

1장 정보혁명의 두 가지 요소

1. 머리말

 1970년대 이래 정보통신기술(information and communication technology)의 비약적인 발전은 우리의 경제와 사회를 엄청나게 변화시키고 있다.

 1946년에 처음으로 만들어진 프로그램이 가능한 컴퓨터(ENIAC)는, 약 40년 뒤인 1971년에 마이크로프로세서(micro processor)가 발명되면서부터 가속적으로 발전하기 시작하였다. 컴퓨터 기술의 발전은 흔히 반도체의 연산능력이 18개월마다 두 배로 증가한다는 무어의 법칙(Moore's law)으로 묘사된다.[1] 이러한 컴퓨터 기술의 발전은 컴퓨터의 가격을 역사상 유례없을 정도로 급격하게 하

---

[1] 고든 무어(Gordon Moore)는 인텔의 공동창업자로서 1965년에 이러한 예언을 하였다. 그는 1975년까지 이 법칙이 타당할 것으로 예언하였으나, 이 법칙은 아직까지도 유효할 뿐만 아니라 앞으로 상당한 기단 동안 그럴 전망이다. 그의 원래 글은 다음과 같다. "Cramming more components onto integrated circuits," *Electronics*, Vol. 38, No. 8, April 19, 1965.

락시켰다. 1970년과 1999년 사이에, 연산능력의 가격은 1MHz당 7,601달러에서 0.17달러로 99.99% 하락하였으며, 저장용량의 가격은 1Mb당 5.257달러에서 0.17달러로 93.96% 하락하였고, 전송속도의 가격은 1Tb당 15만 달러에서 0.12달러로 99.9999% 하락하였다.[2]

1969년 국방성의 주도로 만들어진 인터넷(ARPANET)은 1991년 미국과학재단(NSF)에 의해서 상업적인 접속이 허용되면서부터 급속하게 발달하기 시작하였다. 인터넷의 접속 부하는 무어의 법칙의 2배나 되는 속도로 100일마다 2배로 증가하고 있으며,[3] 1996년 4,000만 명이었던 전 세계 인터넷 사용자수는 2001년 5억 명 이상으로 늘어나, 불과 5년만에 12배나 증가한 것으로 추정된다. (http://stat.nic.or.kr/iuser.html) 이러한 확산속도가 얼마나 빠른가를 알기 위해서는 전기의 확산속도와 비교해 보는 것이 좋다. 전기의 경우에는 1831년에 최초로 발견되어, 50년 뒤인 1882년에 최초의 발전소가 건설되었고, 다시 50년이 지나서야 미국 전체의 공장과 가정의 80%가 전기를 사용하게 되었다.[4]

이러한 정보혁명의 핵심발명은 컴퓨터와 인터넷이다. 컴퓨터는 디지털 형태로 정보를 처리, 저장하는 장치이고, 인터넷은 정보를 전달하는 네트워크의 한 종류이다. 이런 점을 고려하여 보면 정보혁명은 디지털과 네트워크라는 두 가지 핵심 요소로 구성되어 있다고 할 수 있다.[5] 많은 연구자들이 정보혁명을 디지털

---

2) *The Economist*, "Untangling E-conomics," 2000. 9. 23 참조.

3) U.S. Department of Commerce, *The Emerging Digital Economy*, 1998, pp. 10-11.

4) Ibid., p. 21.

5) 신문 보도에 따르면, 김대중 정부 초기 경제부처 장관들 사이에서 '디지털

혁명, 인터넷 혁명, 혹은 디지털 네트워크 혁명이라고도 부르는 것은 바로 이런 까닭이다.[6] 이 장에서는 디지털과 네트워크라는 정보혁명의 두 가지 요소를 정치경제학적 시각에서 분석해 보려고 한다.

2. 디지털

정보혁명이 도래하면서 모든 것들이 디지털화되어 가고 있다. 디지털 컴퓨터, 디지털 카메라, 디지털 TV, 디지털 라디오 등 디지털 제품들이 계속 출현하고 있고, 경제와 사회도 디지털화되어 디지털 경제, 디지털 사회로 되었으며, 마침내 디지털 존재까지 등장하게 되었다.[7] 그러다 보니 물질폐기론[8] 등과 같이 다소 신비스럽고 기술학적인 측면에 치우친 주장들까지 제시되고 있다. 네그로폰테는 아날로그 원자인 아톰(atom)과 디지털 원자인 비트

경제'와 '인터넷 경제' 중 어떤 것이 올바른 용어이냐를 놓고 열띤 논쟁이 벌어진 적이 있다. 과기처 장관은 '디지털 경제'가 올바르다고 주장하였고, 정통부 장관은 '인터넷 경제'가 올바르다고 주장하였다. (매일경제, 2000. 2. 4) 장관들은 각자의 임무에 충실하였다.

6) 류동민, 「디지털 네트워크경제의 특성에 대한 정치경제학적 분석」, 『노동가치론연구회 워킹페이퍼』, 2000.

7) Nicholas Negroponte, *Being Digital*, Vintage Books, 1995; 백욱인 역, 『디지털이다』, 커뮤니케이션북스, 1999. 네그로폰테의 책 『디지털이다』의 영어 제목은 'Being Digital'이다. 인간(human being)이 디지털로 되고 있다(being digital)는 의미가 포함되어 있다고 해석할 수 있다.

8) George Gilder, *Microcosm: The Quantum Revolution in Economics and Technology*, Touchstone Books, 1990.

(bit)를 비교하면서 다음과 같이 말하고 있다. "비트는 색깔도, 무게도 없다. 그러나 빛의 속도로 여행한다. 그것은 정보의 DNA를 구성하는 가장 작은 원자적 요소이다."[9]

디지털이란 정보를 비트의 묶음으로 표현하는 것을 말한다. 여기서 비트란 0 아니면 1의 값을 갖는 단위를 말한다.[10] 하나의 비트는 0 아니면 1 두 가지 값뿐이지만, 비트를 묶으면 모든 수를 비트로 표시할 수 있다. 자연수는 10진수를 2진수로 바꾸고, 필요한 만큼 비트를 묶어서 표현하면 된다. 예를 들어 5라는 숫자는 비트 세 개를 묶어서 101로 표현할 수 있다. 음수는 묶음의 제일 앞에 오는 비트를 부호를 나타내는 비트라고 약속하면 얼마든지 표현할 수 있다. 소수의 경우에는 원하는 만큼의 정확도를 가지도록 소수점 이하 자리수를 나타내는 비트를 필요한 만큼 묶어서 근사치로 표현할 수 있다.

그러나 우리가 실제로 생활하는 세계에서는 숫자가 아닌 정보들이 압도적이다. 아름다운 그림이나 음악을 생각해 보라. 그것은 숫자 형태로 주어지는 정보가 아니다. 이러한 것들은 아날로그 형태로 주어진 정보이다. 우리가 디지털화한다고 하는 것은 아날로그 형태로 주어진 정보를 디지털 형태로 변환하는 것을 말한다. 그림이든 음악이든 냄새든 감정이든 인격이든 모든 정보를 디지털 형태로 변환하는 것을 의미한다.

어떻게 디지털 형태로 주어지지 않은 정보를 디지털화할 수 있을까? 결론부터 말하자면 그것은 인간과 인간 사이의 약속에 의해

---

9) Nicholas Negroponte, 앞의 책, 15쪽.

10) 원래 아날로그(analog)가 전압이나 전류처럼 연속적으로 변하는 양을 의미하는 말이라면 디지털(digital)이란 손가락이나 발가락의 수처럼 불연속적으로 변하는 양을 의미한다.

서 비로소 가능하게 되는 것이다. 이것은 정보가 디지털로 표현되는 과정에 대한 예를 몇 가지 들어보면 분명해진다.

우선 문자를 생각해 보자. 문자를 디지털로 표현하기 위해서는 문자를 어떻게 디지털로 표현할 것인지에 대한 약속을 가지고 있어야 한다. 예를 들어 'ㄱ'을 '001'로, 'ㅏ'를 '101'로 표현하기로 약속하였다면 '가'는 '001101'로 표현하면 될 것이다. 음악의 경우에도 도를 '001'로 표현하고 레는 '010'으로 표현한다는 식의 약속이 이미 존재하여야 한다. 그림의 경우에도 다소 복잡해 보이지만 같은 원리이다. 흑백 그림의 경우를 예로 들면, 그림을 가로 1000줄, 세로 800줄의 모눈종이에 놓는다. 제일 왼쪽 위 모눈부터 오른쪽으로 가면서 그 부분의 색깔이 흰색이면 '0'으로 표현하고 검은색이면 '1'로 표현하기로 약속한다면 그림을 디지털로 표현할 수 있을 것이다. 물론 이 경우에는 모두 1000×800개의 비트가 필요하게 된다. 만약 그림을 정밀하게 표현하고 싶으면 더 촘촘한 모눈종이를 사용하고 더 많은 비트를 모으면 된다.

다음으로 'ㄱ'도 '001'로 표현하고 '도'도 '001'로 표현하기로 약속하였다면 '001'이라는 정보가 전달되었을 때 그것이 'ㄱ' 인지 '도' 인지 어떻게 구별할 수 있겠는가? 그것은 다음에 올 비트가 문자인지 음악인지를 구별할 수 있게 해 주는 비트를 앞에 덧붙이는 방법으로 간단하게 해결할 수 있다. 예를 들어 비트 두 개를 덧붙여서 문자의 경우에는 '00'으로 표현하고 음악의 경우에는 '01'로 표현하기로 약속한다면 '00001'은 'ㄱ'이고, '01001'은 '도'가 될 것이다. 네그로폰테는 이와 같이 앞에 덧붙여져서 다음에 오는 비트를 설명해주는 비트를 비트의 비트라고 불렀다.[11]

그러면 이와 같은 디지털 형태의 정보는 어떤 장점을 가지고 있

---

11) Nicholas Negroponte, 앞의 책, 19쪽.

을까?

첫째로 동일한 내용의 정보를 저장하는 크기가 줄어든다는 것을 들 수 있다. 브리태니커 백과사전의 경우에서 확인할 수 있듯이 아날로그 형태로는 백과사전 30권에 들어갈 내용이 디지털 형태로는 CD 한 장에 저장된다. 이러한 일은 약속에 기초해서 디지털화한 숫자만을 저장하기 때문에 가능해진 것이다.

둘째로 디지털 형태의 자료는 자연에 존재하는 거의 모든 물질에 저장될 수 있고 거의 모든 물질을 통하여 전달될 수 있다. 이것은 디지털화된 자료는 0과 1만으로 표현되므로, 어떤 물질이 그것을 저장하거나 전달할 수 있으려면 인간이 그 물질의 두 가지 상태를 구별할 수 있고 원하는 대로 조작할 수 있는 것으로 충분하다. 진공관이나 반도체뿐만 아니라 자석, 단백질, 탄소, 양자까지도 모두 저장 수단으로 사용될 수 있으며, 전화선뿐만 아니라 전기선, 전파, 케이블, 공기, 빛까지도 모두 전달 수단이 될 수 있는 것이다. 12)

셋째로 디지털 형태의 자료는 혼합되고 압축되며, 암호화될 수 있다. 앞에서 설명한 바와 같이 비트의 비트를 잘 설정해 주면 문자자료와 음악 자료는 서로 혼합되더라도 아무런 문제가 없다. 이것을 네그로폰테와 같이 혼합비트라고도 부를 수 있을 것이다. 13) 흔히 말하는 멀티미디어란 오디오, 비디오, 텍스트 등 여러 가지 형태의 자료가 혼합비트에 의해서 혼합된 것이라고 할 수 있다. 혼합뿐만 아니라 자료를 압축하는 것도 압축비트를 설정함으로써

---

12) 음과 양이라는 두 개의 기호에 모든 사물을 포괄·귀속시키는 음양설에 따르면 만물에는 두 가지 상태가 있으므로, 디지털 데이터를 저장하고 전송할 수 있다.

13) Nicholas Negroponte, 앞의 책, 19쪽.

가능해진다. 그러기 위해서는 어떻게 압축비트를 설정할 것인지에 대한 약속, 즉 압축알고리즘이 필요할 것이다. 혼합하그 압축하는 것뿐만 아니라 암호화하는 것도 암호비트를 설정함으로써 가능해진다. 실제로 이러한 방법들은 함께 사용된다. 아날로그 형식으로는 수십 명의 목소리를 하나의 전화선으로 전달하는 것이 불가능하겠지만, 디지털 형식으로는 압축하고, 암호화하고, 혼합함으로써 그러한 일이 가능한 것이다.

넷째로, 디지털 자료는 컴퓨터에 의해서 처리될 수 있다는 것이 큰 장점이다. 오늘날의 컴퓨터는 일초에 수십 억 번의 연산을 할 수 있다. 컴퓨터는 정보를 검색하는 데에도 탁월한 능력을 발휘한다. 정보가 아무리 많이 있더라도 그것을 제때에 검색할 수 없다면 아무런 소용이 없을 것이다. 결국 디지털화한다는 것은 컴퓨터가 처리할 수 있게 만든다는 것과 같은 의미라고 할 스 있다. 그런데 역으로 컴퓨터가 바로 이렇게 엄청난 성능을 가질 수 있게 된 것은 디지털 형식으로 자료를 처리하겠다는 발상의 전환이 있었기 때문에 가능한 것이었다. 오늘날 컴퓨터의 기본 단위라고 할 수 있는 트랜지스터는 부울(George Boole)의 부울 대수학(Boolean algebra)에 기초해서 만들어진 것이다.[14]

지금까지의 분석을 정리하여 보자.

디지털이라는 것은 정보를 0과 1의 비트를 사용하여 표현하는 것이다. 그러나 자연현상에 관한 정보는 디지털 형태로 주어지는 것이 아니므로 디지털 형태로 변환하는 과정이 필요하다. 아날로그 정보를 디지털 형태로 완벽하게 변환하는 것은 불가능할 뿐만

---

14) George Boole, *The Mathematical Analysis of Logic: Being an Essay Towards a Calculus of Deductive Reasoning*, 1847. 트랜지스터가 발명된 것이 1947년이니까 발상의 전환 이후 100년이 걸린 셈이다.

아니라 불필요하기 때문에 인간에게 필요한 만큼의 정보를 디지털 형태로 변환하면 된다. 이와 같이 디지털화한다는 것은 정보를 0과 1만을 사용하여 인간에게 필요한 만큼 근사적으로 표현하는 것을 의미할 뿐 무슨 신비스러운 마술이 아니다. 아톰과 대립되는 비트로 만드는 것이 아니라, 아톰에 관한 정보를 비트로 필요한 만큼 근사적으로 표현하는 것뿐이다.

이렇게 디지털 형태로 변환하기 위해서는 어떤 방법으로 변환하겠다는 약속이 필요하게 된다. 이러한 약속은 흔히 표준(standard)이라고 불리고 형식(format)이라고도 불린다. 표준이나 형식은 시장에서 자연스럽게 형성될 수도 있고 제도적으로 만들어질 수도 있다. 표준이나 형식이 존재해야지만 정보를 디지털 형태로 표현할 수 있는 것이다. 이와 같이 디지털이라는 기술의 근저에는 인간과 인간 사이의 약속이 존재하는 것이다. 기술은 본질적으로 인간과 자연 사이의 관계를 변화시키는 것이다. 그러나 인간과 자연 사이의 관계가 변하기 위해서 인간과 인간 사이의 관계가 먼저 변할 필요가 있는 경우가 종종 있는데, 바로 디지털이라는 기술이 그런 경우에 해당한다. 이러한 인간과 인간 사이의 약속은 그것이 약속이기 때문에 약속을 추가함으로써, 예를 들어 혼합비트, 압축비트, 암호비트 등 비트의 비트를 계속 덧붙임으로써, 얼마든지 확대될 수 있는 것이다.

3. 네트워크

정보혁명의 두 번째 요소는 네트워크(network)이다. 네트워크란 여러 가지 의미로 쓰인다. 넓은 의미에서는 정보사용자(발신자 및 수신자)와 정보전달체계 전체를 포함하는 의미로 사용되고 좁은 의미에서는 정보전달체계만을 가리키는 말로 사용된다. '리눅스 사용자들의 네트워크'라고 할 때에는 전자의 의기에 가깝고, '방송망', '통신망' 등이라고 할 때에는 후자의 의미에 가깝다. 정보전달체계는 정보를 전달하는 경로(channel, link)와 노드(node, switch) 및 그 작용에 대한 통제(control) 시스템으로 구성되어 있다. 노드는 경로를 효율적으로 사용하기 위하여 필요한 장치이다.

네트워크는 전화나 팩스와 같이 아날로그 네트워크일 수도 있고, 인터넷과 같이 디지털 네트워크일 수도 있다. 또한 방송처럼 정보의 흐름이 한쪽 방향으로만 흐르는 단방향 네트워크도 있고 인터넷이나 전화처럼 양쪽으로 흐르는 쌍방향 네트워크도 있다. 이 글에서 네트워크라고 할 때에는 주로 쌍방향 네트워크를 의미한다. 쌍방향 네트워크에서는 정보의 공급자(생산자)가 정보의 수요자(소비자)가 되는 특성을 가지고 있다. 인터넷은 전 세계 컴퓨터들을 연결하는 디지털 쌍방향 네트워크이다.

인터넷은 컴퓨터들의 네트워크이다. 그것은 전 세계에서 가장 크고 가장 빨리 성장하고 있는 네트워크이다. 그것은 디지털 정보를 처리하는 컴퓨터를 광섬유로 연결한 것이므로, 1초에 수십억 번의 연산을 하고 빛에 가까운 속도로 정보를 전달할 수 있다. 뿐만 아니라 그것은 진정한 쌍방향성을 가지고 있다. 모든 컴퓨터가 정보의 제공자이면서 정보의 사용자이고, 정보의 생산자이면서 정보의 소비자가 된다.

네트워크가 제대로 기능하기 위해서는 정보전달에 관한 약속이 미리 만들어져 있어야 한다. 예를 들어 모스 부호와 같이 신호의 의미를 미리 정해둔다든지, 자기의 말이 끝나면 '오버' 등의 말을 끝에 덧붙여 자기 말이 끝났다는 것을 알리는 등의 약속이 필요하다. 이러한 사람들 사이의 통신에 관한 약속을 일반적으로 통신규약(protocol)이라고 부른다. 인터넷은 TCP/IP(Transmission Control Protocol/Internet Protocol)라는 프로토콜에 입각해서 전 세계의 컴퓨터들을 연결한 네트워크로 정의할 수 있다. 이와 같이 정보혁명의 두 번째 요소인 네트워크의 경우에서도 그 기술의 근본에 인간과 인간 사이의 약속이 존재하고 있다는 것을 확인할 수 있다.

흔히 네트워크에서는 네트워크 효과(network effect), 혹은 네트워크 외부성(network externality)이 나타난다고 말한다. 이것은 일반적으로 말해서 "재화의 가치가 그것을 사용하는 사람들의 수에 의존할 때" 발생하는 효과로 정의된다.[15] 이메일을 사용하는 사람들의 수가 많아질수록 이메일의 가치가 늘어나는 것이 좋은 예이다. 그러나 위에서 인용한 서술 중에서 가치라고 하는 것은 앞뒤 맥락으로 보아 소비자에 대한 가치, 혹은 소비자가 느끼는 가치를 말하는 것이므로 정치경제학적인 용어로 표현하자면 가치가 아니라 사용가치에 해당되는 개념이라고 할 수 있다. 따라서 이 글에서는 네트워크효과를 "네트워크에 접속하는 사람의 수가 늘어날수록 네트워크의 사용가치가 증가하는 효과"로 정의하려고 한다.

네트워크효과는 다음과 같은 세 가지 효과가 합해져서 발생하는 것이라고 할 수 있다.

---

15) Hal R. Varian, "Market Structure in the Network age," in Erik Brynjolfsson/Brian Kahin, eds., *Understanding the Digital Economy: Data, Tools, and Research*, MIT Press, 2000, p. 143.

첫째는 콘텐츠효과(contents effect)가 있다. 콘텐츠효과란 접속자가 늘어나면 정보의 양과 질이 늘어남으로써 사용가치가 커지는 효과이다. 전화 같은 네트워크를 예로 들어보면 정보를 얻기 위하여 전화를 거는 사람은 통화 중에 저절로 상대방에게 정보를 제공하는 역할을 하게 된다. 이것은 물물교환에서 물건의 공급자가 바로 수요자가 되는 메커니즘과 동일하다. 수요가 스스로 공급을 창조하는 것이다. 이러한 의미에서 콘텐츠 효과는 생산소비자(prosumer) 효과라고도 부를 수 있다.[16] 네트워크에 한 명의 접속자가 늘어나면 정보소비자뿐만 아니라 정보생산자가 한 명 늘어나므로 콘텐츠도 그만큼 늘어난다고 볼 수 있다. 따라서 이 효과는 대략 접속자의 수에 비례한다고 할 수 있다.

둘째는 접속자의 수가 늘어날수록 의사소통 경로가 늘어나서 네트워크의 사용가치가 커지는 효과가 있다. 이것을 경로효과(channel effect)라고 불러 보자. n명의 접속자 사이에 전달자를 사용하지 않는 직접적인 의사소통 경로는 $nC_2 = \dfrac{n(n-1)}{2}$ 개를 만들 수 있으므로, 접속자의 수가 커질 때 경로효과를 통한 사용가치는 접속자 수의 제곱에 비례해서 증가한다고 할 수 있다. 흔히 네트워크의 가치는 접속자 수의 제곱에 비례한다는 법칙을 멧칼페(Metcalfe)의 법칙이라고 부르고 있는데, 멧칼페의 법칙은 바로 이러한 경로효과를 고려한 것이라고 해석할 수도 있을 것이다.[17]

---

16) 생산소비자(prosumer)란 생산자(producer)와 소비자(consumer)의 합성어로서 앨빈 토플러(Alvin Toffler, *The Third Wave*, Morrow, 1980; 김진욱 역, 『제3의 물결』, 범우사, 1992)가 처음으로 사용한 용어이다.

17) 멧칼페의 법칙은 다음과 같이 설명된다. 네트워크의 가치가 한 사용자가 접속할 수 있는 다른 사용자의 수에 비례한다고 가정한다. 그러면 n명의 접속

셋째는 네트워크 내에서 공동체를 형성함으로써 사용가치가 증가하는 공동체효과(community effect)를 생각해 볼 수 있다. 공동체는 접속자들에게 사용가치를 제공해 준다. 단 2사람으로 이루어진 공동체는 두 번째의 직접적인 경로효과와 동일하다. 그러나 공동체는 3사람, 4사람 등과 같이 여러 사람 사이에서도 형성할 수 있으므로, 극단적으로 말하자면 n명의 접속자가 있는 네트워크에서 형성할 수 있는 공동체의 총 수는 대략,

$$2^n \ (= nC_0 + nC_1 + nC_2 + nC_3 + \cdots\cdots + nCn)$$

이 된다. 이 공동체 효과는 0개에서 n-1 개까지의 전달자를 사용한 간접적인 경로효과와 같은 개념이 된다. 이와 같이 공동체 효과, 즉 간접적인 경로효과로 인한 사용가치는 최대한으로 접속자의 지수배로 증가한다고 말할 수 있다.

위의 세 가지 효과는 단순한 가정 하에서 설명한 것이다. 콘텐

자가 있는 네트워크에서 한 사용자가 느끼는 가치는 n이 될 것이다. 그런데 이 네트워크에는 모두 n명의 접속자가 존재하므로 네트워크 전체의 가치는 n^2이 된다.

배리언(H. R. Varian, op. cit)은 위와 같은 멧칼페의 법칙을 이용하여 다음과 같은 흥미있는 계산을 제시해 주고 있다. 접속자가 n_1, n_2 인 두 네트워크가 상호접속(interconnection)을 허용하면 각 네트워크의 가치 증가분은 각각

$$\Delta v_1 = n_1(n_1 + n_2) - n_1^2 = n_1 n_2$$
$$\Delta v_2 = n_2(n_1 + n_2) - n_2^2 = n_1 n_2$$

가 되어, 큰 네트워크나 작은 네트워크나 가치 증가분이 동일하다. 그리고 상호접속이 아니라 한 네트워크가 다른 네트워크를 인수하면 가치 증가분은

$$\Delta v = (n_1 + n_2)^2 - (n_1^2 + n_2^2) = 2 n_1 n_2$$

가 되어 상호접속할 때보다 2배로 커진다.

츠의 경우에는 너무 많아지면 검색하고 선별하는 비용이 늘어나기 때문에 오히려 사용가치를 떨어뜨릴 수도 있다. 경로효과를 생각하여 보면 일반적으로 어떤 소비자가 네트워크에 접속하는 모든 사람과 의사소통 경로를 가지는 것은 불가능할 뿐만 아니라 불필요한 일이다. 마지막으로 공동체 효과의 경우에도 거별 소비자의 입장에서는, 예를 들어 30명으로 구성된 공동체와 31명으로 구성된 공동체를 다른 공동체라고 볼 수 없을 것이다. 그러므로 위와 같은 설명은 다분히 극단적이라고 할 수 있다. 그러나 일정한 범위 안에서 위와 같은 세 가지 효과가 모두 작용하고 있다는 것은 분명한 사실이다. 그리고 또한 네트워크의 사용가치는 접속자의 수가 늘어남에 따라서 상당히 빠르게 증가한다는 것도 분명한 사실이다.

4. 맺음말

정보혁명은 디지털과 네트워크라는 두 가지 요소로 구성되어 있다. 디지털이란 모든 정보를 0과 1의 비트를 이용해서 표현하는 것이다. 그러기 위해서는 아날로그 형태로 주어지는 정보를 디지털 형태로 변환하여야 한다. 이 변환을 위해서는 변환하고 해독하는 방법, 즉 표준이나 형식과 같은 사람과 사람 사이의 약속이 전제되어야 한다. 이것은 정보를 표현하는 방법에 관한 약속이다. 네트워크란 정보전달체계를 가리키는 말이다. 네트워크가 성립되기 위해서는 의사소통을 위한 프로토콜을 미리 만들어야 한다. 네트워크의 경우에도 인간과 인간 사이의 약속이 성립되어야 하는 것이다. 이것은 정보를 전달하는 방법에 관한 약속이다.

기술은 기본적으로 인간과 자연 사이의 관계를 변화시키는 것을 의미하지만, 기술의 발전에 따라 인간과 인간 사이의 관계도 변하지 않을 수 없게 된다. 그러나 그 중에서는 인간과 자연 사이보다 인간과 인간 사이의 관계를 더욱 크게 변화시킨 기술이 있다. 대표적인 것으로 20세기 초 포드주의적 대량생산 체제를 만들어낸 컨베이어 벨트(conveyor belt)의 발명을 예로 들 수 있다. 그것은 물건을 벨트 위에 얹어서 운반시키는 기술에 기초하고 있다. 기술 자체의 수준으로 보면, 고대 이집트에서 피라미드를 건설할 때에도 사용되었던 기술이라고도 할 수 있다. 그러나 이 기술은 인간과 인간 사이의 관계, 즉 분업과 통제 시스템에 놀랄만한 변화를 가져왔다. 복잡한 작업에 대한 감시와 통제가 벨트의 속도를 조절하는 것만으로 가능하게 만들었던 것이다.

정보혁명은 정보에 관한 혁명이기 때문에, 컨베이어 벨트처럼 인간과 인간 사이의 관계를 더욱 급속하게 변화시키는 혁명이라고 할 수 있다. 그런데 정보혁명은 시작부터 인간과 인간 사이의 약속에 기초하고 있다는 점이 그 두드러진 특징이라고 할 수 있다. 이러한 특징 때문에 약속을 추가하거나 변경함으로써 계속해서 추가적인 기술혁신이 창조될 가능성이 생긴다. 뿐만 아니라 이렇게 약속을 만들고 지키는 것으로 인해서 생기는 사용가치의 증가를 누가 향유하고, 누가 이익을 누릴 것인가라는 문제가 그 어느 때보다도 더 첨예한 문제로 대두될 가능성이 있다.

이와 같이 디지털과 네트워크라는 정보혁명의 두 가지 요소는 인간 관계에서 출현한 것일 뿐 거기에는 한 점의 신비스러움도 없다. 다음과 같이 이야기하면 어떨까? "비트는 냄새도 색깔도 없다. 그러나 사람들은 비트로부터 냄새를 맡고 색깔을 구별할 수 있다. 사람들이 냄새를 맡고 색깔을 구별하는 방법에 관하여 약속을 하였기 때문이다." 정보혁명의 창세기는 "태초에 약속이 있었다"라는 문장으로 시작되어야 할 것이다.

2장 정보상품과 상품화 경향

1. 머리말

이 장에서는 정보혁명의 결과로 폭발적으로 증가하고 있는 정보상품에 대하여 분석해 보려고 한다. 정보상품(information commodity)을 정보가 사람이나 기계와 같은 장치에 체화된 형태로서가 아니라, 정보 자체가 별도의 상품 형태로 생산되고 유통되는 것을 가리키는 것으로 정의하려고 한다. 그리고 이 때 정보라고 할 때에는 기술, 자료, 지식 등과 구별되는, 좁은 의미에서의 정보가 아니라, 이 모든 것을 통칭하는 넓은 의미에서의 정보, 혹은 지식을 가리키는 뜻으로 사용하려고 한다. 카스텔은 정보혁명의 핵심적인 특징을 정보를 사용하여 정보를 생산하는 것, 혹은 정보 자체가 원료가 되는 것으로 파악하고 있다.[1] 정보혁명을 이렇게 파악하면 정보상품은 정보를 사용하여 생산된 정보를 의미하는 것이므

---

[1] "현재의 기술혁명의 특징은 지식과 정보의 중심성에 있는 것이 아니라, 지식과 정보를 지식 생성과 정보처리 및 통신 장치에 응용하는 데 있다." Manuel Castells, *The Rise of the Network Society*, Blackwell, 1996, p. 32.

로, 정보혁명의 대표적인 산물이라고 할 수 있다.

이 장에서는 정보상품을 상품화 경향이라는 자본주의에서의 가장 기본적인 경향에 입각해서 살펴보려고 한다. 정보상품은 사용가치가 상품으로 전환되는 자본주의의 상품화 경향이 정보에까지 적용되어 출현한 것이다. 정보상품은 보통 상품과 구별되는 많은 특징들을 가지고 있다. 이러한 특징들 때문에 정보상품의 상품화 과정은 보통 상품의 상품화과정보다 복잡하고, 고유한 문제들을 극복하여야 한다. 흔히 정보상품을 노동가치론에 입각해서 설명할 수 없다는 주장을 하는데, 이 장의 분석을 통해서 정보가 상품으로 전환되는 과정을 노동가치론으로 잘 설명할 수 있다는 것을 확인할 수 있을 것이다. 정보상품에 가치법칙이 적용될 수 있을 것인지에 대한 보다 직접적인 분석은 4장에서 다루어 보려고 한다.

2. 상품화 경향

한 사회의 본원적인 부는 그 사회가 소비할 수 있는 사용가치의 집합으로 나타낼 수 있을 것이다. 이 사용가치는 자연에 의해서 직접적으로 주어지기도 하지만 대부분의 경우 여러 가지 형태의 노동에 의해서 확보된다. 자본주의 사회란 이 사용가치 중의 상당한 부분을 자본에 의해서 상품 형태로 생산하고 유통, 소비하는 사회라고 정의할 수 있다. "자본주의적 생산이 지배하는 사회의 부는 거대한 상품의 집적으로 나타난다."[2]

2) Karl Marx(1867), *Capital*, Vol. I; 김수행 역, 『자본론』, 제1권, 비봉출판사, 1994, 제1장.

자본주의 사회에서는 상품의 생산이 끊임없이 증가하는 경향을 갖는다. 이 경향은 두 가지 방향으로 나타난다. 하나는 기존에 상품 형태로 제공되던 사용가치의 양이 증가하는 것이고, 다른 하나는 기존에 상품이 아닌 형태로 제공되던 사용가치를 상품의 형태로 전환하는 방향이다. 3) 전자를 상품의 집적이라고 한다면, 후자는 상품화(commoditification)라고 할 수 있을 것이다.

　　상품화 경향은 자본주의 경제의 가장 기본적인 경향 중의 하나이다. 자본주의 이전의 경제에서는 많은 재화와 용역이 비상품 형태로 제공되었다. 4) 자본주의가 성립하면서 비로소 상품으로 된 중요한 것으로서는 토지와 노동력을 들 수 있다. 5) 토지는 인클로저운동을 통하여 상품으로 되었으며, 노동력은 폭력과 수탈을 동반하는 본원적 축적 과정에서 상품으로 전환되었다. 일본의 우노(宇野) 학파의 경우에는 상품이 되기 부적합한 것을 상품으로 만든 데 자본주의의 가장 기본적인 모순이 있다고 파악하고 있으며, 70년대의 불황도 상품이 되기에 부적합한 석유라는 광물을 상품으로 만들었기 때문에 발생한 것으로 파악하기도 한다. 6)

---

3) 물론 이 글에서는 상품 속에는 유체물뿐만 아니라 무체물 및 각종 서비스가 포함된다고 보고 있다.

4) 인류의 역사를 통하여 많은 재화들이 교환 형태가 아니라, 호혜(reciprocity), 재분배(redistribution), 가사(householding) 등의 형태로 제공되었다는 폴라니(Karl Polanyi[1944], *The Great Transformation*, Octagon Books, 1975; 박현수 역, 『거대한 변환: 우리시대의 정치적 · 경제적 기원』, 민음사, 1991)의 설명을 참고할 수 있다.

5) 폴라니는 이러한 상품들을 허구적 상품이라고 부르고 있다. 노동은 생활 그 자체에 수반되는 것이지 판매를 위해 생산되는 것이 아니며, 토지 역시 인간에 의해 생산되지 않는 자연의 별칭일 뿐이고, 화폐는 은행을 통해 존재하는 구매력의 상징일 뿐이지 그 자체가 판매를 위해 생산된 것은 아니기 때문이다. Karl Polanyi, 앞의 책.

홍미로운 점은 이러한 상품화 경향에 일정한 방향성이 발견된다는 것이다. 처음에는 물리적인 형태를 가진 재화가 상품으로 판매되었지만, 다음에는 본질적으로는 무체물이지만 유체물에 담겨져서만 판매될 수 있는 것들이(예를 들어 음반, 비디오) 상품으로 만들어지고, 마침내는 반드시 유체물에 담겨질 수 없는 것들까지도(실연, 컨설팅 등) 상품으로 제공된다. 처음에는 물건들이 상품이 되었지만, 다음에는 식물, 종자, 미생물, 인간의 유전자, 동물등의 순으로 상품이 된 것이다. 미국에서 지적재산권이 최초로 인정된 시기를 정리하면 아래의 〈표 1〉과 같다.[7] 이와 같이 상품화경향은 대체적으로 보아서 유체물에서 무체물로, 무생물에서 생

<표 1> 미국에서 지적재산권 성립 연도

지적소유권	성립연도
특허	1790
의장	1842
상표	1870
저작권	1889
무성번식식물	1930
유성번식식물	1970
미생물	1981
인간유전자	1981
동물	1988

---

6) Makoto Itoh, *Value and Crisis*, 1980; 김수행 역, 『가치와 공황』, 비봉출판사, 1988.

7) 이것은 송영식/이상정/황종환(『지적소유권법』, 박영사, 1998)과 정관혜(http://alt-sci.jinbo.net/alt/alt6-2-4.html)를 참조하며 만든 것이다.

물로, 인간에게 먼 것에서 인간에게 가까운 것으로 진행되었다는 것을 알 수 있다.

3. 정보상품의 특징

원래 정보는 사용가치로 존재하여 왔지만, 상품으로 공급되지는 않았다. 전통적으로는 국가의 지원을 받는 대학이나 연구소가 이러한 사용가치를 제공하는 역할을 담당하여 왔다. 그리고 지금도 상당한 정보는 상품이 아닌 형태로 공급되고 있다. 그렇기 때문에 류동민의 경우에는 토지나 노동뿐만 아니라 정보까지도 자본주의적으로 생산되지 않는 상품으로 간주하려고 한다.[8] 그러나 과거에는 상상할 수 없을 정도로 많은 정보가 지적재산권의 확장에 의해서 상품의 형태로 공급되고 있다.

정보가 별도의 재화 상품으로 되기 위해서는 흔히 특정한 용기에 담겨지거나 외피를 가져야 한다. 정보가 어떤 외피를 가지느냐에 따라서 정보 자체의 가치가 상당히 달라지는 경우도 있지만, 본질적인 것은 외피가 아니라 그 내용이다. 오늘날에는 그 외피가 압도적으로 디지털화(digital)된 부호의 형태를 띠어가고 있다. 1장에서도 살펴보았듯이, 디지털화된 정보는 모든 종류의 정보가 호환성을 가지게 되고, 컴퓨터에 의해서 처리될 수 있으며, 광속으로 전송될 수 있다는 엄청난 장점을 가지고 있기 때문이다. 그러므로 일부 사람들은 정보상품을 디지털화될 수 있는 모든 것이

---

8) 류동민, 「디지털 네트워크경제의 특성에 대한 정치경제학적 분석」, 『노동가치론연구회 워킹페이퍼』, 2000.

라고 넓게 정의하기도 한다. 9) 그러나 디지털화되지 않은 책과 같이 아직도 디지털화되지 않은 많은 정보상품이 존재하기 때문에 디지털화는 정보상품이 되기 위한 필수적인 요건은 아니다. 이것은 정보가 생명과 결합된 생명공학 혹은 유전자 공학의 결과물, 즉 신품종 같은 것들을 생각해 보면 더 분명해진다. 최근에 세계무역기구에서 논란이 되고 있는 지적재산권(intellectual property)은 모두 정보상품에 속한다.

정보상품은 일반적인 다른 상품에 비하여 매우 다른 특징을 가지고 있다.

생산 측면에서 보면 다음과 같은 특징들을 들 수 있다. 대부분의 정보상품은 처음 그것을 발명하기는 매우 어렵지만, 다른 사람의 발명을 모방하는 것은 비교적 쉽다. 모방비용이 생산비용보다 훨씬 작은 것이다. 뿐만 아니라 많은 정보상품들은 초초의 한 단위를 만드는 데에는 엄청난 비용이 들어가지만 그 다음 단위부터는 만드는 데 거의 비용이 들지 않는다. 고정비용은 크고 한계비용은 매우 작은 것이다. 소프트웨어의 경우에는 한계비용이 0에 가깝다고 할 수 있다. 이러한 특징으로 인해서 정보상품의 생산에서는 규모의 경제(economies of scale), 혹은 규모수익체증(increasing returns to scale) 현상이 나타나게 된다. 또 하나 생산 측면에서의 특징으로서 범위의 경제(economies of scope) 현상을 들 수 있다. 범위의 경제란 두 종류의 생산물을 각각 생산할 때보다 함께 생산하면 비용이 줄어드는 현상을 말한다. 10) 정보의 경

---

9) Carl Shapiro/Hal R. Varian, *Information Rules: A Strategic Guide to the Network Economy*, Harvard Business School, 1998.

10) 수식으로 표현하자면 다음과 같다. $C(X_1, X_2)$를 상품1 X_1 단위와 상품2 X_2 단위를 함께 생산하는 데 들어가는 비용이라고 정의하면, 범위의 경제는

우에는 하나의 정보에서 다른 정보가 파생되고, 정보가 결합되어 새로운 정보가 출현하는 특징이 있으므로 범위의 경제라는 특성이 강하게 나타난다. 또 하나 지적할 수 있는 것은 생산에서의 외부효과(external effect)가 크다는 점이다. 한 기업의 정보상품 생산은 다른 기업의 정보상품 생산에 커다란 영향을 끼친다. 뿐만 아니라 대학을 중심으로 하는 교육제도, 과거로부터 축적된 지식의 수준, 지식 노동자들의 존재, 학문의 재생산구조 등에 의해서도 강하게 영향을 받는다.

소비 측면에서 볼 때에도 정보상품은 여러 가지 특징을 가지고 있다. 많은 정보상품은 써 보기 전에는 그 가치를 정확하게 평가하기 매우 힘든 경험재(experience goods)와 같은 특성을 가지고 있다. 이것은 흔히 불투명성(non-transparency), 혹은 보다 일반적으로 불완전정보(imperfect information)라고 부를 수 있는 성질이다.[11] 디지털 정보상품은 소비자들이 마음대로 복사해서 쓸 수 있는 가능성을 가지고 있다. 이러한 성질은 흔히 비배제성(non-exclusiveness)이라고 불린다. 그리고 정보상품은 소유자에게 아무런 피해 없이 여러 사람이 함께 나누어 쓸 수 있는 성질도 가지고 있다. 이것은 흔히 비경합성(non-rivalry)이라고 불리는 성질이다. 소비에서의 비경합성은 직접적으로 생산의 구조, 혹은 비용의 구조에 영향을 미칠 수 있다. 예를 들어 어떤 콘텐츠의 소비가 완

$C(X_1, X_2) < C(X_1, 0) + C(0, X_2)$ 라는 조건이 충족될 때 성립된다.

11) J. Bradford Delong/A. Michael Froomkin, "Speculative Microeconomics for Tomorrow's Economy," in Kahin Brian/H. R. Varian eds., *Internet Publishing and Beyond: The Economics of Digital Information and Intellectual Property*, 2000. 정보상품은 무엇인가에 대한 정보를 제공해 주는 상품인데, 정작 그 상품에 대한 정보는 불완전하게 주어진다는 것은 매우 역설적인 특징이다.

전하게 비경합적이라면 두 사람에게 콘텐츠를 제공하나 한 사람에게 제공하나 생산비는 동일할 것이다. 생산자의 입장에서 보면 매우 강력한 규모수익체증의 이득을 누릴 수 있는 것이다. 전화나 팩스와 같은 정보상품의 경우에는 다른 사람과 함께 쓰면 쓸수록 사용가치가 높아지는 경우가 있다. 이것은 제1장에서 살펴 본 바와 같은 네트워크 효과(network effect)를 가진 정보상품이다. 어떤 정보상품은 시간에 따라 사용가치가 급속히 감소하고, 심지어 단지 한 번만 사용하고 나면 그 사용가치가 완전히 사라져 버리는 특징까지도 가지고 있다. 주식시장에서 기업의 상태에 대한 정보가 흔히 그렇다고 할 수 있다. 이러한 정보들은 흔히 정보비대칭(asymmetric information) 상황 하에서만 정보로서의 사용가치가 있다. 그러나 또 다른 정보상품은 아무리 소비하더라도 사용가치가 동일하게 유지되거나 심지어 증가하기 때문에 한 소비자에게 단 하나의 상품만 필요한 경우도 있다. 워드프로세서와 같은 소프트웨어의 사용가치는 사용에 의해서 감소하지 않고 능숙하게 사용할 수 있게 됨으로써 오히려 증가한다고 할 수 있다. 이러한 상품은 사용 기간이 길수록 전환비용(switching cost)[12]이 증가하는 감금효과(lock-in effect)가 나타날 가능성이 있다.[13]

[12) 전환비용이란 한 상품의 사용자가 다른 상품을 사용하려고 할 때 부담해야 하는 총비용으로 정의할 수 있다. 예를 들어 마이크로소프트의 워드를 사용하던 사용자가 한글2002를 사용하려고 할 때에는, 한글2002를 구매하는 비용 이외에 한글2002의 사용법을 익히고 단축키를 외우며, 기존의 워드 파일을 한글 파일로 변환시키는 등의 비용을 부담하여야 한다.

13) 이 글에서는 lock-in을 감금이라고 번역하고, lock-out을 차단이라고 번역하기로 하였다. 감금은 안에 가둬서 밖으로 못 나가게 만드는 것이고, 차단은 밖에서 안으로 못 들어오게 만드는 것이다. 감금은 퇴출장벽을 의미하고, 차단은 진입장벽을 의미한다고도 할 수 있다.

이러한 특징들은 앞에서 논의한 상품화 경향에 대하여 매우 중대한 장애가 된다. 이러한 특징들 때문에 정보를 상품으로 만드는 것은 쉽지 않은 일이며, 경우에 따라서는 불가능하기 때문이다. 배제불가능한 상품을 돈을 받고 판다는 것은 쉽지 않은 일일 것이다. 상품이 불투명한 경우에도 시장 자체가 형성되지 않을 수도 있다. 이러한 문제들은 흔히 시장실패의 원인으로 취급되고 있지만 이 글에서는 다음 절에서와 같이 상품화 비용이라는 관점에서 살펴보려고 한다.

4. 상품화 비용

상품화 경향은 자본주의 사회에서 가장 기본적인 경향이지만, 결코 순조롭게 진행되는 것은 아니다. 앞에서 살펴본 바와 같이 상품화 경향은 여러 가지 장애를 극복하여야 한다. 이러한 장애들을 극복하고 비상품 사용가치를 상품으로 만드는 데 필요한 비용을 상품화 비용(cost of commoditification)이라고 불러보자. 비용을 크게 상품을 실제로 만드는 데 들어가는 생산비용과, 상품을 유통시키는 데 들어가는 유통비용으로 구분한다면, 상품화 비용은 분명히 유통비용에 속하는 비용이다. 그러나 유통비용 중에서도 운송, 저장, 보관, 판매, 부기 등의 비용은 정상적으로 상품이 유통되는 데 필요한 비용이고, 상품화 비용은 상품으로 유통될 수 있도록 만드는 데 필요한 비용을 말한다. 다시 말해서 상품화 비용이란 사용가치가 상품으로 유통되기 위해서 필요한 여러 가지 조건들을 충족시키는 데 필요한 비용이라고 부를 수도 있다.

상품화 비용으로서는 먼저 다음과 같은 두 가지 비용을 생각해 볼 수 있다.

1) 그러한 사용가치가 존재한다는 것을 소비자에게 알리는 비용.
2) 그러한 사용가치를 소비하고 싶은 욕구를 만들어내는 비용.

이 두 가지 활동은 경영학에서 흔히 마케팅이라는 활동으로 불리는 범주에 속하는 것인데, 가장 일반적인 것이 광고라고 할 수 있다. 이러한 비용들은 정보상품에 고유한 것이 아니라, 모든 신상품이 개발되었을 때에 필요한 비용이다.

그러나 소비자들이 사용가치의 존재를 알고, 소비하고 싶은 욕구가 생겼다고 상품화 과정이 완성되는 것은 결코 아니다. 특히 정보상품의 경우에는 제3절에서 살펴본 특징들로 인하여 다음과 같은 비용이 상품화 비용에 포함되게 된다.

첫째, 돈을 지불하지 않는 소비자를 차단(lock-out)하는 데 들어가는 비용.

이것은 정보상품의 배제가능성을 높이기 위한 비용이다. 어떤 소비자가 구매할 의사가 생겼다고 하더라도 공짜로 접근할 방법이 있다면 돈을 지불하면서 구매하려고 하지 않을 것이다. 그러므로 돈을 지불하지 않는 사람을 차단하는 것은 상품화 과정이 성공하기 위한 필수적인 조건이다. 차단 방법이 먼저 고안되고 나서야 비로소 본격적으로 상품으로 전환되는 정보상품의 예로서는 DVD를 들 수 있다.[14]

---

14) 디지털 형식의 데이터를 쓰지 않는 VCR의 경우에는 차단하는 것이 좀더 쉬웠다. 한 번 복사할 때마다 화질이 20% 정도씩 감소하도록 기계를 만들어서 자유롭게 복사할 수 있는 가능성을 없애는 것으로 충분했기 때문이다. 컴퓨터

배제가능성을 높이기 위해 사용되는 방법은 기술적 방법, 법률적 방법, 도덕적 방법, 영업방법 등으로 구분할 수 있다. 기술적 방법으로는 흔히 암호, 복사방지, 디지털 워터마킹(watermarking) 등의 방법이 사용된다. 법률적인 방법으로서는 특허와 같은 지적 재산권을 설정하고, 경찰을 동원하여 직접 불법복제 여부를 조사하는 것 등을 예로 들 수 있다. 도덕적인 방법으로서는 소프트웨어나 콘텐츠를 돈을 내고 사서 쓰도록 권장하는 운동 등을 들 수 있다. 불법복제된 소프트웨어에 대하여 해적판이라는 등의 격렬한 용어를 씀으로써 죄의식을 심어주어 정품구매를 유도하려는 것도 도덕적인 차단 방법의 하나이다.[15] 영업방법의 경우에는 필수적인 보완품을 통제하는 방법이나, 응용프로그램을 돈을 받고 인터넷 상에서만 서비스를 하는 방법 등을 들 수 있다.

둘째, 소비의 경합성을 높이는 데 들어가는 비용.

앞에서 살펴보았듯이 비경합적인 소비는 배제가능성이 있을 경우에는 생산자에게 매우 유리한 규모수익체증의 비용구조를 낳을 수 있다. 이 때에는 비경합성이 단기적으로 상품화를 촉진하는 측면도 있다. 상품화에 성공하면 추가비용을 들이지 않으면서도 계속해서 많은 수익을 누릴 수 있기 때문이다.[16] 그러나 일반적으로 비경합성은 비배제성과 함께 나타난다. 이 때에는 비경합성이 해당되는 상품에 대한 수요를 감소시키게 되므로, 상품화를 위해

를 통해서 복사할 수 있기 때문에 화질이 전혀 감소하지 않는 DVD의 경우에는 나라마다 지역코드라는 암호체계를 달리해서 차단을 시도하고 있다.

15) 본질적으로 강도에 해당하는 해적질과 소유자의 동의를 얻어 나누어 쓰는 불법복제 행위는 죄질이 너무나도 다른 범죄이다.

16) 장기적으로는 자연독점(natural monopoly) 시장이 될 수도 있고, 모방이 용이할 경우에는 독점적 수익을 노리고 경쟁이 격렬하게 전개되어 시장형성에 실패할 가능성도 있다.

서는 경합성을 증가시켜야 한다. 접속할 때마다 아이디와 패스워드를 입력하게 한다든지, 이메일 주소를 요구하는 것 등은 경합성을 높이는 방법이다. 일반적으로 배제가능성을 높이는 방법은 경합성도 함께 높인다.

셋째, 상품에 대한 불확실성을 감소시키는 데 들어가는 비용.

정보상품은 불확실성이 크기 때문에, 소비자들에게 정보를 제공해서 구매욕구를 만들어 내는 데까지 들어가는 비용도 커지게 된다. 경험재의 속성을 가지고 있는 소프트웨어가 대표적인 경우이다. 가격이 수천만 원대인 기업관리 소프트웨어(ERP)가 있다고 할 때, 기업이 이 소프트웨어를 도입해서 몇 년 동안 써 보기 전에 그만한 가치가 있다는 것을 어떻게 확신시킬 수 있을 것인가? 이러한 불확실성을 감소시키기 위해서 많은 소프트웨어 업체들은 일정한 기간 동안 자기들의 상품을 쉐어웨어(shareware) 형태로 제공한다든지, 무료버전과 유료버전을 함께 제공하는 등의 방법을 사용하고 있다.

넷째, 재산권을 설정하는 데 들어가는 비용.

어떤 물건이 만들어졌을 때 그것이 누구의 것인지가 확정되어야 매매될 수 있을 것이다. 그런 의미에서 재산권을 설정하는 행위는 상품화 과정에서 가장 기본적인 절차라고 할 수 있다. 그러나 보통 상품의 경우에는 만들기만 하면 누구의 재산인지가 분명하기 때문에 명시적으로 재산권을 설정하는 절차가 불필요한 경우가 많고, 따라서 별도의 비용이 들지 않는 경우가 대부분이다. 그러나 정보상품의 경우에는 정보상품이 가지고 있는 여러 가지 특징들 때문에 재산권을 설정하는 데 상당한 비용이 들게 된다.

재산권을 설정하는 문제는 좀더 구체적으로 말하면 어느 범위까지, 그리고 누구에게 재산권을 부여할 것인가의 문제라고 할 수 있다.

어느 범위까지 부여할 것인가 하는 문제에는 도덕적이거나 관습적인 제약을 극복하는 문제가 포함된다. 정보상품을 돈을 받고 판매하는 행위에 대해서는 적지 않은 도덕적, 관습적 제약이 존재하고 있다. 소프트웨어를 상품으로 만드는 데에도 아직까지 강력한 저항이 존재하고 있다. 리눅스(linux) 등과 같은 카피레프트(copyleft), 오픈소스(open source) 운동을 생각해 보면 좋다. 특허 제도 초기에는 모방이야말로 산업의 발전에 결정적인 추진력을 주기 때문에 특허제도가 없어야 한다는 반특허이론이 강력하게 제기된 적이 있다.17) 그리고 아직까지 인간에 대한 치료방법은 특허로 인정되고 있지 않다. 생명을 담보로 돈을 버는 것은 부도덕하다는 생각 때문일 것이다.18)

또한 소유권의 정당성 여부에도 문제가 있을 수 있다. 유전자 조작을 통해서 만들어진 특이생물을 상품으로 판매하는 예를 생각해 보자. 그것은 신이 창조한 수만 개의 유전자 중 한두 개만 바꾸어서 그 생물 전체를 자기의 사유재산이라고 주장하는 셈이다. 단순하게 유전자의 수로만 따져 보아도 인간의 기여분은 무한소에 가깝다. 아직까지도 이러한 소유권은 격렬한 논쟁의 대상이 되고 있으며, 유전자에 관한 정보는 특별한 경우를 제외하고는 재산권이 부여되지 않을 전망이다. 앞 절에서 살펴 본 바와 같이 지적재산권의 상품화 경향에 일정한 방향성이 나타나는 것은 이러한 도덕적, 관습적 제약이 인간에게 먼 것에서부터 극복되어가기 때문

---

17) 송영식/이상정/황종환, 앞의 책, 58-59쪽.

18) 그러나 똑같이 사람의 생명을 담보로 하는 약품은 이미 물질특허의 대상이 되고 있으며, 일부 나라에서 동물에 대한 치료방법의 발명도 특허의 대상이 되고 있다. 같은 책, 187쪽.

이라고 할 수 있다.

누구에게 재산권을 인정하는가를 결정하는 데 들어가는 비용도 만만치 않다. 앞 절에서 살펴보았듯이 정보상품은 생산 측면에서도 외부효과가 매우 크다. 정보상품의 가치를 높이는 데에는 여러 관계자들이 참여하고 있는 것이다. 기업에서 행해진 발명의 경우 해당 부서의 회사원에게 재산권을 부여할 것인지 법인에게 부여할 것인지의 문제라든가 아마존 열대우림에서 원주민들이 약초로 쓰던 식물에서 추출한 약품의 경우 원주민에게 재산권을 부여할 것인지 제약회사에 부여할 것인지 등의 문제를 생각하 보면 좋다. 이와 같이 정보상품의 소유권이 도덕적, 관습적 제약을 넘어서 정당화되었다고 할지라도 누구에게 재산권을 부여할 것인가의 문제는 별도의 절차가 필요한 것이다.

재산권을 설정하는 비용은 재산권을 부여하는 국제적, 국내적 제도를 만듦으로써 절약될 수 있다. 특허청이나 지적 재산권에 관한 WTO 협약(TRIPs) 같은 것들이 없었다면 저작권이나 특허가 국제적으로 상품화할 수 없었을 것이다. 보통 상품의 경우에는 시장이 먼저 형성되면서 그것의 유지에 필요한 보완적인 제도가 마련되는 경우가 보통이지만, 정보상품의 경우에는 높은 상품화 비용으로 인해서 제도가 먼저 마련되지 않고서는 아예 시장 자체의 형성이 불가능한 경우가 많다.[19] 이러한 제도들을 만들고 유지하는 데 들어가는 비용도 상품화 비용의 일종이라고 할 수 있다.[20]

---

19) 그러므로 시장은 스스로 자기조절될 것이라는 신자유주의자들의 주장과는 정반대이다. 신제도학파의 경우와 비교하면 거래비용을 비생산적 비용으로 파악하고, 제도가 거래비용을 절약해 주는 효과를 가지고 있다고 보는 점에서는 공통이지만, 신제도학파의 경우에는 시장의 바다에서 제도가 생겨나는 논리를 설명하려고 한다는 점에서 차이가 있다. 정보상품의 경우에는 제도부터 생기고 난 뒤에 비로소 시장이 생기는 경우가 많이 있다.

정보상품을 상품화하기 위하여 사람들은 무엇이 도둑질이고 무엇이 해적질인지를 새롭게 배워야 한다. 중국에서는 음악을 상품화하기 위하여 탱크와 화염방사기까지 동원되었다.[21] 영국산 면직물은 항구에 상인들이 자유롭게 드나드는 것만으로 세계 시장을 제패할 수 있었지만, 미국산 윈도우(windows)는 국제 협약과 BSA(business software alliance) 같은 불법복제를 감시하는 기구가 반드시 필요한 것이다.[22]

5. 상품화 조건

상품화 비용은 비생산적 비용이다. 그것은 상품의 사용가치에는 아무런 기여도 하지 않기 때문이다.[23] 그러므로 상품화 비용이 크다는 것은 사회적 낭비가 크다는 것을 의미한다.[24] 사회가 그 상

---

20) 신제도학파에서 이야기하는 거래비용 중에서 탐색 비용, 계약체결 비용(협상 비용), 계약이행 감시 및 집행 비용 등이나 재산권을 보호 유지하는 비용(도둑이나 강도를 막고 처벌하는 비용)은 보통 상품의 정상적인 유통과정에서 필요한 비용이므로 상품화비용이라고 할 수 없을 것이다.

21) 한때 중국은 미국의 요구에 성의를 보인다는 의미로 불법복제 CD를 쌓아놓고 탱크로 부수고 화염방사기로 태웠다.

22) 우리 나라는 2002년 9월이 되면 1994년부터 시작되어 8년에 걸쳐 진행된 부동산 등기부 전산화 작업이라는 대역사를 완료하게 된다. (한겨레신문, 2001. 12. 27) 이것은 국가가 재산권을 설정하고 유지하는 비용을 적극적으로 부담하는 좋은 예라고 할 수 있다. 부동산은 정보상품은 아니지만 상품화하기 매우 어려운 특성을 가지고 있다. 등기제도를 만들고 전산화하는 등 상품화 비용을 국가가 적극적으로 부담하고 있기 때문에 상품으로 거래될 수 있는 것이다.

23) 비생산적 비용에 대한 보다 구체적인 분석은 제3장에서 다루어질 것이다.

24) 제도학파의 경우에는 대체적으로 낭비적인 비용이라는 점에 동의한다. 주

품을 상품으로 만들어 특정한 자본의 이윤을 보장해 주기 위하여 낭비적인 비용을 부담하고 있는 셈이다. 비생산적 비용은 생산자의 이윤에 포함되지 않는다. 그리고 경쟁시장에서는 비생산적 비용이 가격에 온전하게 반영될 수 없다. 경쟁이 치열한 시장에서 광고비가 많이 들었다고 상품의 가격을 인상한다면 아두도 그 상품을 구매하려고 하지 않을 것이다. 비생산적 비용을 상품의 가격에 반영할 수 있으려면 시장에서 독점력을 가지고 있어야 한다.

그러므로 상품화 비용을 생각하여 보면 자본이 벌어들이는 이윤은 상품의 가격에서 생산비용과 유통비용(상품화 비용이 아닌 일반적인 유통비용) 및 상품화 비용을 뺀 부분이 된다. 이윤이 양이기 위한 조건은,

가격 > 생산비용 + 유통비용 + 상품화 비용

혹은,

상품화 비용 < 가격 − (생산비용 + 유통비용)

이라고 할 수 있다. 만약 상품화 비용이 너무 커서 이 조건이 충족될 수 없다면 상품화는 불가능해질 것이다. 따라서 이 조건을 상품화 조건이라고 부르려고 한다.

정보혁명이 도래하기 전까지 정보상품이 활발하게 상품으로 거래되지 못한 이유는 이 상품화 조건이 충족되지 못하였기 때문이

류경제학의 경우에도 지불의사가 한계비용을 초과하는 소비자의 소비를 배제할 수 있다는 점에서 낭비적인 비용이라고 논증할 수 있다. J. Bradford DeLong/A. Michael Froomkin, op. cit.

라고 할 수 있다. 정보상품의 경우에는 상품화 비용이 매우 컸던 것이다. 상품화조건이 충족되기 위해서는 상품화 비용이 감소하든지 가격이 상승하여야 한다. 그런데 정보혁명은 여러 가지 측면에서 상품화 조건을 충족시키는 경향을 낳고 있다.

한편으로 정보혁명은 상품화 비용을 감소시키고 있다. 여기에는 기술적인 측면과 제도적인 측면이 있다. 기술적인 측면에서 보면, 정보기술의 발달로 인하여 상품화 비용이 엄청나게 축소되고 있다. 인공위성을 통한 촬영과 컴퓨터를 이용한 분석은 돈을 내지 않고 미국산 종자로 농사를 짓는 농부들을 발견할 수 있게 해 준다. 개인용 PC들이 네트워크로 연결되면, 어떤 CPU가 장착되어 있고 어떤 운용체제와 응용프로그램이 사용되고 있는지 손쉽게 알아낼 수 있다.25) 제도적인 측면에서 보면 상품화를 위한 여러 가지 국제적, 국내적 제도가 상품화 비용을 줄여주고 있다.

다른 한편으로 정보상품의 경우에는 대부분 독점 시장으로 조직되기 때문에, 가격을 인상시켜서 상품화 조건을 충족시키는 것이 용이하게 된다. 앞에서 살펴본 바와 같이 정보상품은 한계비용이 0에 가깝기 때문에 완전경쟁시장에서는 존재할 수 없다. 독점적인 가격 설정이 아니고는 그것의 상품화 조건을 충족시켜서 이윤을 남길 방법이 없다. 다시 말해서 정보상품은 독점 시장에서만 상품으로 될 수 있는 것이다. 정보상품의 시장에서 여러 가지 형태의 가격차별(price discrimination), 끼워팔기(tying), 묶어팔기(bundling), 보완품 팔기, 최초할인, 최초할증, 생존가격설정, 침투가격설정, 감금하기(lock-in), 차단하기(lock-out) 등등의 합법

---

25) 정보기술은 이중의 의미에서 상품화에 기여한다고 할 수 있다. 그것은 정보 자체를 상품화할 뿐만 아니라, 상품화하는 데 필수적인 기술적 기초를 제공해 주고 있는 것이다.

적, 비합법적 기법들이 광범위하게 동원되고 있는 것은 바로 이 때문이다.[26] 정보혁명이 진행 중인 오늘날 역사적으로 가장 끈질기게 반독점 논쟁이 벌어지고 있는 것도 같은 맥락이다.

6. 맺음말

자본주의 사회에서는 상품화 경향이 주요한 경향으로 나타난다. 상품화 경향은 비상품이었던 사용가치를 상품으로 만드는 과정이다. 상품화 과정은 순조롭게 진행되는 것이 아니라 토지나 노동력과 같이 사회의 혁명을 필요로 할 수도 있다. 상품화 과정은 인간에게 먼 것에서부터 인간에게 점점 가까운 것으로 진행되는 일정한 방향성을 가지고 있다. 정보상품은 생산측면과 소비측면에서 여러 가지 특징을 가지고 있다. 생산측면에서는 외부효과와 규모수익체증 등의 특징을 가지고 있으며, 소비측면에서는 비배제성, 비경합성, 불투명성 등의 특징을 가지고 있다. 이러한 특성들은 정보가 상품으로 되는 것에 장애가 되며, 이러한 장애를 극복하기 위해서 들어가는 비용이 상품화 비용이라고 할 수 있다. 상품화 비용은 재산권을 설정, 유지하는 비용과 더불어 배제성과 경합성을 높이고 불확실성을 감소시키는 비용이 들어간다. 상품화 비용을 충당하고도 이윤을 남길 수 있을 때 상품화 조건이 충족된다. 정보혁명은 비용 측면과 수입 측면에서 상품화 조건을 충족시키는 것을 용이하게 해 준다.

이와 같이 정보를 상품으로 만드는 데에는 비생산적 비용인 상

---

26) Carl Shapiro/Hal R. Varian, op. cit 참조.

품화 비용이 필요하게 된다. 상품화 비용은 사회 전체로 보면 비생산적이고, 낭비적인 비용이다. 이러한 비용은 점점 더 사회화되어 가는 생산력을 고도로 발달한 정보기술을 활용하여 사적으로 이용하려는 시도 때문에 발생한 비용이라고 할 수 있다. 다시 말해서 생산의 사회적 성격과 소유의 사적 성격 사이의 모순이 그러한 비용을 낳은 것이라고 할 수 있다. 정보혁명은 한편으로는 이러한 비용을 기술적, 제도적으로 감소시켜 주지만, 다른 한편으로는 그 모순을 점점 증폭시키고 있다. 빈부격차가 점점 커져서 사회적 부가 소수의 손에 더욱 집중되는 20대 80의 현상이 모순의 대표적인 형태라고 할 수 있다. 오늘날 정보가 부의 원천인 것처럼 보이는 것의 바탕에는 바로 이러한 정보의 상품화 경향이 있다.

상품화에 성공하면 화폐(가치) 형태로 표현되는 사회적 부가 증가할 것이다. 그러나 이것은 반드시 본원적인 의미에서 사회적 부가 증가하는 것을 의미하지는 않는다.[27] 주부의 비상품 서비스가 청소 노동자의 서비스로 대체되었다면, 사회 전체의 화폐 소득이 증가하겠지만 사회 전체의 사용가치는 늘어나지 않는다. 이러한 화폐 형태의 부의 집적은 그 부를 이용해서 더 큰 부를 획득하려는 투기행위를 출현시키고 이것이 금융시장을 발달시키는 기초가 된다. 이와 같이 정보화는 상품화, 금융화와 밀접하게 연결되어 있다.[28]

---

27) 물론 이러한 전환을 통해서 보다 많은 사용가치가 공급될 수 있는 가능성을 배제하는 것은 아니다.

28) 한편 금융시장의 발달은 리스크(risk) 관리와 밀접한 관계가 있다. 금융시장, 그 중에서도 선물, 스왑, 옵션 등의 파생상품 시장은 리스크를 줄여 주는 기능을 가지고 있다. 그러나 이것도 역시 상품화 경향이라는 개념으로 설명할 수 있다. 위험이 매우 큰 재화(위험재)를 상품화하는 데에는 선물 시장의 발달이 필수적이다. 물론 선물 시장은 다른 한편으로 그 자체의 위험을 증가시키는 경향도 있다. (특히 투기거래자의 경우)

3장 비생산적 노동과 정보혁명

1. 머리말

생산적 노동과 비생산적 노동이라는 범주의 구별은 경제학 자체의 탄생과도 연관되어 있다. 국부의 원천이 무엇인가라는 질문은 바로 어떻게 하면 국부를 증가시킬 수 있는가, 혹은 국부를 생산하는 노동은 무엇인가라는 질문으로 연결된다. 중농학파(Physiocrats)가 농업 노동만을 생산적 노동으로 규정했던 데 반해서, 아담 스미스(A. Smith)가 제조업 노동 전체를 생산적 노동으로 규정하였다는 것은 널리 알려진 사실이다. 아담 스미스는 다음과 같이 말했다.

노동에는 그것이 가해지는 대상의 가치를 증가시키는 노동이 있고 그런 효과를 갖지 않는 노동이 있다. 전자는 가치를 생산하므로 생산적 노동이라 하고, 후자는 비생산적 노동이라 한다. 제조공의 노동은 일반적으로 노동대상인 원료의 가치에다 자신의 생활수단의 가치와 고용주의 이윤을 첨가한다. 반대로 하인의 노동은 아무런 가치도 첨가

하지 않는다. …… 다수의 제조공을 고용하면 부자가 되지만, 다수의 하인을 유지하면 가난해진다.[1]

마르크스는 이러한 고전학파의 생산적, 비생산적 노동 개념을 (잉여)가치론에 입각해서 일관성 있게 전개하려고 하였다. 그러나 그는 그의 작업을 마무리하지 못하고 몇 가지 상호 모순되어 보이는 서술을 남기는데, 이것은 그 후의 정치경제학 연구에서 여러 가지 해석과 혼란이 등장하게 되는 계기가 되었다. 이 글의 목적 중의 하나는 이 개념에 대하여 일관적이고 통일적인 규정을 내려보는 것이다.

그러나 신고전학파의 등장과 함께 생산적 노동과 비생산적 노동의 구분은 무의미한 것으로 간주되었다. 효용을 가치의 원천으로 본다면, 제조공의 노동이나 하인의 노동이 모두 그것을 구매하는 사람에게 효용을 가져다 주므로 근본적인 차이가 있을 수 없다. 이러한 이론에 입각해서 현대의 국민소득(GNP 등) 통계는 시장에서 거래되는 모든 재화와 용역을 그 대상에 포함시키고 있다. 모든 노동을 국부의 원천으로 보고 있는 것이다.

생산적 노동과 비생산적 노동의 구분이 무의미하다고 생각하는 것은 신고전학파뿐만이 아니다. 정치경제학 내에서도 일부 연구자들은 이 구분이 모순적이고, 자의적이며, 아무런 경제적 의미도 가지고 있지 않다고 주장한다. 이러한 주장들에 대해서는 제2장에서 살펴 볼 것이다.

그러나 최근에는 주류 경제학적인 흐름 안에서도 생산적 노동과 비생산적 노동을 구분하려는 움직임이 강력하게 등장하였다. 그 대표적인 것으로 신제도학파(new institutional economics) 혹

---

1) Adam Smith(1776), 김수행 역, 『국부론』, 동아출판사, 1992, 317쪽.

은 거래비용학파(transaction cost economics)를 들 수 있다. 이들이 말하는 거래비용이란 대략 ① 정보 탐색 비용, ② 교섭 비용, ③ 계약 체결 비용, ④ 계약 이행 감독 비용, ⑤ 손해 배상 청구 비용, ⑥ 재산권 보호 비용 등을 말한다.[2] 이것은 둘리학에서의 마찰과도 같은 것이라고 할 수 있는 것이다. 바로 이 마찰적인 거래비용을 줄이기 위해서 제도가 발생하고 진화하는 것으로 설명된다.

그러나 이러한 거래비용 개념은 효용을 가치의 원천으로 생각하는 신고전학파의 이론으로는 설명하기 곤란한 문제점을 가지고 있다. 조원희는 다음과 같이 지적하고 있다.

> 거래비용은 확실히 負(−)의 어떤 量이지만 신고전파의 경우는 이 양을 독자적으로 규정할 수 있는 방법이 없다. 주관주의적 가치이론의 관점에서 볼 때, 어떤 서비스의 판매자가 느끼는 주관적 고통(비용)은 항상 구매자가 그 재를 이용함으로써 얻는 正(+)의 효용과 대응된다. 즉 개인의 관점에서는 어떤 재화와 서비스도 正(+)의 가격으로 구매할 의도가 있는 한 꼭 같이 '유용한 것'으로 인식될 것이다. 방법론적 개인주의를 채택하고 있는 신고전파 경제학의 관점에서 개인적으로 유용한 것이 사회적으로는 무용하거나 負의 효용이라고 규정할 방법은 없다.[3]

나는 자본가들의 실천 속에서는 생산적 노동과 비생산적 노동이라는 구분이 암묵적으로 유지되고 있다고 생각한다. 그들은 회계원리에 따라, 비용을 매출원가, 판매비와 관리비, 영업 외 비

---

2) 송현호, 『신제도이론』, 민음사, 1998, 69-70쪽.

3) 조원희, 「거래비용 경제학의 방법론 및 기본 개념에 대한 정치경제학적 비판」, 『경제학의 역사와 사상』, 제2호, 나남출판사, 1999, 25.쪽.

용, 특별 손실 등의 항목으로 구분하여 결산한다. 이것은 모든 비용을 같은 성격으로 파악하지 않는다는 것을 의미한다. 예를 들어 성장산업이 아닌데도 매출원가에 비해서 판매비가 지나치게 증가하는 경우에는 경쟁이 격화되어 수익성이 곧 떨어질 것이라든지 재고가 증가하고 있다고 파악할 것이다. 비용의 근본적인 성격 차이를 인정하지 않는 경우에는 무슨 비용이든지 많을수록 나쁘다고 말할 수밖에 없을 것이다. 그러나 광고비를 줄일 때와 제조원가를 줄일 때에는 분명히 서로 다른 경제적 효과를 나타낸다. 경영자들은 경제학에서의 가르침에도 불구하고 직감적으로 여러 가지 비용의 차이에 주목하고 있다고 할 수 있다.

이 장은 정보기술에 대한 가치론적 분석의 하나로서, 생산적 노동과 비생산적 노동을 일관성 있게 규정하고, 이 규정에 기초하여 정보 기술이 비생산적 노동에 어떠한 영향을 미치는가를 살펴보는 것을 목표로 하고 있다. 이 과정에서 생산적 노동과 비생산적 노동의 구별이 매우 중요한 경제학적 의의를 가지고 있다는 사실이 드러날 것이다.

2절에서는 두 개념의 구분과 관련된 논의를 간단히 살펴보면서 나름대로의 정의를 내려보려고 한다. 이어 3절에서는 비생산적 노동이 이윤율에 미치는 영향과 비생산적 노동의 보전에 관한 논쟁을 살펴 볼 것이다. 이것을 위해서는 상업자본과 상업가격에 대한 기존의 연구를 검토하는 것이 필수적이다. 마지막으로 4절에서는 정보 기술이 비생산적 노동에 미치는 영향에 대하여 살펴보겠다.

2. 생산적 노동과 비생산적 노동

흔히 마르크스의 경우에는 생산적 노동과 비생산적 노동에 대한 두 가지 규정이 혼재되어 있다고 말한다. 하나는 본원적 규정이고 다른 하나는 역사적 규정이다.[4]

본원적 규정이란 대표적으로 『자본론』에 나오는 다음과 같은 규정을 말한다.

> 노동은 "인간과 자연과의 한 과정, 즉 인간이 인간과 자연과의 질료변환을 자신의 행위에 의하여 매개하고, 규제하고, 통제하는 한 과정이다." "이 전 과정을 그 성과인 생산물의 입장에서 고찰한다면, 노동수단과 노동대상은 생산수단으로 현상하고, 노동 그 자체는 생산적 노동으로 현상한다."[5]

여기서는 생산물을 생산하는 노동을 생산적 노동이라고 규정하고 있다. 생산적 노동이 아닌 것은 비생산적 노동일 것이므로, 비생산적 노동에는 다음과 같은 두 가지 종류가 있게 된다. 하나는 생산물이 아닌 것에 작용을 하는(생산이든 아니든) 노동이고, 다른 하나는 생산물에 대해 작용을 하기는 하지만 생산은 아닌 노동이다. 첫째 범주의 비생산적 노동은 생산물을 과연 어떻게 정의하는가에 의해서 결정된다. 생산물이란 일반적인 재화를 말하는가

---

4) 橋本 勳, 『商業資本と流通問題』, ミネルヴァ書房, 1970, 제5장 참조. 그는 전자를 질료적 규정, 사용가치적 규정, 노동과정에서 본 규정 등으로도 부르고, 후자를 형상적 규정, 가치적 규정, 가치증식과정에서 본 규정 등으로도 부르고 있다.

5) Karl Marx(1867), *Capital*, Vol. I; 김수행 역, 『자본론』, 제1권, 비봉출판사, 1994, 229-230쪽.

아니면 시장에서 판매되는 상품만을 말하는가, 혹은 유체물만이 포함되는가 소프트웨어와 같은 무체물도 포함하는가, 그리고 서비스(용역)를 포함하는가 아닌가 등이 쟁점이 될 수 있다. 둘째 범주의 비생산적 노동은 생산이 무엇인가에 의해서 결정이 된다. 유통과정에서 행해지는 매매 계약 체결, 광고, 판매 촉진 등은 분명하게 비생산적 노동으로 간주된다. 그러나 운수, 보관, 저장, 분류 등의 노동은 생산적 노동으로 간주된다. 유통과정에서 행해지는 생산 행위로 보기 때문이다. 반대로 감독, 부기, 자금 조달 등의 노동은 생산과정에서 행해지더라도 비생산적 노동으로 간주된다. 유통과정에 행해지는 모든 노동이 비생산적 노동이 아니듯이, 생산과정에서 행해지는 모든 노동이 생산적 노동이 아닌 것이다.

역사적 규정이란 대표적으로 『잉여가치학설사』에 나오는 다음과 같은 규정을 말한다.

> 자본주의적 생산의 의미에서의 생산적 노동은 임노동, 그 중에서도 가변자본부분(임금에 투하된 자본부분)과 교환되어 이 자본부분(혹은 그 자신의 노동능력의 가치)을 재생산할 뿐만 아니라, 그 위에 자본가를 위한 잉여가치를 생산하는 임노동이다. 이것에 의해서만 상품 혹은 화폐가 자본으로 전화되고, 자본으로서 생산된다. 자본을 생산하는 임노동만이 생산적이다. ……생산적 노동이란 무엇인가? 잉여가치를 창조하는 노동, 즉 그것이 임금으로서 받는 등가를 넘어서 신가치를 창조하는 노동이다.[6]

이 규정은 비교적 명확해 보인다. 잉여가치를 생산하는 노동이

---

6) Karl Marx, *Theories of Surplus Value*, Vol. I, *Collected Works*, Vol. 31, Progress Publishers, 1989, p. 8.

생산적 노동이다. 잉여가치는 자본 운동의 목적이므로 자본에 의해서 고용된 노동이 바로 생산적 노동이다. 동일한 노동이 자본과 교환되면 생산적 노동이 되고, 수입(소득)과 교환이 되면 비생산적 노동이 된다.[7] 매춘부의 노동이라고 할지라도 자본에 의해서 고용되면 생산적 노동이 될 것이다.

이 규정에 따르면 자본에 고용되었다는 사실만이 중요하지 그 노동이 무엇을 하는 노동이냐는 전혀 중요하지 않은 것처럼 보인다. 그렇다면 이 규정은 앞에서 생산물을 생산하는 노동을 생산적 노동으로 파악한 본원적 규정과 모순이 되는 것이 아닌가? 이와 같이 본원적 규정과 역사적 규정 사이의 관계가 문제가 된다.

이 두 가지 규정 이외에도 마르크스의 저작 중에는 다음과 같은 몇 가지 규정들이 더 존재한다.

그 중 하나는 사회적 재생산적 관점에서의 규정이다. 이 때에는 생산물의 물질적 성격이 기준이 된다.

> 잉여가치 자체를 생각할 때에는 생산물 본래적 형태, 다라서 잉여생산물은 중요하지 않다. 그것은 실제적인 재생산과정을 고려할 때에 중요해진다. 그것은 …… 부분적으로는 사치품 등이 재생산에 미치는 영향을 파악하기 위해서이다.[8]

> 이러한 노동자들(사치품 생산 노동자들-필자)은 자기들의 주인의 자본을 증가시키는 한에서는 생산적이지만, 그들의 노동의 물질적 결과에 대해서는 비생산적이다.[9]

---

7) 노동이 화폐로서의 화폐와 교환되는가, 자본으로서의 화폐와 교환되는가에 따라서 구분된다고도 할 수 있다.

8) Karl Marx(1857), *Grundrisse*, Penguin Books, 1973, pp. 251-252.

9) Ibid., p. 272.

앞의 인용에서 분명해지듯이, 재생산적 관점에서의 규정이란 가변자본과 불변자본의 요소로 재전환될 수 있는 생산물을 생산하는 노동을 생산적 노동으로 보고 그렇지 못한 노동을 비생산적 노동으로 규정하는 관점이라고 할 수 있다. 이러한 규정에 따르면 보석과 같은 사치품을 생산하는 노동은 비생산적 노동이 된다. 그러나 이 규정은 앞에서의 본원적 규정에서 생산물을 재생산 과정에서 필요한 것으로 엄격하게 제한한 것이라고 해석할 수 있다. 이렇게 해석하면 결국 본원적 규정에 나오는 생산물을 어떻게 해석할 것인가가 문제가 된다.10)

또 하나는 개별자본의 관점에서의 규정과 사회적 총자본의 관점에서의 규정이다. 예를 들어 흔히 상업노동을 가리켜서, 개별자본의 관점에서는 자본의 증식에 도움이 되므로 생산적이지만, 사회적 총자본의 관점에서는 비생산적이라고 말한다. 그러나 나는 이 규정도 본원적 규정과 역사적 규정 이외의 별도의 규정이 아니라, 본원적 규정과 역사적 규정을 적용할 때 개별자본의 입장이 아니라 사회적 총자본의 입장에서 규정해야 한다는 뜻으로 해석하려고 한다. 역사적 규정은 가치증식 여부가 기준이다. 그러나 그 기준은 개별자본의 이윤을 증대시키는가가 아니라 사회적 총자본의 이윤을 증가시키는가이다. 앞에서 논의되었던 재생산적 관점도 사회적 총자본의 관점과 같은 맥락에 있다.

이와 같이 마르크스에게서 생산적, 비생산적 노동에 대한 규정은 본원적 규정을 어떻게 해석할 것인가, 역사적 규정을 어떻게 해석할 것인가 및 두 규정 사이의 상호관계는 어떤 것인가 하는

---

10) 조원희, *Value-Theoretical Approach to the Dynamics of Competition, Monopoly-Capital, and the State*, Ph. D Thesis at Birkbeck College, University of London, Hanul Publishing Co., 1990, p. 189.

문제로 요약될 수 있다. 이러한 관점에서 생산적 노동을 둘러싼 기존의 논의들을 다음과 같이 유형화해 볼 수 있다.

먼저 본원적 규정을 무시하고 역사적 규정만을 유일한 기준으로 삼는 경우. 이 경우에는 결국 생산적 노동과 비생산적 노동을 구분할 필요가 없어진다. 자본에 의해 고용된 모든 노동은 자본의 가치증식에 도움이 되어서 고용된 것이므로 생산적이다. 대표적으로는 해리슨(J. Harrison)이나 고(I. Gough)와 같은 신리카도학파를 들 수 있다.[11] 뿐만 아니라 레이브먼(D. Laibman) 같은 사람도 자본에 의해서 고용된 모든 노동은 자본에 의해서 착취를 당하고 잉여노동을 행한다는 점에서 노동자로서의 사회경제적 지위가 동일하므로 모두가 생산적이라고 주장하고 있다.[12]

그러나 이러한 주장은 상업자본에 의해서 순수한 유통과정에 고용된 노동을 비생산적 노동으로 규정하는 마르크스의 분명한 언급과 모순이 된다.

> 그러므로 상품거래자본은, 이것과 결부될 수 있는 모든 잡다한 기능들(예컨대 보관, 발송, 운수, 분류, 소매)을 벗겨버리고 이것의 진정한 기능(판매를 위한 구매)에 국한시킨다면, 가치도 잉여가치도 창조하지 않고 다만 그것들의 실현을 매개하며, 그와 동시에 상품들의 현실적 교환, 한 사람으로부터 다른 사람으로의 상품의 이전, 사회의 신진대사를 매개할 뿐이다.[13]

---

11) Ibid., 190ff.

12) D. Laibman, *Value, Technical Change and Crisis*, Armonk, 1992. ch. 4; D. Laibman, "The Falling Rate of Profit: A New Empirical Study," *Science and Society*, Vol. 57, No. 2, 1993.

13) Karl Marx(1894), *Capital*, Vol. III; 김수행 역, 『자본론』, 제3권, 비봉출판사, 1990, 339쪽.

그리고 이렇게 되면 결국 생산적 노동과 비생산적 노동을 구분하지 않는 신고전학파의 입장과 일치하게 된다. 그러므로 역사적 규정은 그 자체로서 완결적인 규정이 아니라 본원적 규정을 한정하는 규정으로 간주되어야 할 것이다.

다음으로 논리적으로는 역사적 규정을 무시하고 본원적 규정만을 고집하는 경우를 생각해 볼 수 있지만, 정치경제학의 대상이 자본주의 사회이기 때문에 이러한 주장은 존재하지 않는다. 대부분의 논자들의 경우에 결정적인 차이점은 역사적 규정의 한정을 받는 한에서의 본원적 규정을 어떻게 해석할 것인가에 달려 있다고 할 수 있다.

우선 모훈(S. Mohun)의 경우를 살펴보자. 그는 정치경제학에서 생산적 노동과 비생산적 노동의 구분이 필요한 이유를 자신이 제시하는 노동가치론의 6가지 명제에 입각하여 설명하고 있다.[14] 그 중 〈명제 4〉에서는 생산적 노동과 비생산적 노동을 다음과 같이 정의하고 있다.

임노동이 어떤 양의 생산자본을 더 큰 양의 상품자본으로 변환시킨다면, 그리고 그 경우에만, 생산적이다. 임노동이 자본의 순환 바깥에 존재하든지, 자본 순환 안에서 상품자본을 화폐자본으로 전환시키든지, 화폐자본을 상품자본으로 전환시킨다면, 그리고 그 경우에만 비생산적이다. 임노동이 아닌 노동은 생산적이지도 비생산적이지도 않다.[15]

그러면서 그는 자본에 고용된 노동을 다음과 같이 분류하고

14) Simon Mohun, "Productive and Unproductive Labor in the Labor Theory of Value," *Review of Radical Political Economics*, Vol. 28, No. 4, 1996.

15) Ibid., p. 36.

있다. ① 생산자본을 상품자본으로 전환시킴으로써 신가치를 부가하는 노동. ② 이 과정에서의 감독 노동. ③ 유통과정에 고용된 노동. 유통과정에서 고용된 노동은 다시 상업자본에 의해서 고용된 노동, 금융자본에 의해서 고용된 노동 및 유통과정을 직접 담당하는 산업자본에 의해서 고용된 노동으로 나누어진다. ④ 국가에 의해서 고용된 노동력. 이것은 다시 ⓐ 상품을 생산하는 경우와 ⓑ 그렇지 않은 경우로 다시 나누어진다. 이 중에서 ①과 ④의 ⓐ는 생산적 노동이고, 나머지는 비생산적 노동이다.[16]

이러한 모훈의 정의는 자본의 순환에 기초하여 생산적 노동과 비생산적 노동을 분류한 것이 특징이지만, 본원적 규정과 역사적 규정을 종합한 지배적인 경향을 대표하고 있다. 그러나 그는 앞에서 지적한 바와 같은 본원적 규정의 구체적인 쟁점을 본격적으로 거론하지 않고 있다. 그리고 그의 이러한 정의는 생산과정에서 비생산적 노동이 행해지며, 유통과정에서도 생산적 노동이 행해진다는 현상 때문에 완전한 설명이 되었다고 보기 힘들다.

모훈이 비생산적 노동의 범주 중에 화폐취급자본 및 이자 낳는 자본, 혹은 통칭해서 금융자본에 의해서 고용된 노동을 포함시키고 있는 것은 마르크스의 입장과 일치한다고 할 수 있다.

화폐거래업자의 이윤은 잉여가치로부터의 공제에 불과하다는 것도 명백하다. 왜냐하면 화폐거래업자는 이미 실현된 가치(채권의 형태로 실현되어 있을 뿐인 경우에도)를 취급하고 있을 뿐이다.[17]

---

16) Ibid., pp. 36-38.

17) Karl Marx(1894), *Capital*, Vol. III; 김수행 역, 『자본론』. 제3권. 386쪽.

다만 금융자본에 의해서 고용된 노동을 유통과정에 고용된 노동 속에 포함시키는 것은 부적절해 보인다. 오늘날과 같이 금융자본이 자립화하고 거대하게 성장하여 경제를 주도하고 있는 상황에서는 금융자본을 유통과정의 부속물로 간주하는 것이 타당하지 않을 것이다.

조원희는 본원적 규정과 역사적 규정이 모순 관계에 있으며, 이러한 점에서 생산적 노동 개념은 두 대립물의 통일이라는 점을 강조하고 있다. 그러나 그는 생산물의 개념을 물질성을 갖는 것으로 한정하고 있는데, 이 때 물질성이 의미하는 바를 어떻게 해석할 것인가가 문제가 된다. 흔히 유체물을 생산하는 노동만을 생산적 노동으로 규정하면서 무체물이나 서비스를 생산하는 노동을 비생산적 노동으로 규정하는 경향이 있다.[18] 나는 이러한 경향이 사용가치와 가치의 모순의 전개 과정을 올바로 설명하고 있다고 생각하지 않는다.

서비스 노동 문제에 대해서 살펴 보자. 이 문제에 관한 소비에트적 정통파(다수설)의 견해는 서비스 노동의 생산적 성격을 부정하는 것이었다고 할 수 있다.[19] 그 근거는 서비스 상품의 존재형태 및 성격이 물적 생산물이 아니라는 것이었다.[20] 그러나 이러한 견해는 본원적 규정에 대한 매우 편협한 해석에 기초한 것이다. 본원적 규정에 나오는 생산물 혹은 상품[21]이 유체물만을 의

---

18) 이 글에서는 무체물이란 소프트웨어와 같이 생산과 소비가 시간적으로 분리되지만 물건의 형태를 갖지 않는 것을 말한다. 물론 소프트웨어도 CD 등과 같은 유체물에 담겨서 거래되지만 상품으로 거래되는 것은 CD라는 유체물이 아니라 그 안에 담겨져 있는 무체물이다. 그리고 서비스란 이발과 같이 생산과 소비가 시간적으로 분리되지 않는 것을 말한다.

19) 조원희, op. cit., p. 183.

20) 刀田和夫, 『マルクス派サービス理論の批判と克服』, 九州大學出版會, 1993.

미한다고 해석할 수 있는 구절은 없다.

일반적으로 재화나 서비스가 상품으로 되기 위해서는 두 가지 조건이 필요하다. 하나는 사용가치를 가져야 한다는 것이다. 사용가치란 인간의 욕망을 충족시켜 주는 성질을 말한다. 이 때 그 "욕망의 성질이 어떠한가, 그것이 예를 들어 위로부터 생겨나는가, 또는 환상으로부터 생겨나는가는 전혀 문제가 되지 않는다."[22] 서비스는 이러한 점에서 볼 때 분명히 사용가치를 가지고 있다. 상품이 되기 위한 두 번째 조건은 시장에서 교환되어야 한다는 것이다. 사용가치 중에서 시장에서 교환되지 않는 것은 상품이 아니라 단순한 재화에 불과하다. 시장에서 교환된다는 것은 가격을 가지고 있다는 것을 의미하며, 가격은 궁극적으로 상품의 생산에 지출된 인간 노동, 즉 상품에 체화된 추상적 인간노동으로서의 가치에 의해서 규정된다.[23] 따라서 두 번째 조건은 상품이 되기 위해서는 가치를 가지고 있어야 한다는 것으로 표현할 수 있다. 지금 우리가 고찰하는 서비스는 시장에서 교환되는 서비스를 말하므로 가치를 가지고 있다고 할 수 있다. 이상을 종합해 보면 서비스 노동을 상품의 세계에서 배제할 이유가 없어진다. 그리고 거의 모든 서비스 노동은 생산수단을 사용하며, 인간이 자연을 변화시키는 과정을 포함하고 있다.[24] 물론 모든 서비스 노동이 전부 생산적

---

21) 『직접적 생산과정의 결과들』에서는 다음과 같이 규정되어 있다. "노동과정 일반이라는 단순한 관점에서 본다면, 일반적으로 생산물에, 보다 구체적으로 말하여 상품에 실현된 노동을 생산적이라고 간주할 수 있다." Karl Marx, "Results of the Immediate Process of Production," in *Capital*, Vol. 1, Penguin Books, 1976.

22) Karl Marx(1867), *Capital*, Vol. I; 김수행 역, 『자본론』, 제1권, 43쪽.

23) 같은 책, 48쪽.

24) 머리카락을 자른다든지, 맹장을 떼어내는 행위는 인간이 자연을 변형시키

인 것은 아니다. 왜냐하면, 생산적 노동의 역사적 규정에 따라, 자본에 의해서 잉여가치를 증식시킬 목적으로 고용되었을 때에만 생산적이라고 할 수 있기 때문이다.

서비스를 상품의 범위에 포함시켰을 때 발생하는 곤란한 문제 중의 하나는 비생산적 노동의 범위를 확정하기 힘들어진다는 것이다. 흔히 유통이나 금융을 서비스 산업으로 분류하기 때문이다. 그리고 다음과 같은 경우를 생각해 보면 더욱 혼란스러워진다. 산업자본가가 상업자본가에게 대가를 지불하고 순수유통 업무의 일부를 대행시킨다고 가정해 보자. 이것은 산업자본가가 상업자본가의 서비스를 구매하는 것이라고 할 수 있다. 서비스가 상품이라면, 그리고 상품을 생산하는 노동이 생산적 노동이라면, 상업 노동도 생산적 노동에 속하는 것이 아닌가?

이 문제는 다음과 같이 해결할 수 있다. 자본순환의 과정이 하나의 자본에 의해서 완결되는 것이 아니라, 여러 개의 자립화된 자본에 의해서 수행될 경우에는 개별 자본의 관점과 사회적 총자본의 관점을 구분해서 사회적 총자본의 관점에서 규정하여야 한다. 자립화된 개별자본은 항상 자기가 고용하는 노동자를 생산적인 노동자로 간주할 수밖에 없다. 그 노동자는 다른 자본에게는 사용가치를 제공하면서 자기에게는 잉여가치를 가져다주기 때문이다. 그러나 사회적 총자본의 관점에서 보았을 때에는 그렇지 않을 수 있다. 예를 들어서 광고를 많이 한다고 해서(혹은 광고 서비스를 많이 구매한다고 해서) 그 상품의 사용가치가 더 커진다고 보기는 힘들기 때문이다.

자본의 순환 과정이 여러 개의 자립화된 자본들에 의해서 일부분씩 수행되는 경우에는 한 종류의 노동에 의해서 사용가치가 완

는 과정이라고 해야 할 것이다.

성되는 경우가 드물다. 이 때에 어떤 노동이 생산적인가 아닌가를 판단하기 위해서는 그 노동이 최종생산물의 사용가치를 변형, 증가, 이동, 보존시키는 데 기여하였는가를 살펴보아야 한다. 앞에서 상품이 되기 위해서는 사용가치와 가치를 가지고 있어야 한다는 것을 살펴보았다. 따라서 사용가치 형성에 기여하지 않는 노동은 가치 형성에도 기여할 수 없을 것이다. 이렇게 규정함으로써 본원적 규정과 역사적 규정은 사용가치 규정과 가치 규정에 정확하게 대응하게 된다.

이러한 규정에 따르면 비생산적 노동의 범주는 대략 유통(그 중에서 운송 등과 같이 유통과정에서 수행되는 생산 행위를 제외한), 금융부문 및 공공부문에 고용된 노동 정도를 포괄하는 것이 된다. 이것은 대체로 거래비용학파에서 이야기하는 거래비용의 범위와 비슷해진다. 유통은 시장이라는 제도의 무정부적 성격 때문에 필요한 것이다. 완벽한 주문생산이 이루어진다면 유통의 필요성은 대부분 사라질 것이다. 금융은 크게 보아 화폐 제도를 유지하는 행위와 자금을 조달하는 행위로 구분할 수 있는데, 어느 것도 사용가치의 생산에 참여하는 것은 아니다. 공공부문은 사유재산과 시장이라는 제도 자체를 형성, 유지하는 행위라고 볼 수 있다.

3. 비생산적 노동의 보전과 이윤

비생산적 노동이 이윤율과 가격에 어떤 영향을 미치는가에 대해서는 상업자본의 순수유통비를 둘러싼 상업가격 논쟁을 살펴 보는 것이 좋을 것이다.

다음과 같이 가정해 보자. 산업자본은 720의 불변자본과 180의 가변자본으로 구성되어 있으며, 잉여가치율은 100%라고 가정한다. 그렇게 되면 산업자본이 생산하는 생산물의 가치는 900의 선대자본에 180의 잉여가치가 더해져서 1,080이 될 것이다. 상업자본은 상품구입자본 100과 순수유통비용 50으로 구성되어 있다고 가정한다. 이 때 100의 상품구입자본으로 그보다 큰 가치(1,080)의 생산물을 구매할 수 있는 것은 상업자본이 산업자본보다 빨리 회전하기 때문이라고 생각한다. 순수유통비용이란 "상품의 가치를 실현하기 위하여 필요한 비용"[25]이며, 상품의 구매와 판매를 위해 필요한 회계, 부기, 마케팅, 통신 등에 들어가는 비용이다. 이것은 다시 사무실, 종이, 우편요금 등과 같은 불변자본과 상업노동자의 임금으로 지불되는 가변자본으로 나누어진다.[26]

논리 전개의 편의상 첫 단계로 순수유통비용이 없는 경우를 생각해 보자. 마르크스는 이 경우에 성립되는 관계를 다음과 같이 요약하고 있다.[27]

---

25) Karl Marx(1894), *Capital*, Vol. III; 김수행 역, 『자본론』, 제3권, 347쪽.

26) 같은 책, 347쪽. 이채언(「순수유통비용과 상품가치」, 『경제학의 역사와 사상』, 제2호, 나남출판사, 1999)은 순수유통비를 일반적으로 이야기하는 상품구입비용과 순수유통비용을 합한 개념으로 쓰고 있다. 일관성 있게 사용하고 있으므로 크게 문제될 것은 없겠지만, 마르크스가 쓴 용어 규정과도 어긋난다는 점을 지적해 두고 싶다.

27) Karl Marx(1894), *Capital*, Vol. III; 김수행 역, 『자본론』, 제3권, 342-343쪽.

〈모형 I〉

산업자본: $720($ 불변자본$)+180($ 가변자본$)=900$

산업자본 생산물의 가치: $720+180+180($ 잉여가치$)=1080$

평균이윤율: $\dfrac{180}{900(\text{산업자본})+100(\text{상업자본})}=18\%$

산업이윤: $900\times18\%=162$, 상업이윤: $100\times18\%=18$

산업자본의 판매가격: $900+162=1062$,

상업자본의 판매가격: $1062+18=1080$.

상업가격 $=1080=$ 생산물의 가치

상업자본은 잉여가치를 생산하지는 못하지만 잉여가치의 균등화에는 참여하지 않을 수 없다. 그렇지 않다면 아무도 상업자본에 투자하지 않을 것이기 때문이다. 이윤율은 18%가 돈다. 그리고 이 경우에는 산업자본이 자기가 생산한 제품을 상업자본에게 양도함으로써 상업자본의 이윤을 보장하게 된다. 상업자본은 자신이 구매한 가격에 자기 자본의 이윤을 더하여 판매가격을 결정한다. 상업자본의 판매가격은 흔히 상업가격이라고 불리는데, 위와 같은 경우에는 상업가격과 가치가 일치함으로써 가치법칙이 보존된다는 것을 확인할 수 있다.

다음 단계로 상업자본 중에 순수유통비용 50이 포함되어 있는 경우를 생각해 보자. 마르크스는 이 경우에 다음과 같은 관계가 성립한다고 설명하였다.[28]

---

28) 같은 책, 351쪽.

〈모형 Ⅱ〉

산업자본: $720 + 180 = 900$

산업자본 생산물의 가치: $720 + 180 + 180 = 1080$

상업자본: $100(\text{상품구입자본}) + 50(\text{순수유통비용}) = 150$

평균이윤율: $\dfrac{180}{900 + 150} = 17\dfrac{1}{7}\%$

산업이윤: $900 \times 17\dfrac{1}{7}\% = 154\dfrac{2}{7}$,

상업이윤: $150 \times 17\dfrac{1}{7}\% = 25\dfrac{1}{7}$

산업자본의 판매가격: $900 + 154\dfrac{2}{7} = 1054\dfrac{2}{7}$

상업자본의 판매가격:

$1054\dfrac{2}{7} + 50(\text{순수유통비용}) + 25\dfrac{5}{7}(\text{상업이윤}) = 1130.$

상업가격 = 생산물 가치 + 순수유통비용.

(즉, 상업가격 > 생산물 가치)

이 경우에는 상업자본의 상품구입비용 100 이외에 순수유통비용 50이 존재하므로, 순수유통비용에 대한 이윤뿐만 아니라 순수유통비용 자체가 상업자본의 판매가격에 포함되어야 한다. 그러나 그렇게 하면 제일 마지막 식에서 확인할 수 있듯이 상업가격이 생산물 가치 혹은 생산가격보다 커지게 되어 가치법칙에 어긋나는 것처럼 보이게 된다. 마르크스는 이 경우에 대하여, 상품의 가치에 대하여 어떠한 실질적 추가분을 형성하지 않는 경우에도, 명목적 가치(nominal value)를 형성하게 된다고 설명하였다.[29]

그러나 이러한 결과는 일단 총가치와 총생산가격 혹은 총상업
가격의 일치가 깨어지기 때문에 가치법칙에 어긋나는 것으로 간주
할 수 있다. 이러한 의미에서 로젠버그(Rosenberg)는 명목적 가
치를 인정하는 마르크스의 설명이 잘못되었다고 주장하면서, 가
치법칙이 보존되는 방식으로 상업가격이 형성되는 모델을 구성하
였다.[30]

〈모형 Ⅲ〉

산업자본: $720 + 180 = 900$

산업자본 생산물 가치: $720 + 180 + 180 = 1080$

평균이윤율: $\dfrac{180 - 50}{900 + 150} = 12\dfrac{8}{21}$ %

산업이윤: $900 \times 12\dfrac{8}{21}$ % $= 111\dfrac{3}{7}$,

상업이윤: $150 \times 12\dfrac{8}{21}$ % $= 18\dfrac{4}{7}$

산업자본의 판매가격: $900 + 111\dfrac{3}{7} = 1011\dfrac{3}{7}$,

상업자본의 판매가격:

$1011\dfrac{3}{7} + 50(\text{순수유통비용}) + 18\dfrac{4}{7}(\text{상업이윤}) = 1080.$

상업가격 $= 1080 =$ 생산물의 가치

이 경우에는 이윤율이 한층 감소한다. 순수유통비용은 가치나

---

29) 같은 책, 346쪽.

30) 鶴野昌孝, 『商業資本と 經濟學』, 梓出版社, 1988.

잉여가치를 낳는 비용이 아니므로 잉여가치의 일부가 그것을 보전하는 데 쓰여야 된다고 생각하기 때문이다. 즉, 순수유통비용은 평균이윤율을 계산할 때 분모에 추가될 뿐만 아니라 분자(잉여가치)에서도 공제되어야 한다. 이러한 방식으로 평균이윤율을 계산하면 상업가격과 가치가 일치하게 되어 가치법칙이 유지된다는 것이다. 물론 산업자본은 상업자본에게 가치 혹은 생산가격 이하로 판매하고, 상업자본은 구입가격에 순수유통비용과 상업이윤을 더하여 자신의 판매가격을 설정하는 방식은 앞에서와 마찬가지이다.

이와 같이 로젠버그의 수정식은 상업가격이 산업자본으로부터의 구입가격에 순수유통비 및 상업자본에 대한 이윤을 더하여 정해진다는 통상적인 상업자본의 가격설정 절차를 그대로 따르면서도 총가치와 총상업가격을 일치시키는 결과를 낳기 때문에, 다수의 연구자들이 이것을 지지하여 왔다. 우리 나라에서도 김수행은 이러한 입장을 취하고 있다.[31]

그러나 최근 이채언은 이러한 다수설에 의문을 제기하면서 명목가치를 인정하는 마르크스의 〈모형 Ⅱ〉에서의 평균이윤율 계산식을 옹호하고 나섰다.[32] 그의 주장의 핵심은 순수유통비를 자본으로 간주해야지 손실로 간주하면 안 된다는 것이다.

일반적으로 사회적으로 유용한 어떤 활동을 위해 소모된 자본은 산출물의 가치에 그대로 이전되어지기 때문에 설령 이윤이 전혀 남지 않아도 자본의 보전만은 가능할 수 있다. 「a비용」에 대해서도 마찬가지로 얘기될 수 있는데 그것은 사회전체의 물질대사를 원활히 하는 데 유용한 역할을 하기 때문에 적어도 자본이라면 그 가치의 보전은 잉여

---

31) 김수행, 『자본론 연구 I』, 한길사, 1988.

32) 이채언, 앞의 글.

가치에서 충당될 것이 아니라 상품자본 그 자체에서 충당되어져야 한다. 그렇지 않다면 「α비용」은 이미 자본으로서의 기능을 상실했거나 사회적으로 유용한 기능을 하지 못했다는 것밖에는 되지 않는다.[33]

손실로 간주하지 않고, 자본으로 간주한다는 것의 의미는 다음의 두 가지이다. 첫째는 평균이윤율을 계산할 때에 분모에 참가하여야 한다는 것이다. 둘째는 잉여가치로부터 직접 공제되는 방식이 아니라 상업이윤으로부터 회수되는 방식으로 보전되어야 한다는 것이다. 이 두 가지 조건을 충족시키는 모델은 바로 마르크스가 제시했던 모델이다.

그러나 이 경우에는 상업가격이 가치를 초과하게 되어 명목가치가 발생하게 된다는 문제점을 가지게 된다. 이채언은 이 명목가치를 사회적 간접비용(social overhead cost)으로 해석하고 있다.

순수유통비용도 상품생산 바깥에서 발생하기 때문에 상품가치의 실질적인 내용에 대해서는 아무런 변화도 낳지 못한다. 그러나 그 비용의 보전은 상품판매를 통해 이루어지기 때문에 상품가치에 일정한 영향을 미치지 않을 수 없다. 어느 누구도 그 비용을 직접 지불하지 않지만 결국 그 사회가 지불하는 비용이 된다. 이를 우리는 사회적 간접비용(social overhead cost)이라 부를 수 있다. 이 비용의 지불에 의해 상품의 명목가치가 실질가치로부터 괴리되고 자본가의 소득만이 아니라 노동자의 임금도 그 때문에 실질적인 삭감을 당하게 된다.[34]

즉 이 유통비용은 잉여가치를 생산하지는 못하지만, 사회적으

---

33) 같은 글, 6-7쪽. 인용문 중에 나오는 「α비용」이란 이 글에서 말하는 순수유통비용을 의미한다.

34) 같은 글, 234-235쪽.

로 필요한 비용이다. 그러므로 사회 전체가 이 비용에 대해서 대가를 지불해야 한다. 그렇게 하기 위해서는 사회 전체의 구성원이 예를 들어 1,080의 가치를 가진 상품을 1,130으로(50의 명목가치를 지불하면서) 구매해야 하는 것이다. 이것은 인플레이션이 발생한 것과 동일한 효과인데, 순수유통비가 궁극적으로는 자본가의 소득(잉여가치)뿐만 아니라 노동자의 임금에서도 공제된다는 것을 의미한다.

이러한 이채언의 설명은 명목가치를 인정하는 주장에 새로운 근거를 제시해 주고 있다고 생각된다. 그것은 사회적으로 필요하지만 잉여가치를 생산하지 않는 비용, 즉 비생산적 비용에 대한 사회적 보전 메커니즘이다. 자본은 어디까지나 자본으로서 보전되어야지 손실로서 보전되면 안 된다는 것이다. 그가 주장하듯이 이러한 보전 메커니즘에 대한 분석은 또 다른 비생산적 비용인 화폐를 유지하는 비용에 대한 분석으로 쉽게 응용될 수 있을 것이다.

그러나 이채언의 주장과 로젠버그의 수정식의 차이는 절대적인 것이라고 여겨지지는 않는다. 다음과 같은 점들을 살펴보자.

궁극적으로 로젠버그와 이채언의 차이는, 명목가치가 아니라 실질가치를 기준으로 볼 때, 로젠버그는 순수유통비용이 잉여가치에서만 공제된다고 간주한 반면, 이채언은 잉여가치뿐만 아니라 가변자본에서도 공제된다고 보았다는 것으로 귀착된다.[35] 그러나 이러한 결과는 가변자본의 가치 혹은 노동력의 가치 자체의 변화를 가져오지 않을 수 없다. 순수유통비용으로 인하여 명목가

---

35) 이러한 가변자본에서의 공제는 유통과정에서 발생하는 노동자들의 제2차적인 착취로 간주하는 것은 바람직하지 못하다. 왜냐하면, 착취의 주체가 자본가들이 아니며, 자본가들이 이러한 착취를 통해서 가치를 증식시키는 것은 아니기 때문이다. 이채언의 비유대로 단지 세금을 내는 것이라고 생각하면 된다.

치가 발생하고, (실질)임금이 노동력의 가치 이하로 떨어지는 현상이 발생하여 안정적으로 유지된다면 결국 노동력의 가치가 저하하게 되었다고 판단할 수밖에 없는 것이다. 노동력의 가치란 정상적인 상태에서 노동자들에게 귀속되는 가치일 것이기 때문이다. 이와 같이 순수유통비용으로 인하여 노동력의 가치가 저하하게 되는 것으로 간주하면, 잉여가치는 순수유통비용만큼 증가하게 될 것이다. 그리고 순수유통비용 자체는 잉여가치에서 보전된다고 파악할 수밖에 없을 것이다.

  보다 중요한 문제는 마르크스의 〈모형 Ⅱ〉나 로젠버그의 〈모형 Ⅲ〉에서의 평균이윤율이 어떠한 과정을 거쳐서 성립하게 되는가를 살펴보는 것이라고 생각한다. 이를 위해서 상업자본이 산업자본으로부터 독립하기 이전의 상황이 다음과 같다고 가정해 보자.

〈모형 Ⅳ〉

산업자본: $720 + 180 + 100$(순수유통비) $= 1000$
산업자본 생산물 가치: $720 + 180 + 180 = 1080$
상업가격 $= 1080 =$ 생산물의 가치
평균이윤율: $\dfrac{1080 - 1000}{900 + 100} = 8\%$
생산물 가치: $1080 = 900 + 1000 * 8\% + 100$(순수유통비)

  이 모형에서는 변수들의 설명 순서가 앞의 모형과 바뀌어 있다. 이것은 산업자본이 상업 업무를 담당하기 때문에 가치구성적인 외견상의 절차가 불필요하게 되어 가치분해적인 논리적 절차에 따라서 설명하였기 때문이다. 산업자본은 상업자본이 행하는 유통업무를 직접 하고 있으므로 순수유통비 100이 필요하다. 그러나 이 순수유통비는 그 개념의 정의상 상품에 아무런 가치를 추가하지 않는다. 그러므로 이 상품의 가치는 순수유통비용이 없을 때와 마찬가지로 1,080이고, 상업가격도 같은 크기이다. 이윤량이 80이므로, 이윤율은 8%이다. 생산물 가치 1,080은 산업자본 900과 순수유통비 100 및 그에 대한 8%의 이윤으로 분해된다.

이제 상업자본이 자립화하여 유통을 담당하게 되었다고 하자. 상업자본은 상품구입자본 100과 순수유통비용 50이 필요하게 된다. 상업자본이 유통과정을 전문적으로 담당하게 됨으로써 순수유통비용이 50만큼 절약된 것이다. 이 경우가 바로 〈모형 Ⅱ〉나 〈모형 Ⅲ〉에서 전제하고 있는 상황이다.

어떤 모형이 성립할 것인가? 산업자본이 이전과 마찬가지의 8%의 이윤율(이윤량 72)을 확보하는 수준으로 만족한다고 가정해 보자. 산업자본은 상업자본에게 972에 판매할 것이다. 그리고 분석의 편의상 상업자본은 산업자본과 최소한으로 동일한 이윤율을 획득한다고 가정한다. 상업자본은 972에 상품을 구매해서 자기자본 150에 대한 8% 이윤율(이윤량 12)을 더하고 순수유통비 50을 더하면 1,034가 된다. 그러나 상품의 가치는 1,080이므로 상업자본은 자립화되기 이전대로 판매하더라도 32.2%의 이윤(이윤량 52)을 얻게 된다. 산업자본과 상업자본 사이, 상업자본 사이, 산업자본 사이의 경쟁으로 인하여 산업자본이 상업자본에 판매하는 가격은 더 높아지고 상업자본의 이윤율은 줄어들어 결국에는 두 자본의 이윤율은 동일하게 된다. 극단적으로 이러한 경쟁과정에서 상업가격이 전혀 바뀌지 않는다고 가정한다면 〈모형 Ⅲ〉과 같이 12.38% 수준에서 이윤율이 균등화될 것이다. 명목가치가 추가되지 않더라도 이윤율이 균등화될 수 있고 이것은 상업자본이 자립화하기 이전의 이윤율 8%보다는 높다.

이제는 반대로 산업자본이 잉여가치 전체를 차지하고 상업자본은 잉여가치를 전혀 확보하지 못한 상태에서 경쟁이 시작된다고 가정해 보자. 이것은 산업자본은 소비자에게 판매하던 동일한 가격으로 상업자본에게 판매하려고 한다는 가정과 같다. 그렇게 되면 산업자본은 20%의 이윤율(180의 이윤)을 확보하게 된다. 순수유통비 100이 절약되었기 때문이다. 상업자본은 구입가격 1,080에 순수유통비 50을 더하고 0%의 이윤을 보태서 1,130에 판매할 수밖에 없을 것이다. 이윤율 균등화를 통한 경쟁이 진행되어 산업자본이 상업자본에게 값을 낮추어 판매할 수밖에 없어진다면 산업자본의 이윤율은 낮아지면서 상업자본의 이윤율은 점점 높아질 것이다. 극단적으로 이러한 경쟁과정에서 상업가격이 변하지 않는다면 〈모형 Ⅱ〉의 결과가 초래될 것이다. 이 때의 이윤율은 17.14%로서 상업자본이 자립화하기 이전보다 높아진다. 명목가치는 50이 추가된다.

이러한 결과에 비추어 보면, 마르크스의 모형과 로젠버그의 모형은 순수유통비용이 상업가격에 반영되는 양 극단을 형성한다고 보는 것이 타당할 것이다. 순수유통비용은 가치를 생산하는 비용이 아니므로, 비생산적 비용이 완전히 제거될 정도로 경쟁이 완전하게 작용한다면 그로 인해서 상품의 가치가 증가할 수 없다. 경쟁의 역할 중의 하나는 비생산적인 비용을 줄이는 것이기 때문이다. 경쟁이 완전하게 진행된다면 비생산적 지출이 상업가격에 반영될 여지가 없어진다. 그러나 자본간의 경쟁이 불완전하거나 제도적으로 작용할 수 없는 경우에는 순수유통비용의 전부 혹은 일부가 명목가치를 형성하게 된다.[36] 마르크스가 제2권에서는 순수

36) 이채언은 명목가치라는 개념을 화폐 문제의 해명에 관건이 되는 개념으로

유통비용을 잉여가치로부터의 공제로 설명하다가 제3권의 앞에 든 예에서는 명목가치를 인정하는 설명을 하는 것을 상호 모순된 언급이라고 해석하기보다는 이렇게 해석하는 것이 더 바람직하다고 생각된다.

4. 정보기술과 비생산적 노동

앞 절에서 살펴보았듯이 비생산적 노동은 사용가치를 증가시키지 못하지만 상품을 매매하는 데 반드시 필요한 노동을 의미한다. 대표적으로는 구매자와 판매자를 발견하는 탐색비용, 거래당사자들이 교섭을 하고 계약을 체결하는 매매비용 등을 들 수 있다. 이러한 비용은 시장이라는 제도가 불완전하기 때문에 발생하는 비용이다. 여기서 불완전성이란, 한 마디로 요약하면, 시장에서 완전한 정보가 제공되지 않기 때문에 나타나는 현상을 말한다.

정보기술은 생산적 노동과 비생산적 노동 모두에 영향을 미친다. 그러나 정보혁명은 산업혁명과 달리 비생산적 노동에 현저한 영향을 끼친다는 점에 그 특징이 있다. 이 점을 몇 가지 측면에서 확인하여 보자.

카스텔에 의하면, 정보혁명 이전에 두 차례의 산업혁명이 전개되었다. 제1차 산업혁명은 18세기 3삼분기에 시작된 것으로서, 증기기관과 제니방적기의 발명, 수도구의 기계로의 전환 등이 그 특

파악하고 있다. 나는 그의 주장에 동의한다. 나의 설명대로 하자면, 화폐제도를 유지하는 비생산적 비용은 시장이라는 제도 때문에 발생한 것으로 경쟁을 통하여 제거될 수 없는 것이다.

징이다. 제2차 산업혁명은 제1차 산업혁명 100년 뒤에 시작된 것으로서, 전기와 내연기관의 발명, 과학에 기초한 화학의 발전, 철강주조법의 개발, 통신기술의 시작(전보와 전화의 발명) 등이 그 특징이다. 그는 이러한 두 차례의 산업혁명이 기본적으로 모두 에너지에 관한 혁명이었다고 결론을 내린다.[37] 에너지의 혁신은 기계장치와 결합되어 더욱 강하고, 빠르고, 오랫동안 기계가 작동하는 것을 가능하게 하였다. 이러한 기술혁신은 인간의 근육과 골격의 사용을 절약해주는 것이기 때문에 결과적으로 보다 적은 노동시간으로 물건을 제조하거나 운반하는 것을 가능하게 해주었다. 이와 같이 산업혁명은 생산적 노동에 대한 혁명이었다.

그러나 이러한 기술혁신으로 비생산적 노동을 절약하는 것은 쉽지 않은 일이다. 비생산적 노동은 본질적으로 정보의 부족에서 필요한 노동인데, 산업혁명이 보다 더 풍성한 정보를 제공해 주는 것은 아니기 때문이다. 이에 반해서 정보혁명은 정보를 처리하고 전달하는 기술에 관한 혁명이다. 그것은 인간의 신경을 연장시키고 두뇌를 보완해주는 효과를 가지고 있다. 이와 같이 정보혁명에 의해서 비로소 비생산적 노동을 본격적으로 절약할 수 있는 가능성이 생긴 것이다. 물론 정보혁명도 생산적 노동에 작용을 한다. 그러나 정보혁명은 산업혁명이 작용하지 못했던 비생산적 노동에 작용하고 있다는 점에 그 특징이 있는 것이다.

정보기술이 비생산적 노동에 미친 효과들은 여러 가지 실증적 연구에서도 속속 확인되고 있다. 미국 상무성은 정보기술이 경제에 끼친 영향을 여러 가지 사례를 들어가면서 다음과 같이 분류하고 있다.[38]

---

37) Manuel Castells, *The Rise of the Network Society*, Blackwell, 1996. ch. 1.

38) U. S. Department of Commerce, *The Emerging Digital Economy*, 1998.

1) 구입비를 절감시킨다.
2) 재고를 감소시킨다.
3) 설계로부터 실제 제조에 이르기까지 걸리는 시간인 사이클 타임 (cycle time)을 단축시킨다.
4) 생산업체와 부품 제조업체를 효율적으로 연결시킴으로써 생산기 간을 단축시킨다.
5) 고객에게 더 많은 정보를 제공함으로써 고객에 대한 서비스가 개 선된다.
6) 마케팅 비용을 절감시킨다.
7) 신규판매기회를 창출해낸다.

여기에 나열된 사항들을 살펴보면 정보기술이 주로 비생산적 노동에 작용하였다는 것을 확인할 수 있다. 구입비 절감, 마케팅 비용 절약, 신규판매기회 창출 등은 순수유통비용을 절약하는 것 이다. 재고가 필요한 이유도 고객에 관한 정보와 물류에 관한 정 보가 부족하기 때문이다. 생산업체와 부품제조업체를 효율적으로 연결시킨다는 것은 B2B 같은 기술 때문이다. 위에서 나열된 효과 중에서 사이클 타임의 단축만이 생산적 노동에 작용한 것이라고 볼 수 있다.

정보기술이 생산적 노동에 작용할 때에는 주로 기계 장치에 정 보기술이 접합되는 형태를 취하고 있다. 이것은 산업혁명이 기계 를 보다 효율적이고 유연한 에너지원과 결합시키려고 했던 것과 공통점이 있다. 어느 경우에든 기계를 보다 효율적으로 만들어서 생산적 노동을 절약하는 결과를 낳았던 것이다.

따라서 정보기술이 생산적 노동에 작용할 때에는 산업혁명에서 기계가 도입될 때와 같은 효과가 나타난다. 우선, 노동강도가 증 가한다. 이것은 감시, 감독이 용이해지면서, 관리자의 작업에 대한 통제권이 강화하기 때문에 나타나는 현상이다. 다음으로, 노동 생산성이 증가한다. 이것은 생산과정에 존재하는 여러 가지 비생산적인 요소가 제거되고, 복잡한 작업이 컴퓨터에 의하여 대체되며, 여러 작업들이 상호 조정되어 분업과 협업의 성과가 개선되기 때문에 나타나는 현상이다.

이 두 가지 효과로 인하여 개별노동자의 입장에서는 노동시간이 늘어나거나 동일한 노동시간에 투입되는 노동량이 증가할 수 있지만, 생산적 노동자 전체로 보면 노동시간이 감축되고 노동자의 일부가 축출되는 결과를 낳는다. 이것은 해당 기덕 생산물의 개별가치를 낮추게 되므로 해당 기업은 특별잉여가치를 획득할 수 있다. 이 특별잉여가치는 경쟁을 통하여 상품의 사회적 가치가 저하됨에 따라 소멸하고, 경제 전체의 상대적 잉여가치가 증가하는 동태적 과정을 지나게 된다. 그러나 이와 같이 축출된 노동을 상대적 잉여가치의 증대로 만회하는 데에는 내재적인 한계가 있으며, 별도로 반작용하는 힘이 작용하지 않는 한 이윤율은 저하할 수밖에 없다. 이윤율 저하 경향은 궁극적으로 가치의 원천인 생산적 노동을 생산에서부터 축출하기 때문에 발생하는 현상이다. 이윤율 저하에 반작용하는 경향이 없다면, 새로운 기술이 처음 도입되면 해당 기업의 이윤율이 상승하고, 다음으로 기술이 확산되면서 경제 전체의 이윤율이 상승하며, 마지막으로 이윤율이 다시 저하하게 되는 순환과정이 반복될 것이다.

정보기술이 비생산적 노동에 작용할 때에는 어떤 결과가 초래될 것인가? 정보기술도 비생산적 노동의 노동강도를 강화하고, 노동생산성을 높이는 것은 마찬가지이다. 그래서 비생산적 노동 전체로 보아 비생산적 노동을 축출하는 결과가 나타나는 것도 마찬가지이다. 정보기술은 정보가 부족하기 때문에 생겼던 일자리를 없애는 것이다. 그러나 그 다음부터는 효과가 달라진다. 비생산적 노동의 축출은 상품의 가치를 낮추지 않고, 비용만을 낮춤으로써 특별잉여가치 형태가 아니라 직접적으로 개별기업이 획득하는 이윤율을 높이게 된다. 그리고 이렇게 높아진 이윤율은 경쟁을 통해서 소멸되는 것이 아니다.

이러한 과정은 제3절의 〈모형 Ⅱ〉나 〈모형 Ⅲ〉에서부터 확인할 수 있다. 이해를 돕기 위하여 〈모형 Ⅲ〉의 일부분을 다음과 같이 다시 나타내보자.

〈모형 Ⅲ〉

산업자본: $720(불변자본) + 180(가변자본) = 900$

산업자본 생산물의 가치: $720 + 180 + 180(잉여가치) = 1080$

평균이윤율: $\dfrac{180 - 50}{900 + 100 + 50} = 12\dfrac{8}{21}\,\%$

상업자본: $100(상품구입자본) + 50(순수유통비용)$

앞에서 분석한 바와 같이 정보기술은 유통비용을 절약할 수 있다는 것이 특징이므로, 정보기술의 도입에 의하여 상품구입자본 100과 순수유통비용 50이 완전히 사라진다고 가정하면, 이윤율은

평균이윤율: $\dfrac{180}{900} = 20\%$

로 증가하게 될 것이다. 50만큼의 순수유통비용이 비생산적 노동자를 고용하는 데 사용되었던 것이라면 그만큼의 비생산적 노동자가 축출된다.[39] 이와 같이 정보기술은 노동자를 축출시킨다는 측

면에서는 과거의 기술혁신과 마찬가지이지만 비생산적 노동자를 축출하기 때문에 이윤율의 저하라는 결과를 가져오지 않는 것이다. 바로 이 점에서 정보혁명과 산업혁명의 결정적인 차이가 있는 것이다.[40]

지금까지의 분석에서 한 가지 주의할 점이 있다. 그것은 정보기술이 실제로 고용된 노동자 수에 미치는 효과는 결정되어 있지 않다는 점이다. 정보기술이 도입되면 다른 조건이 불변인 한, 해당 기업으로부터 노동자들을 축출할 것이다. 물론 정보기술을 다루는 노동자를 새로 고용해야 하겠지만, 새로 고용된 노동자들보다는 축출된 노동자가 분명히 더 많을 것이다. 그렇지 않다면 정보기술을 도입할 필요가 없기 때문이다. 그러나 정보기술을 도입해서 생긴 경쟁력으로 인하여 그 기업의 규모가 커진다면 그 기업에 고용된 노동자의 수는 감소하지 않거나 오히려 증가할 수 있다. 이러한 과정을 경제 전체를 대상으로 고려하여 보면 정보기술이 발전하면 정보관련 장비를 만들거나 다루는 노동자의 고용이 증가하고, 정보기술을 사용하는 산업의 규모가 커지면서 노동자의 수가 증가할 수 있다. 또한 제2장에서 살펴본 것과 같이 정보기술은 비상품 사용가치를 상품으로 전환시키는 경향이 있기 때문에 신산

---

[39] 그리고 여기서 가정한 바와 같이 상품구입자본을 포함해서 유통비용이 완전히 사라진다면 상업자본은 불필요하게 될 것이다.

[40] 앞에서도 살펴보았듯이 카스텔은 정보를 사용해서 재화를 생산하는 것이 아니라 정보를 사용해서 정보를 생산하는 것을 정보혁명의 특징으로 규정하고 있다. (Manuel Castells, op. cit., p. 32) 이것은 산업혁명과 정보혁명의 차이를 생산되는 사용가치의 측면에서 규정한 것이라고 할 수 있다. 비생산적 노동의 축출에서 정보혁명의 특징을 파악하는 이 글에서의 규정은 기술혁신이 노동에 미치는 효과라는 측면에서 산업혁명과 정보혁명을 구분한 것이라고 할 수 있다. 산업혁명은 생산적 노동자를 축출하고 있지만, 정보혁명은 비생산적 노동자를 축출하고 있는 것이다.

업이 출현하여 고용된 노동자의 수는 더욱 증가할 수 있다. 41) 위의 분석에서 문제가 되었던 것은 상품 한 단위당 고용이라고 할 수 있다. 이것은 기업의 이윤율에 영향을 미치기 때문에 그 자체로서 매우 중요한 변수이다.

생산적 노동과 비생산적 노동의 구별을 둘러싼 본원적 규정과 역사적 규정은 상품의 두 요인인 사용가치와 가치에 조응하는 규정이다. 생산물에 사용가치를 추가하면서 가치를 추가하는 노동이 생산적 노동이고 사용가치를 추가하지 않거나 가치를 추가하지 않는 노동은 비생산적 노동이다. 이 때 생산적 노동의 개념 속에는 유체물을 만드는 노동뿐만 아니라 무체물과 서비스를 생산하는 노동도 서비스도 사용가치와 가치를 가지기 때문이다. 비생산적 노동의 주요한 분야로서는 순수한 의미의 유통 부문, 금융 부문, 공공서비스 부문 등을 들 수 있다. 이것은 대체적으로 제도학파에서 거래비용이라고 파악하는 부분과 일치한다.

비생산적 노동은 일부는 상품의 잉여가치에서 공제되고, 일부는 상품에 명목가치를 추가하는 형태로 보전된다. 이 두 가지 방식 중 어떤 형태가 지배적인 것이 될 것인가는 경쟁이 마찰적인 성격으로 인해서 발생하는 비생산적 비용을 얼마나 완전하게 제거

---

41) 그러나 현실의 자료를 살펴보면 이러한 낙관적인 견해는 뒷받침되기 힘들어 보인다. 최근 미국의 정보화는 고용을 증가시키는데, 일본의 정보화는 고용을 감소시킨다는 흥미있는 조사 결과도 발표되었다. 이와 같은 현실의 여러 가지 결과들을 보다 구체적으로 분석하기 위해서는 이 장에서 제시된 추상적인 경향들 이외에도 더 많은 매개고리들이 추가되어야 할 것이다. 예를 들어 미국과 일본의 차이는 정보산업의 승자독식 성격으로 설명할 수 있다. 이윤율에 대해서도 마찬가지이다. 90년대 미국의 호황을 설명하기 위해서는 독점가격, 지대 등과 더불어 제3국으로부터 잉여의 이전이라는 개념이 반드시 필요하다. 이러한 분석은 2부에서 시도해볼 것이다.

할 수 있는가에 달려 있다.

정보혁명과 산업혁명의 차이는 노동(자)에 미치는 영향이라는 관점에서 바라보면, 산업혁명은 주로 생산적 노동에 대하여 영향을 미쳤던 데 반해서, 정보혁명은 비생산적 노동에 집중적인 영향을 미치고 있다는 데 있다. 비생산적 노동은 주로 시장이라는 제도의 불완전성, 즉 시장에서 완전한 정보가 주어지지 않기 때문에 필요한 노동이었는데, 정보기술은 점점 더 많은 정보를 제공하여 주기 때문에 불필요해지는 것이다. 정보기술은 생산영역도 변화시키고 있지만, 그 이전의 기술혁신이 거의 변화시킬 수 없었던 유통영역과 관리영역을 크게 변화시키고 있다.

기술혁신이 생산적 노동을 축출하면 특별잉여가치를 발생시키고, 다음으로 경쟁을 통하여 사회적 가치가 낮아짐에 따라서 특별잉여가치가 사라지면서 사회 전체로서 상대적 잉여가치가 발생하고, 마침내 축출된 생산적 노동이 생산하던 잉여가치를 상대적 잉여가치로 보충하는 것이 한계에 부딪치면 이윤율이 저하하게 된다. 그러나 비생산적 노동을 축출할 경우에는 그 효과가 매우 다르다. 이 경우에는 기술혁신이 상품의 가치를 낮추는 것이 아니라 낭비되던 비용을 절약하는 것이기 때문에 이윤율 저하 경향이 나타나지 않는다. 생산적 노동자의 경우에는 축출되면 궁극적으로 이윤율을 저하시키는 결과가 생기게 되지만, 비생산적 노동자의 경우에는 이와 같은 복수를 하는 것이 불가능해진다. 이윤율을 저하시키는 장애의 하나가 사라지는 것이다. 바로 이것이 "고실업 속의 고이윤율", 혹은 "20대 80의 사회"가 나타날 수 있는 가치론적 근거라고 할 수 있다.

4장 정보상품과 노동가치

1. 머리말

마르크스 노동가치론의 정합성 여부에 대한 논쟁은 끊임없이 진행되어 온 논쟁이다. 일찍이 뵘 바베르크(Böhm-Bawerk)는 가치와 가격이 비례하지 않는다는 점에서 노동가치론을 비판하였다. 그의 비판은 가치라는 개념으로 상품의 교환을 설명할 수 없다는 주장으로 일반화할 수 있다. 그러나 노동가치론이 의미하는 바가 상품이 가치대로 교환된다는 것이 아니고, 또한 생산가격을 수정된 가치로 간주하면 교환이 생산가격대로 이루어지는 것이 오히려 가치법칙이 타당하다는 것을 의미한다고 볼 수 있다. 이러한 점에서 그의 비판은 주요한 논쟁에서 벗어나게 된다.

신리카도학파(Neo-Ricardian school)는 마르크스의 가치론이 비정합적이면서도 불필요하다는 주장을 하였다. 여기서 비정합적이라는 것은 마르크스가 말한 두 가지 총계일치의 명제, 즉 총가치와 총가격이 일치하고 총잉여가치와 총이윤이 일치한다는 명제가 동시에 성립하지 않는다는 것을 의미한다. 불필요하다는 주장은 가치론 없이도 생산가격체계에 등장하는 변수를 모두 결정할 수 있다는 것을 의미한다.[1] 이러한 신리카도학파의 주장은 잉여가치라는 개념으로 이윤을 설명할 수 없다거나 설명할 필요가 없다는 주장으로 일반화할 수 있다. 그러나 이러한 문제들은 마르크스의 생산가격체계에서 리카도적인 편향을 제거함으로써 해결할 수 있다. 여기서 리카도적인 편향이란 스라파(P. Sraffa)의 생산가격체계와 같이 기술에 의해서 생산가격을 완전하게 설명하려는 시도를 말한다.[2]

이 장에서는 정보상품과 관련하여 새롭게 제기된 노동가치론에 대한 비판을 검토해 보려고 한다. 이러한 주장들도 위와 같이 두가지 종류로 구분해 볼 수 있다. 하나는 가치개념으로 정보상품의 교환을 설명할 수 없다는 주장이고, 다른 하나는 잉여가치 개념으로 정보상품의 이윤을 설명할 수 없다는 주장이다. 이러한 주장들에 대해서는 각각 제2절과 제3절에서 검토해 보려고 한다. 이러한 주장들을 검토하는 과정에서 가치론의 의미가 무엇인지 좀더 분명하게 파악할 수 있을 것이다.[3]

---

1) Ian Steedman, *Marx after Sraffa*, New Left Books, 1977.

2) 강남훈, 「생산가격체계에서 리카도적 편향을 제거하기 위하여」, 『한신정치경제학연구』 창간호, 한신경제과학연구소, 1994.

3) 이 장의 모든 논의는 가치 차원의 추상수준에서 진행할 것이다. 즉, 가치와 생산가격을 구별하지 않고, 평균이윤율의 형성으로 인해서 생기는 복잡한 문제들은 고려하지 않는다. 그러나 평균이윤을 고려하더라도 이 장에서의 논의에 본질적인 부분은 바뀌지 않는다. 평균이윤을 명시적으로 고려하고 싶으면, 가치대로 교환된다고 하는 말을 생산가격대로 교환된다는 말로 바꾸어서 생각하면 된다.

2. 정보상품의 가치

정보상품에 대하여 더 이상 노동가치론이 적용되지 않는다고 주장하는 사람들이 있다. 이러한 주장은 비단 주류경제학 연구자들뿐만 아니라 정치경제학 연구자들 사이에서도 제기되고 있다. 예를 들어 해리스는 다음과 같은 문제를 제기하고 있다. 노동자가 생산으로부터 완전히 축출된다면 어떻게 될 것인가? 정보가 점점 중요해지고 노동의 비중이 점점 작아진다면, 궁극적으로 노동가치론은 정보가치론으로 대체되어야 하는 것이 아닌가?[4]

과거에도 노동이 전혀 투입되지 않은 상품의 가치를 노동가치론으로 설명할 수 있는가 하는 문제가 제기되었을 것이다. 당연하게 이런 상품의 가치는 노동가치론으로 설명할 수 없다. 그러나 이러한 사실이 노동가치론의 설명력을 떨어뜨리는 것은 결코 아니다. 피카소의 그림이라든지 희귀한 다이아몬드 같은 것들을 노동가치론으로 설명하지 못한다고 해서 문제될 것이 전혀 없었다. 그러한 상품은 예외적이었으며, 자본에 의해서 생산되거나 재생산될 수 없는 것이었기 때문이다. 그러나 정보혁명이 도래하면서 상황이 달라져 보인다. 특히 일부의 정보상품은 자본에 의하여 생산되고, 재생산되면서도 노동이 전혀 투입되지 않는 듯이 보인다.

제2장에서 살펴본 것과 마찬가지로, 정보상품 중에서는 첫 단위를 만들어내는 데에는 막대한 비용이 들지만 다음 단위부터는 거의 비용이 들지 않는 것들이 있다. 주류경제학의 용어를 빌리면, 고정비용은 매우 크고, 한계비용은 0에 가까운 상품을 말한

---

4) Jerry Harris, "From Das Capital to DOS Capital: A Look at Recent Theories of Value," *A Journal of Cybernetic Revolution, Sustainable Socialism & Radical Democracy*, Issue #3, September 1995.

다. 소프트웨어라든지 CD에 담겨진 음악이라든지 DVD에 담겨진 영화 같은 것들이 그 대표적인 예이다. 보다 일반적으로, 디지털화된 정보상품은 거의 모두 이러한 특징을 가지고 있다고 할 수 있다. 이러한 정보상품에 대해서는 노동가치론이 적용되지 않는다는 주장을 하는 것은 당연해 보인다. 정보상품을 추가로 생산하는 데 아무런 노동도 들지 않는데, 어떻게 노동가치론이 적용된다고 말할 수 있겠는가?[5]

그러나 이러한 경우보다 더욱 역설적인 경우가 있다. 정보상품의 경우에는 사용가치가 투하노동에 반비례하는 경우가 종종 있다. 소프트웨어 같은 것들이 대표적인 예이다. 흔히 소프트웨어를 개발할 때에는 가격차별을 하기 위하여 전문가용, 일반용, 학생용 등과 같이 기본적인 기능은 갖고 고급 기능에서만 차이가 나는 몇 가지 종류를 함께 개발한다. 그런데 이러한 소프트웨어를 개발할 때에는 가장 고급의 기능을 가진 소프트웨어를 먼저 개발하고 나서 추가적으로 노동을 투입하여 기능이 낮은 소프트웨어를 개발하는 경우가 종종 있다. 있는 기능을 삭제하는 것이 없는 기능을 추가하는 것보다 훨씬 용이하기 때문이다. 이런 경우에는 노동이 더 많이 투하된 제품이 사용가치가 더 낮고, 따라서 가격도 더 싸게 된다. 이러한 경우에도 상품의 교환이 가치를 기준으로 이루어진다는 노동가치론이 적용된다고 말할 수 있겠는가?

먼저 투하노동이 0인 경우, 즉 한계비용이 0인 경우를 생각하여 보자. 이 경우에는 주류경제학에 따르더라도 가격이 0이 된다. 경쟁시장에서는 한계생산비에 의해서 가격이 결정되기 때문이다. 그러므로 노동가치가 0인 상품의 가격이 0이 된다고 해서 이상할

5) 류동민, 「디지털 네트워크경제의 특성에 대한 정치경제학적 분석」, 『노동가치론연구회 워킹페이퍼』, 2000.

것은 없다. 실제로 경쟁시장에서는 경쟁이 치열해지면 정보상품의 가격이 매우 낮아지는 현상은 종종 나타나고 있다.[6] 그리고 노동가치론에서 상품의 가치는 과거에 투하된 노동량에 의해서 결정되는 것이 아니라, 현재 투하되는 노동량, 보다 정확하게 말하자면 현재 재생산을 하기 위해서 투하되는 노동량에 의해서 결정된다는 데 유의하여야 한다. 한계비용이라는 것은 단기적인 재생산비용을 의미하는 것이므로 재생산비용이 0인 상품의 가격이 경쟁시장에서 0에 가까워지는 것을 가치법칙에서 어긋난다고 보기는 더욱 힘들 것이다.

그러나 어떻게든 노동가치가 0인 상품이 많아진다는 것은 노동가치론의 입장에서는 바람직한 일이 아니다. 이것은 다음과 같은 관점에서 생각해 볼 필요가 있다. 상품의 가격이 0으로 되는 것은 단기적인 현상에 불과하다. 가격이 0인 상태가 장기간 계속된다면 그 정보상품은 정상적으로 재생산될 수 없을 것이다. 모든 자본이 그 분야에서 떠나기 때문이다. 그런데 가치법칙은 재생산비용을 의미하는 것이므로 가치대로 판매되면 그 상품이 정상적으로 재생산되어야 한다. 따라서 가치법칙대로 판매되는데도 정상적으로 재생산되지 않는다는 것은 무엇인가 잘못된 것이다.

이 문제는 정보상품의 단위 개념을 바꿈으로써 해결할 수 있다. 소프트웨어와 같은 정보상품은 상당히 많은 개발비를 들여서 하나의 버전(version)을 생산한다. 상당한 노동이 투하되는 것이다. 그리고 이렇게 생산한 한 버전의 여러 카피(copy)를 판매하는 것

---

6) 흔히 인용되는 사례로서는 전화번호부 CD라든지 백과사전 CD의 예를 들 수 있다. Hal R. Varian, "Market Structure in the Network age," in Erik Brynjolfsson/Brian Kahin, eds., *Understanding the Digital Economy: Data, Tools, and Research*, MIT Press, 2000.

이다. 개발비를 제대로 회수할 수 있느냐의 여부는 한 카피의 가격이 얼마냐에 의해서가 아니라, 한 카피의 가격에 판매량을 곱한 값이 얼마냐에 의해서 결정된다. 이렇게 분석해 보면, 정보상품은 카피가 단위가 아니라 버전을 단위로 보아야 한다는 것을 알 수 있다.

정보상품의 단위는 카피가 아니라 버전이다. 정보상품의 가치는 한 카피가 아니라 한 버전을 재생산하는 데 필요한 노동량이다. 하나의 버전의 가치가 여러 카피에 나누어서 실현되는 것이다. 정보상품의 가치가 제대로 실현이 될 것인지의 여부는 한 카피당 가격과 더불어 카피의 판매량에 달려 있다.7) 버전의 가치가 제대로 실현된다면 그 정보상품은 정상적으로 재생산될 것이다. 이와 같이 버전을 단위로 보면 가치법칙을 정보상품에 적용하는 데 아무런 문제가 없다.

물론 버전의 가치도 새 버전이 나올 때에는 그 가치가 저하하는 것이 일반적이다. 예를 들어 기본적인 파일 형식을 유지한 채 새 버전을 만드는 경우에는 그러한 파일 형식을 가진 버전을 처음으로 만들 때보다 개발비가 덜 들어가게 된다. 그러므로 장기적으로도 수확체증 현상이 나타난다고 할 수 있다. 그러나 그것이 0으로까지 저하하는 것은 아니다.8) 새 버전을 만드는 한계비용은 같은

---

7) 이와 같이 생각하면, 수요자가 적은 특용소프트웨어의 경우, 값이 비싸고 수요자가 많은 범용소프트웨어의 경우 값이 싼 것도 가치법칙 발현의 한 형태라고 할 수 있다.

8) 백과사전과 같은 경우에 추가되는 콘텐츠가 별로 없다면 새 버전의 가치는 0에 가까워질 것이다. 지금까지 존재하는 자료에 약간의 자료를 추가하면 되기 때문이다. 바로 이러한 가치 측면에서의 특성이 백과사전으로 하여금 상품으로 존재하기 어렵게 만드는 것이다. 그러나 이러한 백과사전의 경우에도 파일형식을 달리한다든지, 멀티미디어를 삽입한다든지, 새로운 검색 기능을 추

버전 한 카피를 만드는 한계비용보다는 훨씬 클 것이다. 그리고 파일형식이 달라진다든지 새로운 표준이 도입되는 경우에는 새 버전을 만드는 데 투하되는 노동량이 오히려 증가할 수도 있다.[9] 어떤 경우이든 일반적인 상품의 수확체증이나 수확체감 현상에 대하여 가치법칙을 적용할 때와 똑같은 방식으로 가치법칙을 적용할 수 있는 것이다.

3. 정보상품의 잉여가치

써로우는 노동가치론은 노동이 가장 중요했던 시대에 타당한 이론이기 때문에 지식이 부의 가장 중요한 원천이 된 오늘날에는 더 이상 적용되지 않는다고 주장한다.[10] 이러한 주장은 써로우뿐만이 아니다. "사실, 오늘날 지식이 유일하게 의미 있는 자원이다. 전통적인 생산요소들이 사라진 것은 아니지만 부차적인 것이 되었다."[11] "불확실한 경제에서 항구적인 경쟁 우위의 유일하게 확실한 원천은 지식이다."[12] 마이크로소프트(Microsoft)의 빌 게

가한다든지, 웹 서비스와 연동시킴으로써 계속해서 새로운 버전을 만들어내고 있다.

9) 파일형식이나 새로운 표준이 도입될 경우에는 매우 많은 노동이 필요하다는 것은 도스(Dos)에서 윈도우(Windows)로 전환될 때에나 흔글에서 워디안, 혹은 한글2002로 전환될 때의 경우를 생각해 보면 좋다.

10) Lester Thurow, *Building Wealth: the new rules for individuals, companies, and nations in a knowledge-based economy*, Harper Collins, 1999; 한기찬 역, 『지식의 지배』, 생각의 나무, 2001.

11) Peter Drucker, *Post-Capitalist Society*, Harperbusiness, 1993; 이재규 역, 『자본주의 이후의 사회』, 한국경제신문사, 1993.

이츠(Bill Gates)가 세계 최대의 갑부가 된 것은 노동 때문만은 아 닐 것이다.

그러나 지식이 부의 원천이라는 말은 애매한 말이다. 지식도 노 동의 한 속성이라고 볼 수 있기 때문이다. 따라서 그런 주장은 상 품의 부가가치에서 임금이 차지하는 비중이 점점 줄어드는 현상을 가리킨다고 선의로 해석할 수 있다. 이것은 같은 말이지만, 상품 의 판매가격 중에서 인건비를 포함한 제조비용이 점점 줄어드는 현상을 가리킨다고도 말할 수 있다. 오늘날 이러한 사례는 얼마든 지 많이 찾아볼 수 있다.[13]

노동가치론이 정보상품에도 적용된다는 것을 보이기 위해서는 이러한 현상들을 제대로 설명하여야 할 것이다. 더구나 그 동안 가치론 논쟁의 결론과 같이 노동가치론을 잉여가치에 의해서 이윤 을 설명하려는 이론으로 규정하려고 한다면, 정보상품의 이윤을 어떻게 설명할 것인가는 매우 중요한 문제가 된다. 문제의 핵심은 노동가치와 관계없이 발생하는 것처럼 보이는 정보상품의 막대한 이윤을 어떻게 설명하는가에 있다.

노동가치론에서는 가치를 초과하는 초과이윤의 원천으로서 세 가지 요소를 들 수 있다. 첫 번째 요소가 특별잉여가치이고, 두 번째 요소가 지대이며, 세 번째 요소가 독점이윤이다.

---

12) I. Nonaka/H. Takeuchi, *The Knowledge Creating Company: How Japanese Companies Create the Dynamics of Innovation*, Oxford University Press, 1995; 장은영 역, 『지식창조기업』, 세종서적, 1998.

13) 유럽시장에서 30불에 판매되는 배낭이 베트남에서 제조될 때 그 원가는 불 과 1불 정도에 지나지 않는다. 노동뿐만 아니라 자본투입량도 감소하고 있다. 미국회사들의 경우 25년 전에 비하여 1달러 판매를 위하여 필요한 유형자산 (tangible asset)이 20%나 감소하였다고 한다. Alan Burton-Jones, *Knowledge Capitalism*, Oxford, 1999.

여기서는 세 번째 요소부터 분석하여 보자. 주류경제학에서도 정보상품에서 이윤이 발생하기 위해서는 독점가격설정이 불가피하다고 보고 있다. 앞에서 분석한 바와 같이 한계비용과 가격이 일치하는 경쟁가격 수준에서는 정보상품의 이윤이 존재할 수 없기 때문이다. 정보상품에서는 여러 가지 형태의 지역별, 소비자별, 단위별, 버전별 가격차별(price discrimination), 끼워팔기(tying)와 묶어팔기(bundling)[14], 보완품과 광고의 판매, 생존가격설정(survival pricing)과 약탈가격설정(predatory pricing)[15] 등의 방법이 널리 사용되고 있다.[16] 일부의 주류경제학자들이 전통적인 반독점법이 정보산업에 적용되어서는 안 된다고 주장하는 가장 기본적인 근거가 여기에 있다.[17]

이와 같이 주류경제학에서는 정보상품이 이윤을 획득하기 위해서는 독점가격설정이 필수적이다. 그러나 노동가치론의 입장에서 본다면, 독점가격이 아니더라도 정보상품의 재생산을 보장할 수 있다. 앞 절의 논의에서 확인할 수 있듯이 상품의 단위를 카피가

---

14) 끼워팔기와 묶어팔기의 차이는 함께 판매되는 물건이 별도로도 판매되느냐의 여부에 있다. 소비자가 별도로 구매할 수 있으면 묶어팔기이고, 싫어도 함께 살 수밖에 없으면 끼워팔기이다. 일반적으로 묶어팔기는 합법적인 판매행위이지만, 끼워팔기는 불법적인 판매행위이다. 마이크로소프트는 인터넷 브라우저(browser)인 인터넷 익스플로러(internet explorer)를 불법적으로 끼워팔았다는 판결을 받았다.

15) 생존가격설정과 약탈가격설정은 둘 다 가격을 인하하는 점에서는 공통이지만, 자기의 생존을 위해서 그렇게 하느냐 아니면 남을 축출시키기 위해서 그렇게 하느냐의 차이가 있다.

16) Carl Shapiro/Hal R. Varian, *Information Rules: A Strategic Guide to the Network Economy*, Harvard Business School, 1998.

17) Stan Liebowitz/Stephen Margolis, *Winners, Losers and Microsoft*, The Independent Institute, 1999.

아니라 버전으로 파악할 경우에는 가치대로 판매하더라도 정보상품의 재생산을 얼마든지 보장할 수 있는 것이다.

또한 주류경제학에서는 정보상품에서 발생하는 이윤을 무차별하게 독점이윤이라고 규정하고 있다. 그런데 노동가치론에 따르면 독점이윤이란 "생산물의 가격이 생산가격이나 가치에 의해 결정되는 것이 아니라 구매자의 구매욕과 지불능력에 의해 결정되는" 부분을 가리킨다.[18] 이 부분은 가치가 생산된 것이 아니라, 다른 자본이나 소비자들로부터 가치가 이전되는 부분을 말한다. 모든 이윤을 독점이윤으로 설명하려고 하는 경우에는 정보혁명으로 인하여 경제 전체에서 이윤율이 높아지는 현상을 설명할 수 없게 된다. 독점이윤이란 한 부분의 잉여가치가 다른 부분으로 이전되어 나타나는 현상에 불과하기 때문이다. 그리고 정보혁명이란 다른 부분의 잉여를 재분배하고 수탈하는 것에 불과한 기생적 성격을 가진 것이라는 잘못된 결론을 내릴 수 있다.

노동가치론에서는 정보상품의 가격과 가치 사이에 독점이윤이라는 성분뿐만 아니라 다른 성질의 가격 성분들이 함께 존재한다고 보고 있다. 그것이 바로 지대와 특별잉여가치이다.[19]

특별잉여가치와 지대는 모두 개별가치와 사회적 가치의 차이에 의해서 발생한다는 점에서 공통적이다.[20] 그러나 특별잉여가치의

---

18) Karl Marx(1894), *Capital*, Vol. III; 김수행 역, 『자본론』, 제3권, 비봉출판사, 1990, 953쪽.

19) 이 장에서 지대라고 하는 것은 차액지대를 의미한다. 절대지대는 자본주의적 토지소유 자체에서 발생하는 지대이므로 토지소유와 전혀 관계가 없는 정보상품의 경우에 절대지대가 포함되어 있다고 말하기는 어려워 보인다.

20) 앞에서도 지적했듯이 여기서는 가치와 생산가격의 차이를 구분하지 않는 추상수준에서 논의하고 있다. 생산가격의 개념을 도입한다면, 지대란 개별비용가격과 일반비용가격의 차이(Karl Marx(1894), *Capital*, Vol. III; 김수행

경우에는 "초과이윤의 원인이 자본 그것—자본사용량의 차이든 자본의 보다 능률적인 사용이든—에 내재하는 것이며 따라서 동일한 생산분야의 모든 자본들이 동일한 방식으로 투하되는 것을 방해하는 것은 결코 아니다."[21] 반대로 지대의 경우에는 초과이윤의 원천이 "기계나 석탄 등등과 같이 노동이 생산할 수 있는 생산물과 결부되어 있는 것이 아니라 특정한 토지의 특정한 자연조건과 결부되어 있는 것이다."[22] 물론 특별잉여가치의 경우에도 자연력을 이용할 수 있다.[23] 그러나 이 때의 자연력은 동일한 생산분야의 모든 자본들이 이용할 수 있는 자연력이다. 지대의 경우에는 자연력의 독점에서 발생한다. 이와 같이 개별 자본이 가진 우월한 생산성의 원천이 자본 자체(노동력을 포함하여)에 있느냐 자본 바깥에 있느냐에 따라서 특별잉여가치와 지대를 구분할 수 있는 것이다.

　독점과 달리, 특별잉여가치와 지대는 모두 가치법칙에 따라서 교환이 된다. 특별잉여가치의 경우에는 다른 자본이 아직 그만한 생산력을 갖추지 못하였기 때문에 사회적 가치가 저하되지 못한 상태에서 발생하는 것이며, 지대의 경우에는 다른 자본이 그만큼 유리한 생산조건을 확보할 수 없기 때문에 사회적 가치가 개별가치 수준으로 낮아질 수 없는 상태에서 발생하는 것이다. 다른 자본이 동일한 상품을 재생산하려면 사회적 가치에 해당하는 만큼의 노동을 투하해야 하므로, 두 가지 경우 모두 가치대로 교환된다고

역, 『자본론』, 제3권, 793-794쪽)라고 표현해야 할 것이다.

21) 같은 책, 796쪽.

22) 같은 책, 797쪽.

23) 마르크스는 증기기관을 처음 도입한 자본의 경우 증기력이라는 자연력을 이용한다고 예를 들어 설명하고 있다. 같은 책, 797쪽.

할 수 있는 것이다. 그리고 특별잉여가치나 지대를 흑득하는 자본에 의해서 투하되는 노동은 그 크기만큼 강화된 노동으로 작용하는 것이다.[24)]

그러나 특별잉여가치와 지대 사이에는 결정적인 차이가 있다. 그것은 동태적인 과정에서의 차이이다. 특별잉여가치는 시간이 지나면 점차 소멸한다. 다른 자본이 똑같은 생산방법을 도입하기 때문이다. 그러나 지대의 경우에는 시간이 간다고 소멸하지 않는다. 다른 자본이 똑같은 생산조건을 확보할 수 없기 대문이다. 같은 말이지만, 특별잉여가치의 경우에는 자본 간의 경쟁에 의해서 사회적 가치가 점점 낮아지지만, 지대의 경우에는 사회적 가치가 낮아지지 않는다. 특별잉여가치는 사회적 가치를 낮추어 사회적 생산력을 발전시키는 계기가 되지만, 지대의 경우에는 그런 역할을 하지 못하는 것이다. 이러한 점에서 보면 특별잉여가치는 진정한 사회적 가치를 가지고 있지만, 지대는 허위의 사회적 가치(ein sozialen falschen Wert)를 가지고 있다고 할 수 있다.[25)]

---

24) 이 글에서 확인할 수 있듯이, 나는 특별잉여가치의 경우와 지대의 경우 모두 이전설이 아니라 생산설을 지지하고 있다. 특별잉여가치의 경우 이전설이란 대개는 부문 내 이전설을 말하는데, 이 설이 타당하려면 부문 내에 가치이전 메커니즘이 있어야 할 것이다. (佐藤金三朗 外 編, 『資本論を 學ぶ』, 제2권, 有斐閣, 1977) 그러나 동일 산업에서 같은 생산물을 생산하는 자본끼리 생산물을 교환한다는 것은 비현실적인 가정이다. 그리고 이전설이 성립한다면, 특별잉여가치나 지대를 가치법칙의 예외라고 취급할 수밖에 없다는 문제가 있다.

25) Karl Marx (1894), *Capital*, Vol. III; 김수행 역, 『자본론』, 제3권. 허위의 사회적 가치는 다음과 같이 설명할 수도 있다. 비옥도가 높은 토지에서는 5시간에 쌀 한 가마가 생산되고, 열등한 토지에서는 10시간에 쌀 한 가마가 생산된다고 가정해 보자. 사회적인 쌀 수요가 두 가마라고 가정한다. 이 때 토지가 사적으로 소유되어 있다면 열등한 토지의 재생산비를 보장허 주어야 하므

또 하나 지대와 관련하여 유의할 점이 있다. 그것은 지대를 농업에서만 발생하는 현상으로 좁게 한정시키지 말아야 한다는 것이다. 실제로 마르크스의 경우에는 지대에 대한 설명을 시작하면서 공업에서의 지대를 예로 들고 있다. 폭포 근처에 위치한 공장은 에너지 비용을 절약할 수 있는 유리한 입지를 차지하고 있기 때문에 지대를 획득할 수 있는 것이다.[26] 또한 일상생활에서는 상업에서의 지대가 매우 중요한 부분을 차지하고 있다. 인구가 밀집된 도시 중심부에 가게를 열면 손님이 많이 와서 다른 곳에 위치한 가게보다 초과이윤을 획득할 수 있다. 이러한 초과이윤은 곧 지대로 전환될 것이다. 상업에서의 지대를 생각해 보면 생산비가 절약되는 경우뿐만 아니라 판매량이 증가하는 경우에도 지대가 발생할 수 있다는 것을 알 수 있다. 마지막으로 지대는 주택임대와 같이 소비행위를 매개로 하여 발생하는 지대를 포함시킬 수 있다. 소비를 매개로 한 지대는 자본의 힘으로 재생산하기 힘든 공간적, 사회적, 문화적 이유로 소비자에게 더 많은 사용가치를 제공할 수 있을 때 발생한다고 할 수 있다. 이와 같이 지대는, 일반적으로 말해서, 자본의 생산력과 관계가 없는, 따라서 자본의 힘으로 재생산하기 힘든 조건으로 인하여 초과이윤을 획득할 수 있을 때 발생하는 것이다.[27]

로 쌀 한 가마는 10시간의 가치를 가지게 되고, 우등지에서는 5시간의 지대가 발생하게 된다. 사회 전체로 보면 쌀 두 가마에 대하여 20시간의 노동을 지불하게 된다. 그러나 토지를 사회 전체가 공유하고 있다면 20시간이 아니라 15시간의 노동만 지불하면 두 가마의 쌀을 확보할 수 있는 것이다. 두 경우를 비교하여 보면 5시간의 노동은 가치이기는 하지만, 허위의 가치라는 점이 분명하게 드러난다.

26) 같은 책.

27) 물론 조금 뒤에 살펴보겠지만, 자본에 의해서 절대적으로 만들어내지 못

정보상품의 경우 발생하는 지대의 전형적인 예로서는 네트워크 효과로부터 발생하는 지대를 들 수 있다. 1장에서 살펴보았듯이 네트워크 효과는 사용자의 수가 증가함에 따라 사용가치가 증가하는 효과를 말한다. 이 효과는 소비자가 생산자가 되어 콘텐츠가 풍부해지고, 직접적인 연결경로가 많아져서 의사소통이 용이해지며, 간접적인 연결경로나 구성할 수 있는 공동체의 수가 증가하기 때문에 발생하는 것이다. 이것은 자본의 힘에 의해서 생긴 효과가 아니라 소비자들이 함께 모여서 만들어낸 효과이다. 네트워크 효과가 있으면 사람들은 큰 네트워크일수록 더 많은 사용가치를 즐길 수 있고 기꺼이 더 높은 접속료를 지불하려고 할 것이다. 그 결과로 큰 네트워크의 소유자는 작은 네트워크의 소유자에 비하여 초과이윤을 획득할 수 있게 된다. 앞에서 정의한 바에 따르면, 이와 같은 네트워크 효과로 인해서 발생하는 초과이윤은 지대의 일종이 된다. 네트워크에 사람들이 많이 모여서 지대가 높아지는 것은 도시 중심부에 사람들이 많이 모일수록 땅값이 올라가는 것과 같은 이치이다.

또 다른 지대의 하나로서 브랜드 효과(brand effect)를 들 수 있다. 이 글에서는 브랜드 효과를 '동질적인 제품이나 서비스가 브랜드로 인하여 평균적인 시장가격보다 더 높은 가격에 판매되거나 더 많이 판매되어 수익이 증가하는 효과'로 정의해 보려고 한다. 브랜드 효과는 정보상품뿐만 아니라 일반상품에서도 나타난다. 이러한 브랜드 효과가 나타나는 요인으로서는 여러 가지가

할 유리한 조건이라는 것은 잘 존재하지 않는다. 바다에서도 쌀을 재배할 수 있는 것이다. 그러나 유리한 조건을 만들어낼 수 있다고 하더라도 그 조건을 만드는 데에 많은 비용이 든다면, 처음부터 유리한 조건을 확보한 자본에 비해서 불리한 조건에 놓이게 될 것이고, 지대가 발생하는 것은 마찬가지이다.

있겠지만, 흔히 소비자의 브랜드에 대한 인식, 품질에 대한 인식, 브랜드의 연상작용, 브랜드에 대한 신뢰 등을 들고 있다.[28) 자세히 살펴보면 브랜드 효과를 만들어내는 네 가지 요인 모두 브랜드에 대한 소비자의 태도에서 발생하는 것을 알 수 있다. 그러한 브랜드가 존재한다는 것을 소비자가 기억하고 있어야 하며, 소비자가 그 브랜드의 품질을 믿어야 하고, 소비자가 그 브랜드로부터 연상 작용을 통하여 더 많은 효용을 느껴야 하며, 소비자가 브랜드에 대한 전체적인 신뢰를 부여하여야 하는 것이다. 자본의 생산력과는 상관없이 소비자가 부여하는 속성 때문에 높은 수익을 올리는 부분이 있다면 그만큼은 지대라고 할 수 있다. 물론 이 브랜드 효과는 절대적이지 않고 상대적이며, 다른 자본과의 경쟁의 결과에 따라 중장기적으로 변할 것이다. 그러나 한번 형성된 브랜드 효과는 상당한 기간 동안 유지되는 것이 보통이며, 브랜드의 명성이 유지되는 한 비옥한 땅에서 농사를 짓거나 도시중심부에 가게를 차린 경우와 마찬가지로 지대수익을 획득할 수 있게 된다.

네트워크 효과와 브랜드 효과는 소비자들의 주목(attention)에 의해서 형성된다는 공통점을 가지고 있다. 네트워크 효과는 소비자들이 네트워크에 많이 접속함으로써 생기는 효과인데, 소비자들이 많이 접속하도록 만들기 위해서는 우선 소비자들의 주목을 끌어야 한다. 인터넷 쇼핑몰의 예를 들자면 인터넷에 존재하는 수많은 쇼핑몰 중에서 소비자들의 주목을 끄는 소수의 쇼핑몰만이 충분한 네트워크 효과를 발생시킬 수 있을 것이다. 브랜드 효과도 일단 소비자의 주목을 끌어야 나타난다는 것은 분명하다. 네트워크 효과와 브랜드 효과의 차이는 네트워크 효과는 주목을 끌 뿐만

---

28) David Aaker/Joachimsthaler Erich, *Brand Leadership*, Free Press, 2000.

아니라 반드시 사용자가 많아져야 나타나는 효과인 더 반해서, 브랜드 효과는 반드시 사용자가 많아지지 않더라도 나타나는 효과라는 데 있다.

이러한 점에서 정보사회가 도래하면 정보의 풍요가 주목의 빈곤을 만든다고 주장하면서 주목의 경제학을 제창하는 사이먼(H. Simon)이나 골드하버29) 등의 주장을 정치경제학적인 시각에서 바라본다면 그것은 바로 정보혁명으로 인한 지대 형성의 조건을 가리키는 것이라고 해석할 수 있을 것이다. 전통적인 지대가 주로 비옥도와 위치에 의해서 형성된 데 반해서, 정보혁명으로 인한 지대는 주로 주목에 의해서 형성된다고 할 수 있다.

지금까지 우리는 정보상품의 이윤의 원천으로서 특별잉여가치, 지대, 독점이윤이라는 세 가지 구성 성분을 검토하여 보았다. 그런데 위와 같은 이윤의 구성 성분들은 고정되어 있는 것이 아니라, 끊임없이 상호 전환되는 동태적 과정 속에 놓여 있다는 것이라는 데에 주의해야 한다.

앞에서 분석한 바와 같이 일반적인 경우에 특별잉여가치는 경쟁에 의하여 사라지고 상대적 잉여가치로 전환되어 버린다. 그런 의미에서 세 가지 성분 중에서 특별잉여가치가 가장 단기적이고 일시적인 구성성분이라고 할 수 있다. 독점이윤도 경쟁에 의해서 사라지는 것은 마찬가지이다. 그러나 독점이 법률이나 제도에 의해서 뒷받침될 때에는 신기술이 개발되어 경제적 가치가 사라지지 않는 한 독점 상태가 안정적으로 유지될 수 있다. 지대는 다른 자본이 만들어내기 힘든 조건에 의해서 발생하고 유지되기 때문에 세 가지 구성성분 중에서 가장 장기적이고 지속적인 성분이라고

---

29) Michael H. Goldhaber, "The Attention Economy and the Net," *First Monday*, Vol. 4, No. 2, 1997.

할 수 있다.

　그러나 지대도 영구적으로 고정되어 있는 것은 결코 아니다. 토지의 비옥도나 경제적 위치는 아무런 개입을 하지 않더라도 자연적, 사회적인 변화로 인하여 바뀌게 된다. 경우에 따라서는 자본투자로 인하여 토지의 비옥도나 경제적 위치가 변할 수도 있다. 토지의 비옥도를 높이는 투자를 수년 동안 계속한다든지, 큰 도로를 내고 빌딩을 건축하는 행위가 바로 그런 경우에 해당한다. 이러한 자본투자의 결과로 전보다 수익이 많이 나온다면 그 초과수익은 지대라기보다는 자본투자에 대한 이윤의 성격을 가지게 된다. 그러나 일련의 투자를 통해서 토지의 비옥도가 한 단계 높아지고 나면 상당 기간 동안은 더 이상의 추가 투자가 없어도 초과이윤이 계속 발생할 수 있다고 한다면, 그 때의 초과이윤은 다시 지대의 성격을 가지게 된다. 이것은 흔히 사람들이 무형자산으로 인식하고 있는 브랜드에 대한 투자에 대해서도 마찬가지라고 할 수 있다.

　특별잉여가치도 독점이윤이나 지대로 전환될 수 있다. 특허(patent)와 저작권(copyright) 같은 지적재산권 제도는 경쟁에 의해서 사라져갈 특별잉여가치를 법률이 정하는 기간 동안 적절한 수준의 독점이윤으로 전환시켜서 고정시키는 역할을 한다. 기업이 경쟁적 우위를 상당히 오랫동안 유지할 자신이 있는 경우에는 특허 신청을 하지 않고 노하우(know-how)와 같은 특별잉여가치 형태를 유지하기도 한다. 표준(standard)은 특별잉여가치를 지대나 독점이윤 형태로 전환시켜 표준제정에 참여한 소수의 과점 기업들이 장기적으로 나누어 가지는 방법으로 이용되고 있다. 사실상의 표준이 됨으로써 발생하는 초과이윤은 지대의 성격을 가진다. 이외에도 마르크스는 독점이윤이 지대로 전환되거나 지대가

독점이윤으로 전환되는 경우를 예로 들고 있다.[30]

정보상품의 가격에는 이 세 가지 구성성분이 모두 포함되어 있는 경우가 일반적이다. 예를 들어 마이크로소프트에서 판매하는 윈도우-XP에 대하여 생각해 보자. 윈도우의 가격에는 타 기업이 당장 모방하기 힘든 기술격차에서 발생하는 특별잉여가치가 포함되어 있을 것이다. 그리고 베타판이나 패치판을 유상으로 판매한다든지, 여러 가지 응용프로그램을 운영체제에 끼워 팔고, API를 늦게 공개하거나 공개하지 않는 등의 방법으로 자기 회사의 오피스를 지원하고,[31] 바탕화면에서 경쟁 회사의 아이콘을 설치하지 않는 조건으로 제품을 제공하는 방식으로 배타적 거래를 강요하는 행위 등등을 통해서 벌어들이는 수익은 독점이윤이라고 할 수 있다. 마지막으로 사람들이 비싸더라도 윈도우를 구매하지 않을 수 없는 가장 큰 이유는 다른 사람들이 다 윈도우를 쓰고 있기 때문인데, 이것은 일종의 네트워크 효과로서 여기서부터 발생하는 초

---

30) Karl Marx(1894), *Capital*, Vol. III; 김수행 역, 『자본론』, 제3권, 953쪽.

31) API(application programming interface)란 운영체제에서 응용프로그램(application program)을 위하여 제공하는 함수를 말한다. 언어로 비유하자면, 윈도우에서 제공하는 단어라고 해 보면 어떨까? 윈도우와 밀접하게 결합되어 작용하는 응용프로그램을 만들기 위해서는 API를 사용하는 것이 필수적이다. 그러나 마이크로소프트는 자기 회사의 오피스 개발자에게 API를 먼저 알려준다든지 아예 다른 개발자들에게는 알려 주지 않는 등의 방법으로 오피스를 지원하고 있다. 예를 들어 윈도우-XP보다 먼저 출시된 오피스-XP에는 아직 출시되지도 않은 윈도우-XP에서 제공하는 기능을 활용하는 부분이 들어가 있다. 그리고는 오피스-XP는 앞으로 출시될 윈도우-XP에 최적화되어 있다고 선전을 하였다. 이러한 상태에서는 다른 회사의 오피스 프로그램이 마이크로소프트의 오피스 프로그램과 경쟁하는 것 자체가 불가능하다. 마이크로소프트 오피스 개발자들이 사용할 수 있는 어휘가 1만 단어나 되는데, 다른 오피스 개발자들이 사용할 수 있는 어휘가 1천 단어에 불과하다면 누가 자기의 생각을 더 잘 표현할 수 있겠는가?

과수익은 지대라고 할 수 있다. 물론 이러한 정보상품의 이윤을 구성하는 세 구성 성분 사이의 구분은 어디까지나 이론적인 것이다. 구체적인 정보상품의 이윤 중에서 어디까지가 독점이윤이고 어디까지가 지대이며 어디까지가 특별잉여가치인지를 밝히는 것은 쉬운 일은 아니다. 그러나 이론적 정책적인 차원에서 이러한 구분을 유지하는 것은 매우 중요한 의미가 있다.

4. 맺음말

정보상품에 노동가치론이 적용될 수 있는가라는 문제는 두 가지 측면에서 생각할 수 있다. 하나는 가치론을 가지고 정보상품의 교환을 설명할 수 있는가라는 측면이고 다른 하나는 가치론을 가지고 정보상품의 이윤을 어떻게 설명할 수 있겠는가라는 측면이다.

정보상품 중에서는 한계생산비가 0에 가까운 경우, 즉 노동을 투입하지 않아도 추가생산이 이루어지는 듯한 경우가 있다. 경쟁시장에서 이런 상품의 가격은 종종 0에 가까운 값으로 하락하는 모습을 보인다. 그러나 이런 상태가 지속되는 경우에는 장기적으로 이 상품이 재생산되지 않을 것이다. 가치라는 것은 상품의 정상적인 재생산을 보장하는 값이어야 하기 때문에 이 상품의 가치를 0이라고 볼 수는 없는 것이다. 정보상품을 노동가치론으로 제대로 설명하기 위해서는 정보상품의 버전과 카피를 구별하고 버전을 정보상품의 단위로 파악하여야 한다. 버전을 생산하거나 재생산하는 데 투하되는 노동량이 그 상품의 가치를 결정한다. 정보상품의 가치는 여러 카피에 의해서 나누어서 실현되는 것이다. 이와 같이 가치법칙은 정보상품의 단기적인 가격뿐만 아니라 장기적인 재생산 과정에서 엄연하게 관철되고 있는 것이다.

정보상품 이윤의 구성성분으로서는 세 가지를 들 수 있다. 하나는 특별잉여가치로서 경쟁 기업에 비하여 기술적 우위가 있을 때 사회적 가치와 개별가치의 차이만큼의 초과이윤을 획득하는 것을 말한다. 두 번째 구성성분은 지대이다. 지대란 자본의 생산력에 기인하지 않는 외부적인 조건에 의해서 두 자본 사이에 수익성 차이가 날 때 발생한다. 마지막 구성성분은 독점이윤이다. 정보상품은 경쟁시장에서는 가격이 0에 수렴할 수 있으므로 독점시장이 형성되는 경향이 특히 강하다. 하나의 정보상품이 획득하는 이윤 중에는 이러한 세 가지 구성성분이 모두 들어가 있는 경우가 보통이다.

주류경제학에서는 정보상품의 이윤을 독점이윤이라든지 그보다 다소 넓은 의미로서 경제적 지대(economic rent)라는 개념으로 총괄해서 설명하고 있다. 그러나 가치론의 입장에서는 이와 같이 세 가지 구성성분을 이론적으로 분명하게 구분하는 것이 필요하다. 이렇게 함으로써 정보상품과 정보경제에 대한 몇 가지 중요한 시사점을 얻을 수 있다.

첫째로 특별잉여가치와 지대 및 독점이윤은, 그렇지 않은 경우도 상당히 있지만, 대개는 기술혁신의 결과로서 발생하는 초과이윤이라고 할 수 있다. 그런데 사회 전체적으로 브아서 생산력을 가장 높이는 효과가 있는 것은 특별잉여가치이다. 특별잉여가치는 경쟁에 의하여 상대적 잉여가치로 확산되기 때문이다. 따라서 기술혁신의 결과가 지대나 독점이윤의 형태로 고정되기

보다는 특별잉여가치 형태로 출현하여 계속해서 동태적 기술혁신 과정이 계속 진행되도록 하는 것이 가장 바람직하다고 할 수 있다.

둘째로 독점이윤은 다른 부분의 잉여가 이전된 것에 불과하므로 독점이윤이 증가한다고 해서 사회 전체적인 가치가 증가하는 것은 아니다. 다만 가치의 사회적 재분배가 일어날 뿐이다. 신기술을 개발한 자본의 입장에서는 초과이윤이 사라지는 것을 막기 위하여 특허와 같은 방식으로 독점이윤을 추구할 것이다. 앞으로 지적 재산권은 점점 확대될 것이고 그것을 둘러싼 더욱 많은 분쟁이 일어날 것이다. 따라서 반독점법은 정보혁명의 시대에도 더욱 철저하게 시행될 필요성이 있다. 너무 강력한 지적 재산권 보호제도는 활발한 기술혁신에 장애가 될 수 있다.

셋째로 지대는 가치 법칙에 따라서 발생하는 초과이윤이지만, 그것은 허위의 사회적 가치에 불과하다. 그리고 지대를 낳는 조건은 자본에 의해서 만들어질 수 없는 조건이므로 지대의 기술진보 효과는 그다지 크지 않다고 할 수 있다. 정보상품의 경우에 지대를 발생시키는 것으로서는 네트워크 효과와 브랜드 효과 등을 들 수 있는데, 두 가지 모두 초과이윤의 주된 원천이 생산 요소에 있는 것이 아니라, 소비자에게 있다는 것이 특징이다. 소비자 때문에 증대된 사용가치에 대하여 소비자가 더 많은 값을 지불하고 있다는 것은 매우 역설적인 현상이다.

마지막으로 지대나 독점이윤은 그것을 획득하기 위해서 노력하는 과정에서 사회적 낭비를 초래할 수 있다. 소위 렌트 추구(rent seeking) 행위를 생각해 보면 된다. 최악의 경우에는 초과이윤 전체가 기술혁신이 아니라 독점과 지대를 만들고 유지하기 위한 행위에 낭비되어 버릴 수도 있다. 따라서 지대나 독점이윤에 대해서는 적절한 통제가 필요하다. 정보상품의 경우에도 보통 상품의 경우와 마찬가지로 처음 개발한 사람에게는 일시적으로 특별 잉여가치를 획득하게 하고, 다음으로 그것을 재생산하는 비용인 가치만큼의 보상을 받게 하는 것이 가장 바람직한 상태라고 할 수 있다.

제2부: 정보혁명의 거시경제학

정보혁명과 축적구조

5장 '신경제' 현상

1. 머리말

1990년대 미국 경제가 확장국면에 있었을 때 일부의 경제학자들과 저널리스트들이 신경제(new economy)가 도래하였다는 주장을 제기하였다. 대표적으로 2000년에 출판된 미국상무성(U.S. Department of Commerce) 보고서는 신경제를 다음과 같이 실증적으로 분명하게 확인되는 현상으로 파악하였다.[1]

미국 경제의 확장은 이제 10년째 접어들었는데, 아무런 후퇴 조짐도 보이지 않고 있다. 노동생산성 증가율은 최근 2배가 되었다. 이것은 이전의 전후 확장기에서 확장 국면이 성숙되면서 노동생산성이 감소했던 것과는 반대이다. 특히 기록적인 고용과 한 세대 동안 가장 낮은 실직률에도 불구하고 기축인플레이션(core inflation)은 낮은 수준에 머물고 있다. 낮은 인플레이션과 지속적인 경제적 힘은 미국경제

---

[1] 1998년과 1999년에 나온 보고서의 제목은 *The Emerging Digital Economy*라고 되어 있었는데, 2000년 보고서에서는 "출현 중"이라는 말이 빠졌다. (U.S. Department of Commerce, *Digital Economy 2000*, June 5, 2000)

가 이미 더 높은 경제적 번영과 가능성의 새로운 시대로 접어들었다는 것을 의미할 수 있다.[2]

이러한 신경제 현상에 대해서는 적지 않은 연구가 진행되었지만, 체계적이고 이론적인 연구는 드물어 보인다. 많은 연구가 실증적인 문제에 치중하고 있으며, 상무성 보고서에서도 현상별로는 설명이 존재하지만 여러 현상들이 체계적으로 어떻게 연관되어 있는지에 대해서는 설명이 없다. 당시에 신경제 현상은 영원히 계속될 것이라든지[3] 주가는 계속 상승할 것이라는[4] 다소 환상적인 전망이 등장하였던 것도 신경제 현상에 대한 체계적이고 이론적인 설명이 없었기 때문이라고 할 수 있다.

미국의 NBER(national bureau of economic research)은 2001년 11월 26일, 2001년 3월을 경기의 정점이라고 선언함으로써 1991년에 시작된 경기 확장국면은 공식적으로 마감을 하게 되었다.[5] 동

---

2) Ibid., p. v.

3) 이제는 빗나간 예측이 되었지만, 블루 칩(the Blue Chip consensus)은 앞으로 10년 동안 미국 경제가 연평균 3.1%의 비율로 계속 성장할 것이라고 전망하였다. Ibid., p. 60.

4) 불과 몇 년 전까지만 하더라도 신경제를 신봉하는 월 스트리트 분석가들 중에서는 다우지수가 36,000까지 간다거나 40,000까지 간다거나 심지어 100,000까지 간다고 예측하면서 역사상 최고, 최대의 돈벌이 기회가 닥치고 있다고 주장하는 사람들이 있었다. James K. Glassman, Kevin A. Hassett, *DOW 36,000: The New Strategy for Profiting from the Coming Rise in the Stock Market*, Times Books, September 20 1999; David Elias, *Dow 40,000: Strategies for Profiting From the Greatest Bull Market in History*, McGraw-Hill, June 26 1999; Charles W. Kadlec, Ralph J. Acampora, *Dow 100,000: Fact or Fiction*, Prentice Hall Press, September 1999.

5) NBER, "The Business-Cycle Peak of March 2001," Business Cycle Dating Committee, National Bureau of Economic Research, Nov. 2001.

시에 그 동안에 논의과정에서 '신경제'에 대하여 장밋빛 미래를 낙관하던 주장들이 힘을 잃게 되었다. 최근에는 오히려 '신경제'를 부정하거나 지나치게 과소평가하는 입장이 지배적인 것이 되어버렸다. 그러나 막대기를 반대 방향으로 너무 구부리는 것은 바람직해 보이지 않는다. 이제는 신경제에 대하여 차분하게 분석을 할 수 있는 계기가 되었으므로 신경제에서 과연 무엇인가 새로운 것이 있었는지를 곰곰이 따져보는 것이 필요할 것이다.

이 장의 목적은 앞 장들에서의 연구들을 바탕으로 하여 신경제 현상을 이론적으로 설명해 보는 것이다. 이를 통하여, 신경제 현상은 주가의 투기적 폭등으로 인하여 발생한 금융적 현상에 불과하다거나 과거와 다를 것이 없는 경기순환의 확장국면에 불과한 것이 아니라, 정보혁명이라는 매우 중요한 혁신의 결과로 발생한 것이라는 점을 확인해 보려고 한다. 그러나 신경제를 신봉하는 사람들의 주장과는 달리, 신경제 현상은 모든 나라에서 언제나 일어날 수 있는 현상이 아니라 특정한 나라에서 특수한 조건이 충족되었을 때에만 발생할 수 있는 현상이라는 점을 아울러 밝혀 보려고 한다.

2. 신경제 현상들

이 글에서는 신경제 현상을 미국에서 20세기 마지막 확장 국면 중에 나타난 여러 가지 현상들을 가리키는 말로 사용하려고 한다. 이에 반하여 정보혁명으로 인하여 나타난 새로운 경제구조를 가리키는 말로서는 제7장에서와 같이 '배제적 축적체제'라는 개념을 사용하겠다. 즉 배제적 축적체제는 확장국면과 수축국면 모두를 포

<표 1> 미국에서 경기의 확장과 수축

경기순환 기준월		지속 기간 (단위: 월)			
저점	정점	수축	확장	주기	
괄호 안은 4분기를 의미함		정점에서 저점까지	저점에서 정점까지	저점에서 저점까지	정점에서 정점까지
December 1914 (IV)	August 1918(III)	23	*44*	35	*67*
March 1919 (I)	January 1920(I)	*7*	10	*51*	17
July 1921 (III)	May 1923(II)	18	22	28	40
July 1924 (III)	October 1926(III)	14	27	36	41
November 1927 (IV)	August 1929 (III)	13	21	40	34
March 1933 (I)	May 1937(II)	43	50	64	93
June 1938 (II)	February 1945(I)	13	*80*	63	*93*
October 1945 (IV)	November 1948(IV)	*8*	37	*88*	45
October 1949 (IV)	July 1953(II)	11	*45*	48	*56*
May 1954 (II)	August 1957(III)	*10*	39	55	49
April 1958 (II)	April 1960(II)	8	24	47	32
February 1961 (I)	December 1969(IV)	10	*106*	34	*116*
November 1970 (IV)	November 1973 (IV)	*11*	36	*117*	47
March 1975 (I)	January 1980(I)	16	58	52	74
July 1980 (III)	July 1981(III)	6	12	64	18
November 1982 (IV)	July 1990 (III)	16	92	28	108
March 1991 (I)	March 2001(I)	8	120	100	128

자료: National Bureau of Economic Research
* 굵은 이탤릭체 글씨는 전쟁 기간을 의미한다.

함하는 경제구조를 가리키는 개념이고, 신경제는 배제적 축적체제 중에서 1990년대의 확장국면만을 가리키는 개념이다.

신경제 현상은 여러 가지 특징을 가지고 있다. 우선 확장국면이 매우 길었다는 것을 들 수 있다. 이 확장 국면은 앞의 〈표 1〉에서 확인할 수 있듯이 월 단위로 보면, 1991년 3월에 시작되어 2001년 3월에 끝난 것으로서 120개월 동안 진행되었다. 이것은 미국에서 제2차 대전 이후 있었던 9번의 확장국면 중에서 가장 긴 길이를 갖고 있었다. 흔히 미국에서 황금시대라고 불리는 1961년부터 1969년까지의 확장국면보다도 더 길었던 것이다.[6] 다음으로 확장국면이 전반기보다는 후반기에 경제성장률이 높았다는 것을 들 수 있다. 〈표 2〉에서 확인할 수 있듯이, 제4확장기와 제8확장기에서

<표 2> 확장기에서의 GDP 성장률 (단위: %)

제4확장기		제8확장기		제9혼장기	
1961	2.3	1983	4.3	1992	3
1962	6	1984	7.3	1993	2.7
1963	4.3	1985	3.8	1994	4
1964	5.8	1986	3.4	1995	2.7
1965	6.4	1987	3.4	1996	3.6
1966	6.6	1988	4.2	1997	4.4
1967	2.5	1989	3.5	1998	4.3
1968	4.8	1990	1.8	1999	4.1
1969	3			2000	4.1

자료: Bureau of Economic Analysis

---

[6] 그런데 1991년 미국의 국립과학재단(National Science Foundation)이 인터

는 확장국면 전반기가 후반기보다 GDP 성장률이 높았던 데 반해 제9확장기에서는 확장국면 전반기보다도 후반기에 GDP 성장률이 높았다. 7) 이것은 신경제에서는 과거의 확장국면에 비해서 확장국면이 급작스럽게 끝났다는 것을 의미하기도 한다.

<표 3> 확장기에서 연평균 도시소비자물가 상승률 (단위: %)

제4확장기		제8확장기		제9확장기	
1961	1	1983	3.2	1992	3
1962	1	1984	4.3	1993	3
1963	1.3	1985	3.6	1994	2.6
1964	1.3	1986	1.9	1995	2.8
1965	1.6	1987	3.6	1996	3
1966	2.9	1988	4.1	1997	2.3
1967	3.1	1989	4.8	1998	1.6
1968	4.2	1990	5.4	1999	2.2
1969	5.5			2000	3.4

자료: Bureau of Labor Statistics

넷을 민영화하기로 한 해이기도 하고, (*Businessweek*, 2000. 2. 14.) 미국의 나스닥 시장이 현재와 같은 "나스닥 주식시장(The Nasdaq Stock Market)"이라는 이름으로 바뀐 해이기도 하다. (http://www.nasdaq.com) 우연의 일치이겠지만, 신경제가 인터넷이나 주식시장과 밀접하게 연관되어 있다는 것을 상징적으로 보여주는 사건이다.

7) 제8확장기는 81년 11월에 시작하였기 때문에 81년 자료는 제외하였으며, 제9확장기도 91년 3월에서 시작하여 2001년 3월에 끝나기 때문에 91년과 2001년 자료를 제외하였다. 이하의 분석에서 모두 마찬가지이다. 보다 더 엄밀한 분석을 원한다면 월 단위 자료를 사용하여야 할 것이다.

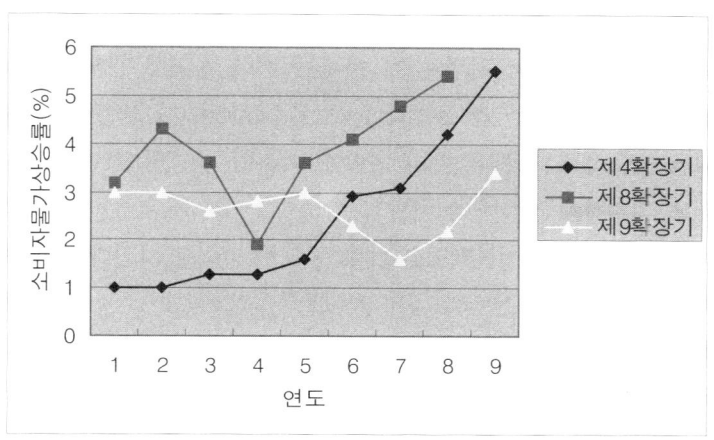

<그림 1> 확장기 연평균 도시소비자물가 상승률 (단위: %)

자료: Bureau of Labor Statistics

　그리고 또 신경제의 가장 중요한 특징으로서는 저실업과 저물
가가 공존하였다는 것을 들 수 있다. 이것은 앞의 〈표 3〉이나 이
것을 그림으로 나타낸 〈그림 1〉을 통하여 확인할 수 있다. 〈표 3〉
을 보면 제4확장기와 제8확장기에서는 확장국면 후반기에 물가가
급등하는 경향을 보이고 있는 것을 알 수 있다. 그러나 제9확장기
에는 확장국면 후반기가 전반기에 비하여 물가가 낮아지는 경향을
보이고 있다는 것을 확인할 수 있다. 물론 마지막 해에는 물가가
다시 증가하였지만 그 수준은 확장국면을 시작할 때에 비교하여
거의 차이가 없다고 할 수 있다.
　더구나 이러한 저물가 현상이 〈그림 2〉에서와 같이 고용비용지
수(employment cost index)8)가 계속 상승하고 있었는데도 나타났

---

8) 고용비용지수란 노동비용(임금, 봉급, 비현금급여)의 변화를 나타내는 지
수이다. "A fixed-employment-weighted index which tracks quarterly changes
in labor costs (wages, salaries, and employer costs for employee benefits),

다는 것이 인상적이다. 특히 〈그림 1〉과 〈그림 2〉의 제8확장기와
제9확장기의 마지막 연도를 비교하여 보면, 고용비용지수는 거의
같은 수준으로 상승하였는데, 물가는 절반 정도에 불과하였다는
것을 알 수 있다.[9] 이것은 임금의 상승으로 인한 물가의 상승이
다른 요인으로 인한 물가의 하락에 의하여 상당히 상쇄되었다는
것을 의미한다.

　이러한 사실은 이론적으로 매우 중요한 의미를 가진다. 그 동안

<그림 2>　확장기 고용비용지수*

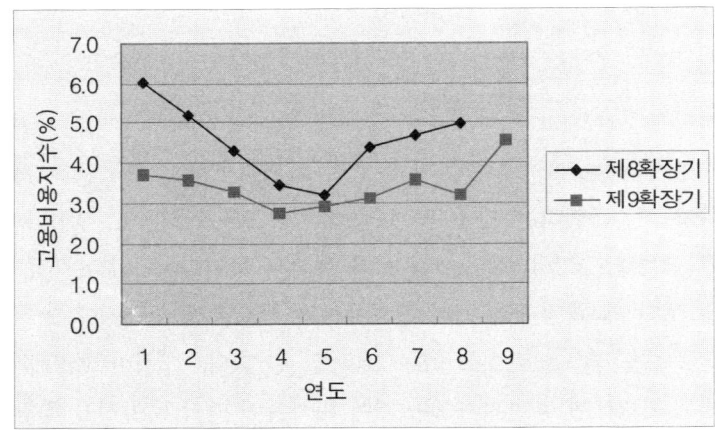

자료: Bureau of Labor Statistics
* 민간산업 모든 노동자의 총보수의 연평균 변화율

---

free from the influence of employment shifts among occupations and
industries." U.S. Department of Labor/Bureau of Labor Statistics(1998),
"Glossary of Compensation Terms."

9) 구체적인 수치를 살펴보면, 1990년에는 고용비용지수 4.6% 증가하였을 때
물가가 5.4% 증가하였는데, 2000년에는 고용비용지수가 4.4% 증가하였을 때
물가가 3.4% 증가하였다.

불변의 법칙으로 간주되었던 필립스 곡선 상의 배반관계가 약화되었다는 것을 의미하기 때문이다. 보다 직접적으로 〈그림 3〉에 확장기별로 필립스 곡선을 그려 보았다. 60년대 제4확장기에서는 물가와 실업 사이의 역관계가 뚜렷이 나타나고 있지만 80년대 제8확장기와 90년대 제9확장기에서는 이러한 역관계가 뚜렷하게 나타나지 않고 있다. 그리고 제9확장기는 제8확장기와 비슷한 모습을 보여주는데, 확장국면 후반기에 가서 물가와 실업 사이의 배반관계가 다시 나타나는 듯이 보인다. 두 그림을 비교하여 보면, 전체적으로 보아서 동일한 실업률 하에서 물가상승률이 현저하게 떨어진 것을 확인할 수 있다. 90년대 저물가 현상을 단순한 통계상

<그림 3> 확장기에서 필립스 곡선

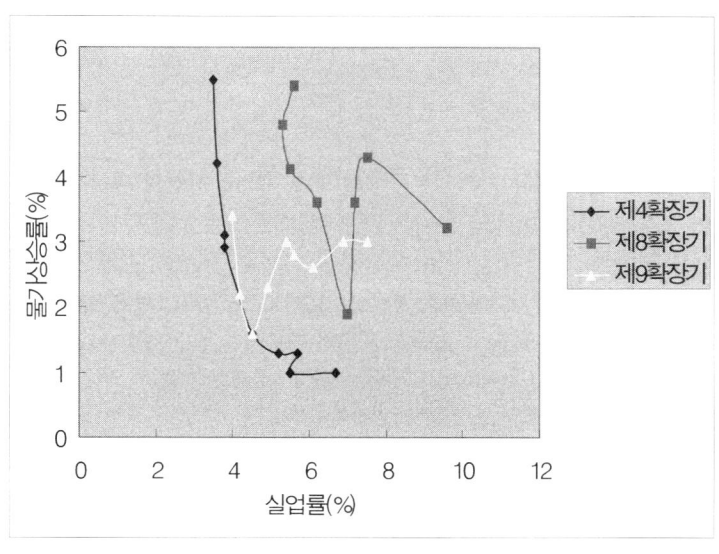

자료: Bureau of Labor Statistics의 연평균 물가(<표 3>)와 실업률 자료를 기초로 작성

의 조작으로 보는 견해도 존재하였지만, [10) 지금까지 살펴본 자료들을 보면 물가와 실업 사이의 배반관계가 많이 약화된 것은 분명한 사실이라고 할 수 있다.

이러한 저물가 현상은 노동생산성이 향상한 것이 확인된다면 설명하기 어렵지 않다. 노동생산성의 향상은 가격을 낮출 것이기 때문이다. 그러나 노동생산성의 향상은 1999년까지의 연구에서는 제대로 확인되지 않았다. 그 때까지도 정보기술에 대한 막대한 투자에도 불구하고 생산성이 상승하지 않는 생산성 역설(productivity paradox)이 경제학자들에게 주요한 설명 과제였다. [11)

그 동안 생산성 역설에 대해서는 몇 가지 설명이 시도되었다. 여기에 대해서는 피콧과 라이히발트가 대략 다음과 같은 일곱 가지 정도의 설명을 제시하고 있다. [12)

① 종업원 관련 절약의 재투자: 인건비의 절약분을 재투자하면 이윤이 회계자료를 통하여 외부에 알려지기 전에 사용되어 버리는 것이다.
② 기업간 이윤의 사업부문에의 재투자: 한 기업의 생산성 향상으로 인한 이윤의 증가는 경쟁 관계에 있는 다른 기업의 이윤을

---

10) 이 때 통계상의 조작이란 컴퓨터와 자동차 산업에서 품질의 향상을 물가지수에 고려하는 hedonic deflator의 도입과 가중치를 매년 변화시키는 연쇄가중치(chain weighted index)의 도입을 말한다. 물론 이러한 통계상의 변화는 생산성 역설을 해명하려는 노력과 연관이 있다.

11) 생산성 역설이라는 문제는 솔로우(R. Solow)의 문제제기에서 시작되었다. "생산성 통계를 제외하고는 어디에서나 컴퓨터 시대를 발견할 수 있다." Rober M. Solow, "We'd better watch out," *New York Review of Books*, July 12 1987.

12) Arnold Picot/Ralf Reichwald/Rolf T. Wigand, *Die Grenzlosen Unternehmung*, 1998; 宮城 徹 譯, 『情報時代の 企業管理の 教科書』, 稅務經理協會, 1998, 제4장.

감소시키므로 경제 전체에서 생산성 향상을 확인하기 어렵다.

③ 이윤 실현의 지연

④ 투입과 산출의 부적절한 측정 가능성

⑤ 정치적인 저항: 정보통신기술을 도입하더라도 종업원들이 과거의 관행을 답습하면 생산성 향상 효과는 나타나지 않는다.

⑥ 정보와 기술의 잘못된 관리: 정보와 기술은 기업의 이윤이 아니라 다른 동기 때문에 도입될 수 있다.

⑦ 기업의 프로세스의 불충분한 개조

미국 상무성 보고서는 다음과 같은 세 가지 요인을 지적하고 있다. 13)

① 정보 기술에 대한 투자가 급속하게 증가하고 있기는 하지만 경제 전체에서 차지하는 비중은 아직 작다.

② 노동자들이 정보기술에 적응하기 위해서는 시차가 필요하다는 설명.

③ 정보기술의 결과 나타난 상품과 서비스의 질이 통계에 제대로 반영이 되지 않았다는 통계상의 문제를 지적하는 설명.

그런데 최근의 연구와 통계에서는 그렇게도 기다리던 생산성 상승이 속속 확인되고 있다. 14) 미국 상무성 보고서는 1995년을 계기로 생산성 증가율이 2배로 비약했다고 평가하고 있다. 15) 미

---

13) U. S. Department of Commerce, *The Emerging Digital Economy*, 1998; U. S. Department of Commerce, *The Emerging Digital Economy II*, 1999.

14) Stephen D. Oliner/Daniel E. Sichel, "The Resurgence of Growth in the Late 1990s: Is Information Technology the Story?," Federal Reserve Board Finance and Economics Discussion Series 2000-20, May 2000.

15) U. S. Department of Commerce, *Digital Economy 2000*.

국의 노동생산성은 73-95년 사이에는 연평균 1.4%씩 증가하였지만, 95-99년 사이에는 연평균 2.8%씩 증가하였다. 이것은 〈그림 4〉에 나타나있는데, 1995년을 기준으로 생산성 증가 추세가 증가한 것을 확인할 수 있다. 맥킨지 보고서도 동일한 사실을 확인하고 있다.[16]

<그림 4> 비농업부문 노동생산성 증가 추세 (1996＝100)

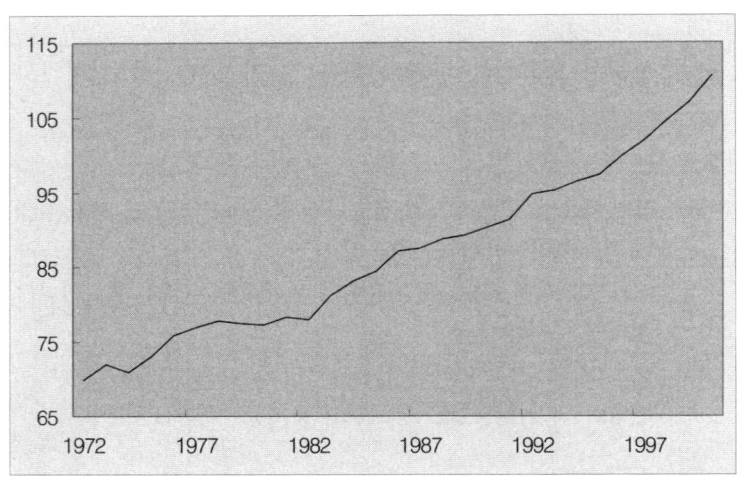

자료: Bureau of Labor Statistics

맥킨지 보고서는 신경제의 생산성과 관련하여 중요한 특징 하나를 발견하였다. 맥킨지는 그것은 95년 이후 생산성 증가율이 2배로 비약하게 된 것에 대한 산업별 기여를 분석하여 보았는데, 다음의 〈그림 5〉에서 확인할 수 있듯이 생산성 증가가 6개의 산업

16) McKinsey Global Institute, *US Productivity Growth 1995-2000: Under-standing the contribution of Information Technology relative to other factors*, 2001.

부문에서 집중되어 나타났다는 것을 발견하였다. 제일 큰 기여는 도매업으로서 생산성 증가율을 0.37%포인트(증가분의 27.8%) 증가시켰으며, 다음이 소매업으로서 생산성 증가율을 0.34%포인트(증가분의 25.6%) 증가시켰다. 이러한 유통업을 합치면 증가분의 53.4%에 달한다. 나머지 절반 정도의 기여는 증권업, 반도체, 컴퓨터 산업 등에서 이루어졌으며, 6개 산업을 제외한 53개 부문의 기여는 증가분의 0.8%에 불과하였다. 경제 전체가 IT에 투자를 집중하였음에도 불구하고 그 성과가 유통업에 집중적으로 나타난 것은 설명되어야 할 현상이라고 할 수 있다.

<그림 5>   1995년 이후 생산성 증가에 대한 산업별 기여분

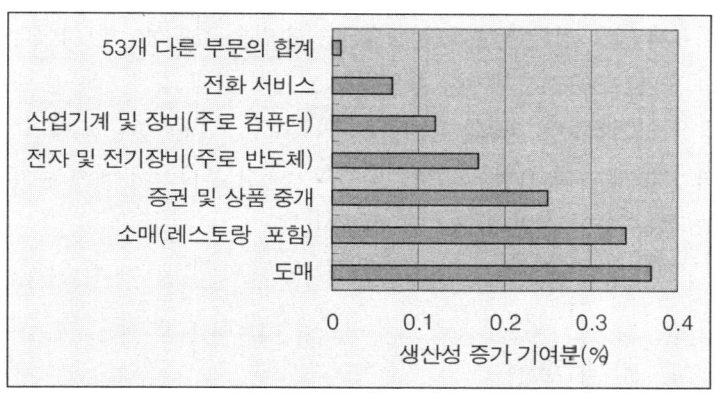

자료: McKinsey Global Institute(2001)

생산성과 관련하여 또 하나 흥미로운 사항이 있다. 신경제 현상을 낳은 확장국면은 2001년 3월에 끝이 나고 수축국면이 진행되고 있는데 생산성 증가가 계속되고 있다는 사실이다. 이것은 직전 사분기를 기준으로 한 2001년 민간 비농업부문의 연평균 노동생산성

<표 4> 직전 사분기 기준 노동생산성 증가율 (단위: %)

2001년 I사분기	-0.1
2001년 II사분기	2.1
2001년 III사분기	1.1
2001년 IV사분기	3.5
연평균	1.8

자료: Bureau of Labor Statistics

증가율을 나타내고 있는 〈표 4〉를 통하여 확인할 수 있다. 과거 50년 동안 불황기의 노동생산성 증가율이 평균 -0.6%였던 것과 비교하면[17] 생산성 증가가 계속되는 것만으로도 상당한 차이라고 할 수 있는데, 4사분기의 경우에는 호황기 때의 평균 생산성 증가율을 능가하는 3.5%의 증가율을 기록하고 있다. 생산성 증가 효과가 늦게 나타나기는 하였지만 불황기에도 생산성이 계속 증가하고 있는 것도 설명이 필요한 현상이다.

3. 기본 모형

이 절에서는 신경제 현상을 설명하기 위하여 정보혁명의 특징을 고려하여 기본적인 축적모형을 만들어 보기로 하자.

경제 전체의 총가치를 W, 총불변자본을 C, 총가변자본을 V, 총잉여가치를 S라고 하면,

---

17) *Businessweek*, 2002. 2. 18.

(1) $W = C + V + S$

라는 관계가 성립할 것이다. 그리고 경제전체의 일반이윤율 r이라고 하고, 총이윤(가치단위)을 Π라고 하면,

(2) $\Pi = r(C + V) = S$

라는 관계도 성립한다. 위의 모형에는 총가치, 총잉여가치 등의 변수들이 등장하고 있으므로 생산량을 고려하고 있다고 할 수 있다. 앞의 2장에서 살펴본 것과 같이 정보혁명은 기존의 비상품 사용가치를 상품으로 전환시키거나 새로운 사용가치를 만들어서 상품으로 공급하는 상품화 경향을 가지고 있기 때문에 이렇게 생산량을 명시적으로 고려하는 것이 필요하다.

다음으로 비생산적 비용을 고려하여야 한다. 이것은 제3장에서 살펴본 비생산적 노동을 고려하기 위해서이다. 제3장에서 분석한 바와 같이 비생산적 노동은 시장과 같은 제도의 불완전성, 정보의 부족, 혹은 거래비용 때문에 발생하는 것으로 주로 유통영역에 존재한다. 그리고 이것은 잉여가치에서 보전되기도 하고, 명목가치를 증가시키기도 한다. 유통영역에서 발생하는 비생산적 비용은 대표적으로 상품구입비용과 순수유통비용으로 구분되는데, 이 글에서는 논의를 단순화하기 위하여 상품구입비용은 0이라고 가정한다. 그리고 순수유통비용 전체가 순수유통에 종사하는 노동자의 임금이라고 가정한다. 마지막으로, 순수유통비용이 전부 잉여가치에서 보전되는 경우를 분석하기로 한다.[18]

---

18) 김수행, 『자본론 연구 I』, 한길사, 1988; 이채언, 「순수유통비용과 상품가치」, 『경제학의 역사와 사상』, 제2호, 나남출판사, 1999 등을 참조.

총노동 L은 생산적 노동과 비생산적 노동으로 구성된다. 생산적 노동은 잉여가치 생산에 기여하지만 비생산적 노동은 그렇지 못하다. 우리는 통계적 자료와 비교를 쉽게 하기 위하여 식 (1)에서의 가변자본 V에 생산적 가변자본(생산적 노동에 대한 임금) PV와 비생산적 가변자본(비생산적 노동에 대한 임금) UV가 포함되어 있다고 가정한다.

$$(3) \qquad V = PV + UV$$

그리고 잉여가치를 관측잉여가치와 생산잉여가치로 구분하려고 한다. 관측잉여가치는 우리가 이윤의 형태로 관측할 수 있는 잉여가치를 말하고, 생산잉여가치란 생산된 잉여가치를 의미하는 것으로 정의한다. 비생산적 노동자에 대한 임금이 전부 잉여가치에서 공제된다고 가정하였으므로, 관측잉여가치 S는 생산적 노동이 생산한 생산잉여가치 PS에서 비생산적 가변자본을 공제한 값과 같아질 것이다.

$$(4) \qquad S = PS - UV$$

여기서 생산잉여가치 PS는 생산적 노동(PV)과 연관되어 있고, 비생산적 노동(UV)과는 아무 관계가 없다는 데 유의해야 한다.

나는 시장의 경쟁상태에 따라서 비생산적 비용이 잉여가치에서 보존되는 경우와 명목가치를 증가시키는 두 가지 경우가 모두 발생할 수 있다는 절충설의 입장을 가지고 있지만, 이 장에서는 잉여가치에서 보존되는 경우만을 분석하려고 한다. 비생산적 비용이 명목가치를 증가시키는 경우를 고려하여도 기본적인 결과는 마찬가지이다. 이 경우에는 정보혁명이 물가에 대해 미치는 영향이 더욱 뚜렷하게 드러난다.

이윤율은 식 (4)를 고려하면,

$$(5) \quad r = \frac{S}{C+V} = \frac{PS-UV}{C+PV+UV}$$

와 같이 변형될 것이다.

식 (1)에 식(3)과 식(4)를 대입하면, 가치 W는

$$(6) \quad W = C + PV + PS$$

와 같이 표현할 수 있다. 이 식에는 비생산적 노동이 가치나 잉여가치 생산에 기여하지 않는다는 것이 분명하게 드러나 있다.

총생산가격 P는

$$(7) \quad \begin{aligned} P &= (C+V)(1+r) = (C+V) + (PS-UV) \\ &= C + PV + PS = W \end{aligned}$$

로 표현할 수 있으므로 총생산가격과 총가치는 일치한다.

이제 이윤율에 영향을 미치는 요인들을 분석하기 위하여 유기적 구성 q, 관측잉여가치율 ε, 생산잉여가치율 e, 비생산노동비율 μ를 다음과 같이 정의하기로 한다.

$$(8) \quad \begin{aligned} \varepsilon &= \frac{S}{V+PS}, \qquad q = \frac{C}{V+PS}, \\ \mu &= \frac{UV}{V+PS}, \qquad e = \frac{PS}{V+PS} = \varepsilon + \mu \end{aligned}$$

여기서는 유기적 구성을 가변자본 V에 대응하는 개념이 아니라, 총노동시간(총노동량) L에 대응하는 개념으로 사용하였다. 이것은 분모 V+PS가 총노동시간을 나타낸다는 사실로부터 확인할 수 있다.

이윤율을 나타내는 식(5)를 식(8)에서 정의된 변수들을 이용하여 표현하면,

$$(9) \qquad r = \frac{\varepsilon}{q+1-(\varepsilon+\mu)} = \frac{e-\mu}{q+1-e}$$

와 같아진다. 식 (9)로부터 이윤율은 생산잉여가치율, 자본의 유기적 구성, 비생산노동비율 등에 의해서 결정된다는 것을 확인할 수 있다. 구체적으로 말하면, 다른 조건이 일정할 때 생산잉여가치율(e)이 높을수록 이윤율이 증가하며, 비생산노동비율(μ)이 높아질수록 이윤율은 낮아지고, 유기적 구성(q)이 높을수록 이윤율이 낮아진다.

4. 현상에 대한 설명

1) 이윤율

경제가 확장국면을 지속하기 위해서는 이윤율이 저하하지 않아야 할 것이다. 그러나 다른 조건이 불변인 한 유기적 구성의 상승은 장기적으로 이윤율을 낮추게 된다. 이러한 이윤율저하경향은 식 (9)를 통해서도 확인할 수 있다. 산노동이 축출되면 생산된 잉여가치량이 감소하게 되고, 반작용하는 힘들이 작용하지 않는 한

궁극적으로 이윤율이 낮아지게 되는 것이 이윤율저하경향의 기본적인 운동 과정이다. 따라서 이윤율이 저하하지 않기 의해서는 반작용하는 힘들이 작용하여야 하는 것이다.

마르크스는 이렇게 반작용하는 힘으로서 잉여가치율의 증가, 노동력 가치 이하로의 임금 저하, 불변자본 요소의 저렴화, 상내적 과잉인구, 해외무역, 주식자본의 증가 등을 들고 있다.[19] 이 중에서 외생적이거나 다소 비정상적인 조건을 제외한다면 가장 중요한 반작용하는 경향들은 잉여가치율의 증가와 불변자본의 저렴화라고 할 수 있다. 이것은 각각 자본재 부문과 소비지 부문의 생산성 증가를 통해서 나타난다. 자본재 부문의 생산성이 증가해서 자본재의 가격이 싸지면 자본의 기술적 구성이 증가하더라도 유기적 구성이 감소하거나 일정하게 유지될 수 있다. 소비재 부문의 생산성이 증가할 때 노동자들의 실질임금이 일정하거나 생산성 증가 범위 안에서 증가한다면 잉여가치율은 상승하든지 일정하게 유지될 수 있는 것이다. 이러한 조건들이 확장기를 낳는 조건인 것이다.

그러나 비생산적 노동을 고려한다면 이윤율이 저하하지 않을 수 있는 조건은 더욱 많아지게 된다. 예를 들어 식 (9)를 살펴보면, 유기적 구성이 증가하더라도 다음과 같은 두 가지 충분조건들 중의 하나가 충족된다면 이윤율은 저하하지 않는다는 것을 알 수 있다.

$$(10) \quad \dot{q} < \dot{e}, \quad \dot{\mu} = 0 \quad \text{혹은} \quad \dot{e} = 0, \quad |\dot{\mu}| > |\dot{q}|$$

단, 위의 식에서 문자 위의 점은 증가율을 나타낸다.[20]

---

19) Karl Marx(1894), *Capital*, Vol. III; 김수행 역, 『자본론』, 제3권, 비봉출판사, 1990, 제14장.

첫 번째 조건은 비생산적 노동의 비율이 변하지 않은 상태에서 유기적 구성이 증가하더라도 생산잉여가치율이 유기적 구성보다도 더 빠르게 증가하는 경우를 말한다. 이것은 이미 마르크스가 반작용하는 힘으로 지적한 바가 있다. 두 번째 조건은 생산잉여가치율이 변하지 않더라도 비생산노동비율의 하락율이 유기적 구성의 증가율보다 큰 경우를 말한다.

두 번째 조건은 비생산적인 노동을 축출할 수 있으면 상당한 기간 동안 이윤율 상승을 계속할 수 있는 가능성이 추가로 생긴다는 것을 의미한다. 그런데 정보기술은 제3장에서 살펴본 바와 같이 비생산적 노동을 축출하는 경향을 가지고 있다. 실제로 정보혁명이 바로 전자상거래와 등치될 정도로 정보기술의 발달로 인하여 전자상거래가 폭발적으로 증가하고 있다. 전자상거래의 증가는 비생산적 노동을 사용하는 유통부문에서의 혁신을 의미하기 때문이다. 맥킨지가 발견한 바와 같이 95년 이후 생산성 증가가 도매와 소매 등의 유통부문에서 집중적으로 이루어졌다는 결과도 비생산적 노동의 축출과 일맥상통하는 것이다.

정보기술은 이와 같이 비생산적 노동을 축출할 뿐만 아니라 자본재 부문에서 노동생산성을 높여서 불변자본 요소의 가격을 저렴하게 하며, 소비재 부문에서 노동생산성을 높여서 잉여가치율을 증가시키고 있다. 결국 정보기술은 식 (10)에 나오는 세 가지 변수 모두를 이윤율을 유지할 수 있는 조건이 충족될 수 있는 방향으로 변화시키고 있는 것이다. 바로 여기서 확장국면이 상당히 오랫동안 계속될 수 있는 가능성이 생기는 것이다.

---

20) 예를 들어, $\dot{X} = \dfrac{dX}{X}$ 를 의미한다.

2) 노동생산성

흔히 노동생산성은 노동자 1인당 부가가치(GPO/W), [21] 노동자 1인당 산출, 노동자 1인당 이윤 등과 같은 지표토 측정된다. 그러나 노동생산성의 증가는 그 원인이 자본설비를 더 많이 써서 발생하기도 하므로, 정확한 분석을 위해서 다요소생산성(MFP, multifactor productivity)을 측정하기도 한다. [22]

현실의 통계에서는 생산적 노동과 비생산적 노동을 구분하지 않는다. 그렇다면 노동자 1인당 부가가치 VAL과 노동자 1인당 이윤 ΠL 등의 지표를 가치론에서 표현한다면 다음과 같은 크기가 될 것이다.

$$(11) \quad VAL = \frac{V+S}{V+PS} = \frac{V+PS-UV}{V+PS} = 1 - \mu$$

$$(12) \quad \Pi L = \frac{S}{V+PS} = \varepsilon = e - \mu$$

식 (11)과 (12)에서 확인할 수 있는 것은 비생산적 노동이 노동생산성에 직접적으로 영향을 미친다는 것이다. 노동생산성은 비생산적 노동의 비율이 작아질수록 증가하게 되는 것이다.

이 점을 고려하면 생산성 증가가 1995년 이후에 오서야 비로소 나타나기 시작한 이유에 대해서 설명할 수 있을 것이다. 그것은

---

21) gross product origination per worker.

22) 다요소생산성이란 질을 고려한, 자본과 노동의 투입 증가에서 비롯되지 않은 생산성의 증가를 말한다. 예를 들면, 새로운 생산방법의 발견, 조직의 개선, 규모경제 등과 같은 원인에 의한 생산성의 증가를 말한다. U.S. Department of Commerce, *Digital Economy 2000*, p. 35.

비생산적 노동이 정보기술(IT)에 대한 투자가 이루어지는 시점이 아니라 그로부터 일정한 시간이 지난 뒤에 비로소 축출되기 시작 하였다는 것을 의미한다. 이것은 "컴퓨터의 가장 큰 이득은 컴퓨 터 투자가 다른 보조적 투자와 결합될 때 나타나는 것으로 보인 다. 새로운 전략, 새로운 비즈니스 과정, 새로운 조직 모두가 중 요하게 보인다."[23] 라는 연구결과와도 같은 맥락에 있다고 할 수 있다. 새로운 조직이란 흔히 인력감축을 뜻하는 구조조정, 아웃소 싱 등을 포함하기 때문이다.

생산성과 관련하여 95년 이후 생산성의 향상이 유통업에 집중 된 현상에 대하여 맥킨지는 다음과 같은 해석을 하고 있다. "1995 년 이후 생산성 가속의 대부분은 제품과 서비스를 배송하는 방법 에서의 근본적인 변화에 의해서 설명된다. 이러한 혁신은 때로는 기술(신기술이건 구기술이건)의 도움을 받았지만, 때로는 그렇지 않았다."[24] 맥킨지는 IT보다도 경쟁이라는 요소를 강조하고 있 다. 유통업에서 생산성이 가속화된 것은 월마트와의 경쟁 때문이 고 반도체부문에서는 인텔(Intel)과 AMD 사이의 경쟁이 큰 역할 을 하였다는 것이다.

맥킨지의 발견은 정보기술이 유통업에서 비생산적 노동을 축출 하여 생산성을 높인다는 이 글의 주장을 뒷받침해 준다고 할 수 있다. 그러나 맥킨지와 같이 경쟁과 정보기술을 배타적인 요인으 로 해석하는 것은 다소 무리가 있어 보인다. 경쟁의 수단으로서

23) Erik Brynjolfsson/Lorin M. Hitt, "Computing Productivity: Are Computers Pulling Their Weight?," *MIT Sloan School of Management*, January, 2000.

24) McKinsey Global Institute, "Executive Summary," *US Productivity Growth 1995-2000: Understanding the contribution of Information Technology relative to other factors*, 2001.

정보기술이 도입되기도 하고 정보기술의 발달로 경쟁이 더 치열해지기도 하기 때문이다. 그리고 정보기술이라는 것은 최첨단 수준의 기술만이 아니라 바코드와 같이 낮은 수준의 기술로써도 비생산적 노동의 축출에는 충분한 효과를 발휘할 수 있는 것이다. 아울러 비생산적 노동에 초점을 맞추면 나머지 53개 부분에서 생산성 증가 효과가 아직 나타나지 않고 있는 이유에 대해서도 쉽게 설명할 수 있을 것이다.

마지막으로 불황기에도 생산성 증가가 계속되고 있다는 최근의 통계조사 결과도 비생산적 노동의 축출이라는 우리의 주장을 뒷받침해 주고 있다. 정보기술은 도입되더라도 노동자를 바로 축출하는 것은 쉽지 않은 일이다. 여러 가지 제도적, 정치적 저항이 예상되기 때문이다. 그러나 불황기가 되면 정리해고를 할 수 있는 명분이 주어지는 셈이고, 노동자들의 저항도 약화될 수밖에 없을 것이다. 이 경우 축출되는 노동자가 주로 비생산적 노동자라면 생산성이 더욱 증가할 수 있는 것이다.

3) 물가

생산성의 증가는 물가를 낮출 것이다. 생산성이 가장 급속하게 증가하여 가격이 가장 크게 떨어진 산업은 IT산업이었는데, 특히 컴퓨터 산업과 반도체 산업에서 물가의 하락이 두드러졌다. 1995년과 1998년 사이에 컴퓨터 산업의 물가는 연평균 24% 하락하였으며, 반도체 산업의 물가는 연평균 29% 감소하였다. 같은 기간 동안에 IT산업은 경제 전체의 물가를 일년에 0.5%포인트 하락시켰다.[25]

생산성의 상승에 의한 물가의 하락은 특별잉여가치의 형성과

---

25) U. S. Department of Commerce, *Digital Economy 2000*, pp. 25-26.

소멸 과정으로 설명할 수 있다. 개별자본은 특별잉여가치를 획득하기 위해서 신기술을 도입한다. 그러나 다른 자본들도 같은 기술을 도입하게 되면 상품의 사회적 가치가 하락하기 시작하면서 특별잉여가치는 점차 사라지게 된다. 물가가 하락하는 효과가 나타나는 것이다. 그러나 물가가 하락하는 것으로 과정이 마무리되는 것은 아니다. 물가가 하락하면 상대적 잉여가치가 증가하게 된다. 상대적 잉여가치의 출현은 이윤율 저하를 막는 강력한 힘이 된다.[26]

그러나 이와 같은 생산성 상승에 의한 물가의 하락 효과를 지나치게 기대하는 것은 곤란하다. 정보혁명 과정에서 생산성 상승이 물가 하락으로 연결되는 메커니즘을 차단하는 힘이 작용하고 있기 때문이다. 다음과 같은 점을 살펴보자.

제4장의 분석을 종합하여 보면 이윤은 특별잉여가치, 지대, 독점 및 일반적인 잉여가치라는 네 가지 성분으로 구성된다고 할 수 있다. 이 중에서 특히 독점 성분은 물가 하락을 저지하는 효과를 가지고 있다. 독점이윤은 독점상품을 직접 간접으로 사용하는 모든 부문으로부터 잉여가치가 이전된 것이다. 이러한 유통을 통한 잉여가치 이전으로 인하여 가격은 가치로부터 괴리되어 독점이윤만큼 상승하게 된다. 이것은 마치 경제 외부에서 경제 전체에 대하여 세금을 매기는 것과 마찬가지이다.[27]

보다 구체적으로, 독점이윤이 존재하면 관측잉여가치 S는 생산

---

26) 물가가 하락하는 데에는 또 하나의 힘이 작용할 수 있다. 그것은 비생산적 노동의 축출이다. 앞에서 언급한 바와 같이 비생산적 비용은 잉여가치에서 보전되는 경우와 명목가치를 증가시키는 경우가 있는데, 이 장에서는 잉여가치에서 보전되는 경우만 다루기로 하였다. 그러나 명목가치를 증가시키는 경우를 다룬다면, 비생산적 노동의 축출은 물가를 직접적으로 낮출 것이다.

27) 이채언, 앞의 글.

잉여가치와 비생산적 가변자본 UV의 차이에 독점이윤 MP를 더한 값과 같아질 것이다. [28) 즉,

(13) $S = PS - UV + MP$

식 (13)이 성립하면 다음과 같은 과정에서 확인할 수 있듯이 총가격은 총가치보다 독점이윤만큼 증가하게 된다.

(14)

$$W = C + PV + PS = C + PV + S + UV - MP = P - MP$$

이므로,

(15) $P = W + MP$

가 성립한다. 이와 같이 독점이윤이 존재할 경우에는, 독점이윤만큼 가치와 가격이 괴리하게 된다. 이러한 가치와 가격 사이의 괴리를 일종의 물가에 대한 척도라고 생각할 수도 있다. [29)

특허(patent)와 저작권(copyright)은 신경제에서 주요한 지적 재산이다. 그 재산의 소유자는 일정한 기간 동안 독점할 수 있는 권리를 부여받는 것이므로 그로부터 발생하는 이득의 대부분은 독점이윤이다. 이와 같이 기술혁신을 통한 생산성 향상이 특별잉여

---

28) 이 글에서는 가치와 가격이 같은 단위를 갖는 것으로 간주한다. 즉 가치와 가격은 단위가 다른 것이 아니라, 추상수준이 다른 것이다.

29) 노동시간의 화폐적 표현(monetary expression of labor)이라는 조절이론의 개념을 생각해 보라.

가치의 형성과 소멸의 과정을 거치는 것이 아니라 독점이윤의 형성에 이용되게 되면 물가를 낮추는 효과는 감소할 것이다. 이러한 점을 종합하여 보면, 정보기술이 물가를 낮추는 효과를 분명하게 가지고 있지만, 모든 경우에 그런 효과가 발휘되는 것은 아니라고 할 수 있다.[30] 정보혁명 과정에서는 독점의 폐해가 과거보다 훨씬 심각해질 수 있기 때문에, 반독점법과 반독점정책은 훨씬 강화된 형태로 개정되고 집행되어야 할 것이다.

4) 고용

비생산적 노동의 축출 경향은 노동생산성이나 이윤율을 상승시키지만 고용은 분명히 감소시킬 것이다. 그러나 앞 절에서 신경제 현상을 통하여 확인할 수 있듯이 확장국면 동안 실업률은 낮은 수준으로 유지되고 있었다. 따라서 이러한 신경제 현상을 설명하려면 몇 가지 요소들을 고려하여야 한다.

이것을 위해서 IT 관련 산업을 IT생산산업과 IT사용산업으로 나누는 것이 편리하다. IT생산산업은 컴퓨터와 인터넷 통신 등의 기반설비와 소프트웨어를 포함하는 산업을 말한다. IT생산산업은 미국경제에서 차지하는 비중이 아직 8.3% 정도에 불과하지만,[31] 1995년에서 1999년 사이 실질 GDP 성장에 대한 공헌도는 $\frac{1}{3}$에 육

---

30) 2000년 5월 11일 미국과 유럽의 5개 제약회사들은 유엔본부에서 아프리카에 판매되는 에이즈의 약값을 한 알에 16.50달러 수준에서 2달러 수준으로 낮추겠다고 발표하였다. (중앙일보, 2000. 5. 13.) 이 예는 그 동안 제약회사들이 얼마만큼의 폭리를 취하고 있었는가를 잘 보여주고 있다. 기술진보가 물가를 마냥 낮추는 것은 아니며, 문제를 해결하기 위해서 국가나 국제기구의 개입이 필요한 경우도 있다.

31) 2000년 추정치이다. U.S. Department of Commerce, *Digital Economy 2000*, p. 24.

박한다.[32] IT사용산업은 기존 산업이 IT투자를 하는 경우와 신규
산업이 등장하는 경우로 나눌 수 있다. 이것들을 각각 IT사용·기존
산업과 IT사용·신규산업으로 불러보자. IT사용·신규산업은 기존의
비상품 사용가치나 새로운 사용가치를 상품으로 만들어 공급하는
산업이다. 이 산업은 제2장에서 분석한 상품화 경향을 대표한다.
이렇게 구분하여 보면, 대체적으로 IT사용·기존산업에서는 비생산
적 노동이 축출되는 효과가 강하게 나타나고 IT산업과 IT사용·신규
산업에서 고용이 증대하는 효과가 강하게 나타날 것이다.

따라서 총고용은 IT사용·기존산업에서 비생산적 노동이 축출되
는 효과와 IT생산산업과 IT사용·신규산업에서 고용이 증대하는 효
과에 의해서 결정될 것이다. 이것은 다음과 같은 식을 통해서 좀
더 정확하게 살펴볼 수 있다.

먼저 총고용은 생산적 노동 PL과 비생산적 노동 UL의 합계이
다. 생산적 노동은 필요노동 PV와 잉여노동 PS를 행하므로,

$$(16) \quad L = PL + UV = PV + PS + UV = V + PS$$

이것은 식 (8)에 정의된 관계를 이용하면,

$$(17) \quad L = \frac{W}{1 + q - \mu}$$

와 같이 변형된다.

식 (17)로부터 고용이 증대하기 위한 조건들을 추출할 수 있다.
예를 들어 고용이 증가하기 위한 충분조건의 하나로서,

---

32) Ibid., p. 27.

$$(18) \quad \dot{W} > \dot{q} + |\dot{\mu}|$$

를 들 수 있다. 즉, 총가치가 증가하는 비율이 비생산적 노동비율이 감소하는 비율과 유기적 구성이 상승하는 비율의 합계보다 크다면 고용은 증가할 것이다. 이러한 조건은 IT에 대한 투자가 급격하게 늘어서 IT생산산업과 IT사용신규산업이 급성장하지만, IT사용기존산업에서는 아직 비생산적 노동의 축출이 제대로 이루어지지 않고 있는 단계에서 충족될 가능성이 많다고 할 수 있다.

마지막으로 생각해 보아야 할 또 하나의 경우는 독점이윤이 존재하는 경우이다. 이 때에는 식 (15)에서와 같이 총가격의 증가가 총가치의 증가를 의미하지 않는다. 따라서 총가격이 증가하더라도 그만큼 독점이윤이 증가한다면, 고용은 증가하지 않을 것이다.

5. 신경제의 두 단계와 향후 전망

제4절에서 우리는 확장국면에서 저물가 저실업이라는 특징을 나타내는 신경제 현상은 정보혁명이 진행되면 항상 발생하는 것이 아니라, 몇 가지 조건들이 충족되었을 때에만 발생할 수 있다는 것을 살펴보았다. 예를 들어서 이를 위해서는 이윤율이 저하하지 않을 조건, 고용이 증가하기 위한 조건, 물가가 하락하기 위한 조건 등이 충족되어야 한다. 그런데 이와 같은 조건들은 상황에 따라서 얼마든지 충족되지 않을 수 있는 것이다. 이

절에서는 다음과 같이 두 가지 단계를 설정해서 이러한 조건들의 조합에 따라 여러 가지 가능성이 생길 수 있다는 것을 살펴보기로 하자.

제1단계는 정부나 IT사용기존산업에서 IT생산산업의 제품에 대한 투자를 늘리고, 그에 따라 IT생산산업이 급성장하는 단계이다. 이 단계에서는 IT생산산업이 경제성장을 주도하고, 경제전체의 고용이 증가하며, IT생산산업의 이윤율이 급증한다. 그러나 IT사용기존산업에서는 생산성이 그다지 증가하지는 않는다. IT투자 효과가 나타나기 위해서는 시차가 필요하고, 기업의 구조즈정 등을 통하여 비생산적 노동을 축출하여야 하기 때문이다. 이 단계에서는 IT설비에 대한 투자가 증가하지만, IT사용산업에서 생산성이 증가하지 않는 생산성 역설이 나타날 수 있다. 시간당 임금은 증대하는 노동수요로 상승하지만, IT생산산업의 급속한 생산성 향상으로 인하여 물가가 상승하지 않는다. B2C가 등장하면서 여러 가지 형태의 IT사용신규산업이 나타난다.

제2단계는 IT사용기존산업에서 생산성이 증가하기 시작하는 단계이다. 이제는 생산성 역설이 사라지고, IT를 사용하면 실제로 생산성이 증가한다는 것이 여러 자료에서 확인된다. 이것은 IT사용기존산업에서 비생산적 노동자들이 축출되기 시작한다는 것을 의미한다. 또한 IT사용기존산업에서 B2B가 활성화된다. 이것은 IT사용기존산업의 생산성을 획기적으로 높이면서 이제까지 B2B 유통에 종사하던 비생산적 노동자들도 축출하기 시작한다. 그러나 IT사용신규산업이 등장하고 IT생산산업은 더욱 성장하므로 고용이 반드시 줄어드는 것은 아니다. 특히 IT사용신규산업은 여러 가지 투기적 요인과 결합하여 급성장하게 된다. IT기술로 인하여 얼마든지 유연한 기업조직이 가능해지므로, 축출된 노동자들이 비정규직 형태로 재고용될 가능성도 증가한다. 전체적으로 보아서 실업률은 감소하거나 유지되면서, 정규직 노동자에 비하여 비정규직 노동자가 증가하고, 숙련노동자와 비숙련노동자 사이의 임금 격차가 커지고, 노동시간이 늘어나면서, 평균적으로 노동자들의 실질소득이 별로 증가하지 않는다.

신경제의 제1단계와 제2단계의 핵심적인 차이는 IT사용산업에서 생산성 증가 여부에 있다. 〈그림 4〉에서 살펴본 바와 같이 미국의 경우에는 1995년을 전후로 하여 생산성이 비약하였기 때문에 1995년을 제1단계와 제2단계의 경계라고 할 수 있다. 미국에서 1990년대의 신경제 현상은 이와 같이 제1단계와 제2단계를 거쳐서 진행되었다. 33)

2001년 3월 신경제의 갑작스런 마감은 신경제를 낳은 조건들의 급격한 변화에서 비롯되었다고 할 수 있다. 우선 주식시장의 투기적인 활황에 힘입어서 과잉축적된 자본들의 수익성이 악화되었고, 이러한 사실이 일반에게 알려지면서 주가가 폭락하였다. 이에 따라 안정적인 수익을 확보하지 못한 닷컴(dotcom) 기업들이 현금흐름이 고갈되어 줄줄이 도산하였다. 닷컴기업과 같은 IT사용신규산업뿐만 아니라 IT사용기존산업에서도 수익성 악화로 IT투자를 축소할 수밖에 없게 되었다. IT사용산업에서의 IT투자 축소는 IT생산산업의 생산을 급격하게 위축시켰다. 이와 같은 과정을 통해서 경제 전체에서 생산과 고용이 감소하면서, 불황 국면에 접어들게 되었다. 신경제는 호황기에 물가가 안정되는 새로운 모습을 보여주었지만, 자본의 과잉축적과 그에 따른 수익률 저하가 불황의 근본 원인이 되었다는 점에서는 이전의 불황과 마찬가

---

33) 이 장의 첫 부분에서 밝힌 바와 같이, 이 글에서는 신경제라는 용어를 1990년대 미국의 장기호황 국면을 가리키는 뜻으로 한정해서 사용하고 있다.

지였다.

그러나 신경제 이후의 불황기는 그 이전의 불황기와는 다른 특징을 한 가지 보여주었다. 그것은 불황기에도 생산성이 꾸준히 증가하였다는 사실이다. 〈표 4〉에서 확인할 수 있었듯이 불황기였던 2001년도에 생산성이 연평균 1.8%나 증가하였던 것이다. 불황기에 생산성의 증가가 나타난 것은 IT투자의 특성으로 설명할 수 있다. 즉 IT투자는 비생산적 노동자를 축출하기 때문에 이윤율을 직접 증가시키거나 물가를 낮추는 효과가 있다. 그리고 이러한 효과는 IT투자가 이루어질 때가 아니라 그 이후에 구조조정 등의 방법으로 실제로 인력을 감축할 때 현실화되는 것이므로, 불황기에 생산성 증가가 나타나게 된 것이다.

현재의 불황이 끝나고 나면 다시 1990년대의 신경제가 되풀이될 것인지에 대해서는 쉽게 전망하기 힘들다. 이것을 위해서는 제7장에서와 같은 축적구조 전체에 대한 검토가 필요할 것이다. 그러나 정보혁명이 가지고 있는 비생산적 노동의 축출과 상품화 등의 경향이 반작용하는 힘이 없이 계속 진행된다면 다음과 같은 극단적인 상태를 전망해 보는 것도 가능하다.

IT사용기존산업에서 비생산적 노동자의 축출이 대규모로 이루어진다. 예를 들어, 보안과 전송속도 등의 문제가 해결되면서 전자화폐 사용이 일반화되고, 가전제품을 비롯한 모든 개인과 기업의 장치가 인터넷에 연결되어 원격조정되는 상태가 되면 단순한 유통노동자는 거의 필요하지 않게 될 것이다. 기존의 모든 중개업은 사라지지 않을 특별한 이유가 있는 것을 제외하고는 모두 사라질 것이라든지,34) 기존의 화이트칼라 노동자는 대부분이 사라질

---

34) 에반스 등은 정보혁명에 의하여 정보의 풍부(rich)와 도달(reach) 사이의 배반관계가 사라지기 때문에 특별한 존재 이유가 없는 기존의 모든 중개업은

것이라는 전망35) 등이 현실화된다.

   IT사용기존산업의 생산성이 급격히 증가하고 그 산업 제품의 가격도 하락한다. IT생산산업은 성숙기를 맞이하여 성장률이 둔화되기 시작하지만 IT사용신규산업은 상품화 경향이 가속화되면서 더욱 번성한다. 그러나 IT사용신규사업은 고용인원이 많지 않을 뿐만 아니라 아주 강한 네트워크 효과와 승자독식(winner-take-all) 경향을 가지고 있기 때문에 고용 증가 효과는 크지 않다. 경제 전체적으로 보면 고용이 확실하게 감소하며, 일부 고숙련 노동자들의 임금만 높아지는 양극화가 더욱 진전된다. "모든 기업이 할리우드처럼" 되면서 비정규직, 임시직 노동자가 늘어날 것이다. 극단적인 경우에는 IT사용신규산업은 분야별로 전 세계에 몇 개만 살아남아 거대한 네트워크를 구축하여 막대한 지대를 획득할 수 있게 된다. 반면에 세계 인구의 대부분은 실업과 불완전취업과 장시간 노동에 시달리게 될 것이다. 36)

사라진다고 주장하고 있다. Philip Evans/Thomas S. Wurster, *Blown to Bits: How the New Economics of Information Transforms Strategy*, Harvard Business School Press, November 1999; 보스턴 컨설팅 그룹 역, 『기업 해체와 인터넷 혁명』, 세종서적, 2000.

35) 톰 피터스는 닷컴 기업의 지배, 소프트웨어의 득세, 아웃소싱, 전자상거래, 시간 압축 등의 이유로 일자리의 대부분을 차지하고 있는 사무노동이 거의 다 사라질 것이라고 주장하고 있다. 그는 60명의 노동자들 중에서 58.6명이 사라진 기업의 예를 들면서 화이트칼라 노동자의 $\frac{58.6}{60}$ 이 사라질 것이라고 예언하고 있다. 그는 이러한 경향을 화이트칼라 혁명이라고 부르고 있다. Tom Peters, *The Circle of Innovation*, Alfred A. Knopf, 1997; 이진 역, 『혁신경영』, 한국경제신문사, 1999, 188쪽 이하.

36) 이것은 물론 비현실적인 가정이다. 현실에서는 여러 가지 반작용하는 힘이 작용하고 있다. 특히 어느 정도 규모로 노동자들이 축출되고 나면 상당한 반작용이 나타날 것이다.

6. 맺음말

1990년대 신경제 현상에 대해서는 상당한 부정적인 견해가 있었지만, 여러 가지 통계를 통해서 그것이 단순한 환상만은 아니었다는 것이 확인되고 있다. 전후 가장 오랜 기간 동안 확장국면이 계속되었으며, 실업률이 낮아지고 고용비용지수가 증가하는데도 물가가 상승하지 않았다는 것 등이 그 증거이다. 생산성 증가는 1995년 이후에야 나타났지만, 이것은 시차나 구조조정 등의 문제 때문이었다고 해석할 수 있다. 생산성과 관련해서는 유통부문에서의 생산성 증가가 두드러졌다는 것이 특징인데, 이것은 정보혁명이 비생산적 노동을 축출하는 경향이 있기 때문이다.

그러나 이러한 신경제 현상은 모든 나라에서 가능한 현상도 아니었고, 미국이라고 할지라도 언제나 가능한 현상은 결코 아니었다. 그것은 여러 가지 특수한 조건이 충족되었을 때에만 나타날 수 있는 현상이었다. 1990년대 미국에서는 정보혁명으로 인한 상품화 경향, 비생산적 노동의 축출 경향 등이 함께 조용하여 이러한 특수한 조건이 충족되었던 것이다.

미국에서의 신경제 현상은 두 단계를 거쳐서 진행되어 왔다고 할 수 있다. 제1단계에서는 IT생산산업이 발달하고 IT사용신규사업이 등장하여 호황이 시작되지만 아직까지 생산성 증대 효과가 나타나지 않는 단계였다. 제2단계는 IT사용기존사업에서 비생산적 노동자의 축출이 본격화하면서 생산성 증대 효과가 본격적으로 나타나는 단계였다. 생산성 증대 효과는 신경제 이후의 불황기에서도 나타나고 있다.

만약 정보혁명이 낳은 여러 가지 경향들이 반작용하는 힘이 없이 진행된다면, 인구의 상당수가 실업과 불완전고용 및 장시간 노동에 시달리는 결과가 나타날 것이다. 그러나 이러한 전망이 현실화되기 전에 반작용하는 힘이 나타날 것이다. 노동자들이 축출되면 임금이 싸져서 여러 가지 형태의 고용이 창출되는 효과가 나타날 수 있다(가격효과). 일부의 자본가나 노동자가 획득하는 막대한 지대와 초과이윤 등은 서비스와 같은 새로운 상품의 수요를 창출할 수 있다(소득효과). 이와 같이 시장이 스스로 고용을 창출하는 메커니즘을 가지고 있다는 것을 부정할 필요는 없다. 그러나 시장에서 고용이 창출되는 과정은 결코 목가적인 것이 아니며, 산업혁명의 경험에 비추어 보면 많은 사람들이 오랫동안 투쟁을 할 경우에만 사회적 균형이 회복될 수 있을 것이다.

이 장에서는 금융부분을 포함하여 경제 전체의 구조에 대한 분석을 진행하지 못하였고 1990년대의 신경제 현상에만 초점을 맞추었다. 금융부분을 포함하는 요소들을 고려하여 정보혁명이 만들어낸 전체적인 축적구조를 구성해 보는 것은 제7장에서의 과제가 될 것이다.

6장 지식노동과 보통노동: 지식기반경제에 대한 함의

1. 머리말

그 동안 정보화사회, 지식정보사회, 지식자본주의, 지식기반경제 등의 이름으로 미래의 사회와 경제에 대한 많은 이론들이 제출되었다. 이것은 비단 앨빈 토플러[1] 나 피터 드러커[2] 와 같은 대중적인 미래학자들 사이에 국한된 현상은 아니다. 주류경제학의 영역에서는 폴 로머[3] 이후 신성장이론(new growth theory) 혹은 내생적 성장이론(endogenous growth theory)이 형성되어 지식을 경제성장의 가장 중요한 요인으로 간주하는 연구가 집적되어 있

---

[1] Alvin Toffler, *The Third Wave*, Morrow, 1980; 김진욱 역, 『제3의 물결』, 범우사, 1992.

[2] Peter Drucker, *Post-Capitalist Society*, Harperbusiness, 1993; 이재규 역, 『자본주의 이후의 사회』, 한국경제신문사, 1993.

[3] Paul Romer, "Increasing Returns and Long Run Growth," *Journal of Political Economy*, June 1986.

다.4) 신성장이론 이외에도 넓게 보면 신성장이론 범주에 속한다고 볼 수 있는 진화적 성장이론이나 수확체증경제론 등을 들 수 있을 것이다.5) 경영학에서도 1980년대 후반에 지식관리(knowledge management)가 도입되어 최근 우리 나라에서도 크게 유행하고 있다.6)

이러한 논의들은 대개는 과학기술의 발달이 가져다 줄 미래에 대하여 낙관적이고 희망적 전망을 하고 있다. 대중적인 학자들의 경우에는 낙관적인 수준을 넘어서서 인류의 모든 문제가 지식에 의해서 해결될 것이라는 식의 환상적인 전망까지도 제시하고 있는 상황이다.

지식기반경제(knowledge-based economies)는 "지식과 정보의 생산, 분배, 사용에 직접적으로 기초"하고 있으면서 "고기술 투자, 고기술 산업, 고숙련 노동 및 그와 연관된 생산성 이득 등이 증가하는 추세"7)를 보이는 경제로 정의할 수 있다. 혹은 "지식과 정보의 창출, 확산, 활용이 모든 경제활동에 핵심이 될 뿐만 아니라 국가의 부가가치 창출과 기업과 개인의 경쟁력의 원천이 되는 경제"8)를 의미하는 것으로 규정된다.

---

4) 신성장이론에 대한 국내 학자의 개관으로서는 유종일/장하준, 「새성장이론의 비판적 검토—수렴의 문제를 중심으로」, 『경제논집』, 제30권 제4호, 서울대학교경제연구소, 1991; 장세진, 「신성장이론: 기여와 한계」, 『경제발전연구』 창간호, 1995; 김신행, 『경제성장론』, 경문사, 1999 등을 참조할 것.

5) 박우희 외, 『기술경제학 개론』, 서울대학교 출판부, 2001.

6) 지식관리론의 효시적인 저작으로서는 I. Nonaka/H. Takeuchi, *The Knowledge Creating Company: How Japanese Companies Create the Dynamics of Innovation*, Oxford University Press, 1995; 장은영 역, 『지식창조기업』, 세종서적, 1998을 들 수 있다.

7) OECD, *The Knowledge-Based Economy*, Paris, 1996.

이 장의 목적은 이러한 낙관적이고 주류경제학적인 입장에서 묘사되고 있는 '지식기반경제'를 노동가치론의 맥락에서 바라보았을 때 어떤 의미를 가지게 되는지를 살펴보려는 것이다. 보다 구체적으로 지식기반경제를 지식과 숙련, 노동조건 등에서 차이가 나는 여러 가지 노동 사이의 교환이라는 관점에서 살펴보고, 이것을 통하여 지식기반경제에 관한 다음과 같은 네 가지 주장을 비판적으로 검토해 보려고 한다.

첫째, 과거에는 토지, 노동, 자본 등이 가장 중요한 생산요소였는데, 지식기반경제에서는 지식이 가장 중요한 생산요소가 되었다. 같은 말이지만, 과거에는 노동이나 자본이 가장 중요한 부의 원천이었는데, 이제는 지식이 가장 중요한 부의 원천이 되었다.

둘째, 과거의 경제에서는 수확체감의 법칙이 적용되었는데, 지식기반경제에서는 수확체증이나 불변의 법칙이 적용되어, 지금까지와는 다른 경제법칙이 적용된다. 지식은 많이 사용할수록, 또한 여러 사람이 나누어 쓸수록 가치가 커진다.

셋째, 경제 내에서 지식산업의 비중이 증가하고, 기업을 비롯해서 사회의 모든 조직은 지식의 창출과 보급이라는 관점에서 변하게 된다. 이러한 과정에서 점점 더 많은 노동자들이 지식노동자(knowledge worker)로 전환하게 된다.

넷째, 지식기반경제는 점점 더 세계화(globalization)되어 가는 경제이다. 경제가 세계화되어 감에 따라 지식이 전 세계로 확산(spill-over)되고, 지구 전체에서 부가 증가하게 된다.

위의 네 가지 주장을 노동가치론의 관점에서 검토해 보기 위하

8) 장석인, 「지식기반경제」, 박우희 외, 『기술경제학 개론』, 서울대학교 출판부, 2001.

여 우선 제2절에서는 노동가치론의 의미를 아담 스미스[9]가 예로 든 사슴과 해리의 모형을 통해서 설명해 보려고 한다. 제3절에서는 지식노동과 관련되는 몇 가지 가치론의 개념들에 대해서 살펴 볼 것이다. 제4절에서는 지식노동이 등장했을 때 제2절의 사슴과 해리 모형에 어떤 변화가 일어나는지를 살펴보려고 한다. 제5절에서는 제4절에서의 분석을 연장하여 외부효과와 규모효과 및 국제무역의 효과에 대해서 분석해 보려고 한다. 제6절에서는 이상의 분석에 기초하여 위의 지식기반경제론의 네 가지 주장을 비판적으로 검토해볼 것이다.

2. 사슴과 해리

이 절에서는 사슴과 해리라는 노동가치론의 가장 단순한 모형을 검토함으로써 가치법칙의 형성과정과 의미에 대해서 살펴 보려고 한다. 이 글에서는 간단한 사슴과 해리의 모형에 기초해서 논의를 전개시키지만, 단순상품생산이 아니라 자본주의적 생산을 전제로 한다. 다만, 가치 차원의 추상수준에서 논의를 전개할 것이므로 평균이윤율이 성립되어 가치가 생산가격으로 전환되는 과정은 고려하지 않을 것이다.[10]

먼저 단순한 유통과정에서는 잉여가치가 창출되지 않는다는 사실부터 확인해 보자.

마르크스는 이 문제에 대하여 여러 가지 예를 들어서 설명하고

---

9) Adam Smith(1776), 김수행 역, 『국부론』, 동아출판사, 1992.

10) 평균이윤율을 고려하여 생산가격대로 교환된다고 가정하더라도 가치법칙이나 이 논문의 주요한 결론이 바뀌는 것은 아니다.

있다.[11] 우선 상인들이 싸게 사서 비싸게 파는 것으르는 잉여가치가 생기지 않는다. 모든 상인이 100원의 가치가 있는 것을 110원에 판다고 하면, 상품을 판매할 때에는 10원의 이익을 얻을 수 있지만, 구매할 때에는 10원의 손해를 볼 수밖에 없다. 판매자로서는 이득을 보지만 구매자로서는 손해를 보게 되는 것이다. 또한 판매는 하지 않고 구매만 하는 계급의 존재를 가정하는 것도 비현실적이다. 그리고 만약 어떤 상인이 40원의 가치를 가진 둘건을 50원에 속여서 팔았다면, 다른 상인은 50원의 가치를 가진 상품을 40원에 판 것이므로 총가치는 90원으로 변화가 없고, 다만 가치의 배분만이 달라진 것이다.

> 만약 등가물끼리 서로 교환된다면 아무런 잉여가치도 발생하지 않으며, 또 비등가물끼리 서로 교환된다고 하더라도 잉여가치는 전혀 발생하지 않는다. 유통 즉 상품교환은 아무런 가치도 창조하지 않는 것이다.[12]

이 예를 다음과 같이 설명할 수도 있다. 만약 A 장소에서는 사슴을 100원에 파는데, B 장소에서는 110원에 판다고 해 보자.[13] 그렇다면 어떤 현상이 일어나겠는가? A 장소에서 100원에 사슴을 사서 B장소에서 110원에 팔면 10원은 이득을 얻을 수 있을 것이다. 이러한 행위를 하는 사람은 단순한 유통을 통해서 10원의 이득을 얻을 수 있다. 이러한 행위를 유통을 통한 재정거래(裁定,

---

11) Karl Marx(1867), *Capital*, Vol. I; 김수행 역, 『자본론』, 제1권, 비봉출판사, 1994, 제5장.

12) 같은 책, 205쪽.

13) 논의를 단순하게 하기 위하여 운송비나 보관비는 들지 않는다고 가정한다.

arbitrage)라고 할 수 있다. 재정거래란, 노동가치론의 맥락에서는, 노동을 제공하지 않고서도 혹은 제공한 노동 이상으로 가치를 획득하는 행위를 말한다고 할 수 있다.[14] 그런데 모든 사람들이 이러한 손쉬운 재정거래를 통하여 이득을 볼 수 있다는 것을 알고 있으므로 누구나 다 이러한 재정거래를 하려고 할 것이다. 그 결과 A 장소에서는 누구나 사슴을 사려고 하니까 사슴 값이 점점 올라가게 되고 B 장소에서는 누구나 다 사슴을 팔려고 하니까 사슴 값이 점점 내려가게 된다. 이러한 과정이 계속되어 결국 A 장소와 B 장소에서 사슴의 가격은 같아지게 된다. 그리고 재정거래의 가능성은 사라지게 된다. 두 지역에서 사슴 값이 같아지면 유통을 통한 이득은 더 이상 발생하지 않게 된다. 흔히 이러한 조건을 무재정조건(no arbitrage condition)이라고 부른다. 이렇게 보면 유통을 통한 재정거래가 존재하기 때문에 일물일가의 법칙이 성립하고, 유통 영역에서 무재정조건이 충족되면 유통과정에서 잉여가치가 발생하지 않는다고 말할 수 있다.

다음으로 사슴의 가격이 왜 200원이나 300원이 아니라 100원이 되었는가라는 문제, 즉 가치대로의 교환을 설명해 보기로 하자. 이것을 설명하기 위해서는 생산을 명시적으로 고려해야 한다.

사슴을 잡는 데는 5시간의 노동이 필요하고 해리를 잡는 데는 10시간의 노동이 필요하다고 가정해 보자. 그런데 사람들이 해리보다는 사슴을 더 좋아해서 사슴 한 마리와 해리 한 마리가 1:1로 교환되고 있다고 한다면 어떤 현상이 발생할 것인가? 5시간 걸려서 사슴 한 마리를 잡고 그것을 가지고 시장에 가서 해리 한 마리

---

14) 금융시장에서는 재정거래를 흔히 차익거래라고도 부르는데, 두 종류의 증권 시장에서 (내재)가치가 같은 증권의 가격이 서로 다를 때에 그 증권을 반대로 매매함으로써 위험을 전혀 부담하지 않고 차익을 얻는 거래를 말한다.

와 교환하는 사람은 10시간 걸려서 해리 한 마리를 잡는 사람에 비해서 5시간의 노동만큼 이득을 보게 된다. 이것은 생산을 통한 재정 거래라고 부를 수 있다. 누구나 다 위와 같은 생산을 통한 재정거래를 하려고 하므로 시장에서 사슴의 공급은 증가하여 그 값이 점점 싸지게 되고 해리의 공급은 감소하여 그 값이 점점 비싸지게 된다. 결국에는 재정거래의 가능성은 사라져 버리고 사슴과 해리가 2:1의 비율로 교환될 것이다.

지금까지 분석을 통해서 시장에서 왜 사슴과 해리가 가치대로 교환되는지를 이해할 수 있다. 15) 가치대로 교환되지 않는 경우에는 생산을 통한 재정거래가 발생하기 때문이다. 이와 같이 가치법칙은 추상적인 법칙이 아니라, 사람들의 구체적이고 합리적인 행동을 통해서 시장에서 관철되는 법칙인 것이다.

추상적 인간노동(abstract human labour)이 가치실체라는 명제의 의미에 대해서도 재정거래라는 시각에서 살펴볼 수 있다. 추상적 인간노동이란 "형태가 없는 동일한 실체, 동질적인 인간노동의 단순한 응고물, 지출형태와 관계없이 지출된 인간노동력의 단순한 응고물"16)을 의미한다. 즉 그것은 구체적인 측면을 사상(捨象)해 버린 노동을 의미한다. 여기서 구체적 측면을 사상한다는 말은 단순하게 사고 상에서 사상한다는 뜻이 아니라, 현실적으로 노동력이 생산의 한 분야에서 다른 분야로 자유롭게 이동할 수 있기 때문에 인간노동의 구체적인 측면이 사상된다는 것을 의미한다. 이러한 생산 분야 사이의 노동의 자유로운 이동은 생산을 통한 재정거래를 보장해준다고 할 수 있다. 앞에서 살펴본 대로, 생산을

---

15) 앞에서도 언급하였지만, 이 글에서는 평균이윤 문제를 다루지 않는다. 평균이윤이 문제의 본질을 바꾸는 것은 아니다.

16) Karl Marx(1867), *Capital*, Vol. I; 김수행 역, 『자본론』, 제1권, 47쪽.

통한 재정거래를 통하여 가치대로의 교환이 관철되는 것이라면, 바로 생산을 통한 재정거래를 통해서 추상적 인간노동이 가치실체가 된다고 말할 수 있을 것이다.

논의의 편의상 재정거래를 함으로써 이득을 볼 수 있는 상태를 재정조건(arbitrage condition)이 충족되는 상태라고 부르기로 하자. 즉 재정조건이 충족된다는 말은 유통이나 생산을 통한 재정거래를 함으로써 이득을 볼 수 있는 상태라는 것을 말한다. 그러나 재정조건이 충족된다고 해서 재정거래가 항상 가능한 것은 아니다. 사슴을 잡는 것이 분명히 이득이 되지만, 특허나 저작권과 같은 법률에 의해서 사슴을 잡는 행위가 금지되는 경우도 있다. 이 경우에는 사슴과 해리를 가치대로 교환되게 만드는 힘이 더 이상 작용하지 못할 것이다.

이러한 상황을 설명하기 위해서 재정거래가 불가능한 경우를 기술적(내부적), 외부적, 제도적 불가능성으로 구분해 보기로 하자. 기술적 불가능성이란 재정거래를 할 수 있는 기술이 없기 때문이 재정거래가 불가능한 경우를 말하며, 내부적 불가능성이라고 할 수도 있다. 외부적 불가능성이란 자본의 힘으로 단기적으로 만들어낼 수 없는 외부적 요인, 즉 비옥도와 같은 자연적 조건이나 위치나 소비자들의 주목과 같은 인공적 조건의 차이로 인하여 재정거래가 불가능한 경우를 말한다. 제도적 불가능성이란 법률, 관습 및 시장조직과 같은 제도적 요인에 의해서 재정거래가 방해를 받는 상태를 말한다.

지금까지의 논의를 요약하여 보자. 유통과정이나 생산과정에서 재정거래가 기술적, 외부적, 제도적으로도 가능하면서 재정조건이 더 이상 충족되지 않아서 재정거래를 할 필요가 없을 때에 가치법칙이 성립된다고 할 수 있다.[17] 그러나 이 경우가 가치법

칙이 성립되는 유일한 경우는 아니다. 다음 절에서 논의를 계속
하여 보자.

3. 특별잉여가치, 지대, 독점, 불평등교환

이 절에서는 지식노동 문제를 설명하기 위해서 그 동안 정치
경제학에서 많은 논쟁이 있었던 특별잉여가치, 지대, 독점과 불
평등교환이라는 개념들을 재정거래라는 관점에서 검토해 보려고
한다.

노동가치론에서 지식노동과 관련된 첫 번째 개념은 특별잉여
가치이다. 특별잉여가치란 사회적 가치와 개별적 가치의 차이로
정의된다. 새로운 생산방법을 채용한 자본가는 동일한 상품을
사회적 가치보다 낮게 생산할 수 있으므로 특별잉여가치만큼 이
득을 볼 수 있다. 이러한 특별잉여가치는 가치법칙의 예외를 의
미하는 것은 아니다. 새로운 생산방법 하에서 고용된 노동력은
특별잉여가치만큼 더 많은 가치를 창출한다고 간주하기 때문이
다.[18] "예외적으로 생산력이 높은 노동은 강화된 노동(poten-

---

17) 여기서 가치법칙이란 말은 가치대로의 교환을 의미하는 것으로 사용되었
다. 그러나 앞에서도 이야기하였듯이 전형과정을 고려하면 가치가 아니라 생
산가격을 기준으로 교환되므로, 일반적으로 가치법칙이라고 할 때에는 가치대
로의 교환만을 의미하는 것은 아니다.

18) 특별잉여가치를 둘러싸고서 많은 연구와 논쟁이 전개되었다. 특히 특별
잉여가치의 실체가 무엇이냐 하는 점과, 사회적 가치 혹은 시장가치의 기준이
무엇이냐 하는 점이 논쟁의 중요한 대상이었다. 대표적으로는 전자에 대해서
는 생산설과 이전설이, 후자에 대해서는 기술설과 대량지배설이 대립하고 있
다. 이 글에서는 이러한 논쟁에 자세하게 들어갈 수 없지만, 특별잉여가치 실

zierte Arbeit)으로서 기능한다. 다시 말하면 동일한 시간 내에 사회적 평균노동보다 더 많은 가치를 창조한다."[19] 새로운 생산방법이 일반화되어 사회적 가치와 개별적 가치의 차이가 사라지면 특별잉여가치도 소멸한다. 그러나 특별잉여가치가 사라짐으로써 새로운 생산방법의 효과가 모두 없어지는 것은 아니다. 특별잉여가치가 사라지면 상품의 가치가 하락하므로 특별잉여가치는 상대적 잉여가치로 전환되어 경제 전체의 이윤율이 높아지게 된다.[20]

특별잉여가치를 재정거래라는 관점에서 설명해 보자. 새로운 방법을 채용한 자본가가 더 작은 노동으로 더 많은 이득을 올리므로 재정조건이 충족된다. 즉 다른 자본가들도 할 수만 있다면 새로운 생산방법을 채용하여 이득을 보려고 할 것이다. 그러나 아직 그는 아직 그러한 방법으로 생산할 만한 기술을 가지고 있지 못하다. 재정거래가 기술적으로 불가능한 것이다.

특별잉여가치와 유사하면서도 구분해야 할 개념은 지대이다.[21] 지대도 특별잉여가치와 마찬가지로 개별가치와 사회적 가치의 차이

체에 대해서는 생산설을 지지하고 사회적 가치의 기준으로서는 대량지배설을 지지하고 있다. 본문의 인용문에서 확인할 수 있듯이 마르크스는 분명히 특별잉여가치의 실체를 인정하였다. 김수행(『자본론 연구 I』, 한길사, 1988)도 생산설을 지지하고 있다고 할 수 있다. 佐藤金三朗 外 編, 『資本論を 學ぶ』, 有斐閣, 1977; 富塚良三 外 編, 『資本論體系 3: 剩餘價値·資本蓄積』, 有斐閣, 1985; 淸野良榮, 『現代經濟と 蓄積體制: 競爭と 獨占の 經濟學』, 晃洋書房, 1992 등을 참조.

19) Karl Marx(1867), *Capital*, Vol. I; 김수행 역, 『자본론』, 제1권, 411쪽.

20) 같은 책, 제12장.

21) 이 글에서 말하는 지대란 차액지대를 말한다. 절대지대나 독점지대는 지식노동과 보통노동 사이의 교환을 설명하는 데 관계가 없다.

에 의해서 발생한다. 그리고 그만큼 가치가 창조되는 것이다.[22] 그러나 특별잉여가치의 경우에는 초과이윤의 원인이 자본 자체에 내재하는 데 반해서 지대의 경우에는 초과이윤의 원천이 "기계나 석탄 등등과 같이 노동이 생산할 수 있는 생산물과 결부되어 있는 것이 아니라 특정한 토지조각의 특정한 자연조건과 결부되어 있는 것이다."[23] 이와 같이 개별 자본이 가진 우월한 생산성의 원천이 자본 자체(노동력을 포함하여)에 있느냐 그 밖에 있느냐에 따라서 특별잉여가치와 지대가 구분이 된다.

재정거래의 관점에서 보면 지대는 재정조건은 충족되지만 재정거래가 외부적으로 불가능할 때 성립되는 범주이다. 기술적 불가능성과 외부적 불가능성의 차이는 재정거래가 불가능한 이유가 자본 자체의 생산력 때문이냐, 아니면 자본 이외의 조건 때문이냐에 의해서 구분이 된다. 두 가지 모두 가치법칙이 성립하는 상태이다.

독점의 경우에는 가격이 "생산물의 가격이 생산가격이나 가치에 의해 결정되는 것이 아니라 구매자의 구매욕과 지불능력에 의해 결정"[24]된다. 이 부분은 가치가 생산된 것이 아니라, 다른 자본이나 소비자들로부터 가치가 이전된 것이다. 독점의 경우에는 가치법칙이 성립하지 않는다. 재정거래라는 관점에서 설명하면 재정조건이 충족되지만 재정거래가 제도적으로 불가능한 경

---

22) 지대의 경우에도 생산설과 이전설이 대립하고 있지만, 이 글에서는 생산설의 입장을 취한다. 제4장에서 살펴본 바와 같이 마르크스는 지대의 실체를 허위의 사회적 가치라고 부름으로써 그 실체를 인정하고 있다.

23) Karl Marx(1894), *Capital*, Vol. III; 김수행 역, 『자본론』, 제3권, 비봉출판사, 1990, 797쪽.

24) 같은 책, 953쪽.

우를 말한다.

이제 불평등교환(unequal exchange)이라는 개념을 추가적으로 도입해 보자. 이 개념은 국제가치론논쟁에서 확립된 것으로서 처음에는 부등가교환을 불평등교환이라고 생각하였다.[25] 그러나 논쟁이 진행되면서 등가교환이면서도 불평등교환이 있을 수 있다는 견해가 유력해졌다.[26] 그래서 불평등교환은 등가교환이든 부등가교환이든 부등노동량 교환을 의미하는 것으로 사용되게 되었다.[27]

그런데 숙련이 다른 노동이 서로 다른 비율로 교환되는 것까지 모두 불평등교환이라고 말하기에는 무리가 있다. 숙련이 다른 노동은 다른 비율로 교환되는 것이 오히려 평등하다고 할 수도 있기 때문이다. 실제로 국제가치논쟁에서도 간접적용설은 생산성을 고려하여, 즉 국민가치에 생산성을 곱해서 국제개별가치를 환산해 내고 이것과 국제시장가치를 비교하여, 불평등 여부를 따진다.[28]

---

25) 부등가교환 문제를 처음으로 제기한 에마뉴엘(Arghiri Emmanuel, *Unequal exchange; a study of the imperialism of trade*, [With additional comments by Charles Bettelheim], tr. Brian Pearce, Monthly Review Press, 1972)은 생산가격을 통한 잉여의 이전을 넓은 의미에서의 부등가교환이라고 불렀고, 임금격차로 인한 잉여의 이전을 진정한 의미에서의 부등가교환이라고 불렀다.

26) 이 글에서 국제가치론 논쟁에서 많이 쓰였던 부등가교환이라는 용어 대신 불평등교환이라는 용어를 사용한 것은 바로 이 때문이다.

27) 정성진(1977), 「세계자본주의와 불평등교환」, 이대근/정운영 편, 『세계자본주의론』, 까치, 1990, 173쪽.

28) 국제가치논쟁에서 가치법칙의 간접적용설을 말한다. 간접적용설과 직접적용설은 각각 다음과 같은 방법으로 부등가교환 여부를 따진다. (정성진, 앞의 글) 여기서 a, b는 상품을 말하고 숫자는 노동가치를 말하며 윗 줄은 중심국, 아랫줄은 주변국을 의미한다.

그러나 반대로 생산성에 차이가 난다고 해서 무조건 다른 비율로 교환되어야 한다고 말하는 것도 무리가 있다. 생산성은 숙련뿐만 아니라, 노동강도, 지식, 자본, 조직, 환경 등 여러 가지 생산조건이 종합적으로 작용한 결과로 나타나는 지표이기 때문이다. 또한 세계화가 진전되어 노동가치론을 직접 적용할 수 있게 되면 국제개별가치를 만들어내는 과정 자체가 무의미해질 수 있다.[29] 그러므로 불평등교환을 좀더 명확하게 정의할 필요가 있다.

이것을 위해서 또 다른 종류의 재정거래를 살펴보는 것이 필요하다. 숙련노동과 비숙련노동, 혹은 지식노동과 보통노동이 존재할 경우에 한 종류의 노동 대신 다른 종류의 노동을 투입함으로써 이득을 볼 수 있는 경우가 있다. 예를 들어 사슴을 생산하는 분야에서 숙련노동이 가치 이하로 거래된다면 자본가는 비숙련노동

간접적용설

	국민가치		생산성 격차	국제 개별가치		국제 시장가치	
상품	a	b		a	b	a	b
중심국	10	20	3	30	60	35	55
주변국	40	50	1	40	50		

직접적용설

	국민가치		국제시장가치	
상품	a	b	a	b
중심국	10	20	25	35
주변국	40	55		

29) 정성진은 간접적용설은 상품자본 국제화 단계에서 타당하고, 직접적용설은 화폐자본의 국제화 단계에서 타당하다고 주장하였다. 정성진, 앞의 글.

을 숙련노동으로 대체함으로써 이득을 얻을 수 있을 것이다. 30)

이와 같은 노동투입의 대체 행위도 일종의 재정거래라고 할 수 있다. 노동투입의 대체를 통한 재정거래라는 관점에서 불평등교환을 정의할 수 있다. 여기서는 노동투입의 전환을 통한 재정거래가 외부적, 제도적으로 불가능한 경우를 불평등교환이라고 정의하려고 한다. 단순하게 기술적으로 불가능한 경우는 불평등교환이라고 규정하지 않았다. 재정거래가 기술적으로 불가능한 경우는 숙련이나 지식 등에서 차이가 난다는 것을 의미하는데, 이렇게 숙련이나 지식 등에서 차이가 나는 경우를 불평등하다고 규정하는 것은 불합리하기 때문이다. 지대의 경우에는 재정거래가 외부적 요인, 즉 자본 외적인 요인으로 인하여 불가능하기 때문에 불평등교환이라고 규정해야 한다. 31) 다음 절에서도 살펴볼 수 있듯이,

<표 1>

	경쟁	독점	특별잉여가치	지대
재정거래	가능	제도적으로 불가능	기술적으로 불가능	외부적으로 불가능
가치법칙	등가교환	부등가교환	등가교환	등가교환
평등교환	평등교환	불평등교환	평등교환	불평등교환

---

30) 지금 이 글에서 다루는 노동투입을 통한 재정거래의 주체는 자본이다. 그러나, 이러한 재정거래가 일어나서 특정한 형태의 노동, 예를 들어 숙련노동에 대한 보수가 상승하면 노동자들이 스스로 교육이나 훈련에 투자하는 재정거래가 또다시 일어날 수 있다.

31) 지대를 불평등교환이라고 규정한 것과 관련하여 특별잉여가치와 지대의 차이에 대한 우노(宇野)의 견해를 살펴보는 것이 도움이 될 것이다. 우노는 특

국제무역의 경우에는 지대나 독점 이외에도 불평등교환의 새로운 형태가 나타나게 된다.

지금까지의 논의를 네 가지 경우로 나누어 표로 나타내면 앞의 〈표 1〉과 같이 될 것이다.

4. 지식노동과의 교환

지식기반경제론에서는 지식을 여러 가지 기준으로 분류한다. 지식의 대상에 따라서는 사실지식(know-what), 과학지식(know-why), 방법지식(know-how), 인물지식(know-who) 등으로 나눈다.[32] 그리고 습득과정에 초점을 맞추어 의도적으로 교육을 받거나 연구개발(R&D)을 함으로써 습득되는 지식과 특별하게 의도하지 않았더라도 경험이 쌓이면 저절로 습득되는 경험학습(learning-by-doing) 지식으로 구분하기도 한다.[33] 또한 지식을 문자나 그림, 부호 등으로 명백하게 표현할 수 있는 형식지식(codified knowledge)과 그렇게 표현하기 힘든 암묵지식(tacit

---

별잉여가치는 생산력 증진에 따르는 사회적 비용이라는 실체를 가진 것으로 간주하지만, 지대는 농업에 투하되는 노동을 절약시키는 역할을 하지 못하기 때문에 실체적 근거를 가지고 있지 못하다고 보았다. 佐藤金三朗 外 編, 앞의 책, 99-100쪽.

32) OECD, op. cit.

33) 경험학습모형은 경험학습에 대하여 특별한 보상을 할 필요가 없어서 수익이 체감하지 않는 성장모형을 만들기가 어렵지 않다는 장점이 있다. 최초의 신성장이론 모형은 경험학습모형이라고 할 수 있다. Phillippe Aghion/Peter Howitt, *Endogenous Growth Theory*, The MIT Press, 1998, p. 29.

knowledge)으로 나누기도 한다. 34) 혹은 지식이 체화되어 있는 장소를 기준으로 하여 하드웨어(hardware), 소프트웨어(software), 웨트웨어(wetware) 35) 등으로 구분하기도 하며, 지식의 소유자나 습득주체를 기준으로 사유지식, 공유지식, 네트워크지식(network knowledge) 등으로 구분하기도 한다. 36)

이 논문의 맥락에서는 기술적으로 쉽게 모방할 수 있는 지식과 모방하기 힘든 지식을 구분하는 것이 중요하다. 기술적으로 영원히 모방 불가능한 지식은 없으며, 다만 많은 시간과 많은 비용이 들뿐이다. 기술적으로 즉각 모방하는 것이 가능한 지식은 상당히 많이 있다. 일반적으로 암묵지식보다는 형식지식이, 높은 수준의 지식보다는 낮은 수준의 지식이 모방하기 쉬울 것이다. 그러나

---

34) I. Nonaka/H. Takeuchi, *The Knowledge Creating Company: How Japanese Companies Create the Dynamics of Innovation*; 장은영 역, 『지식창조기업』. 노나카가 이러한 구분을 통해서 특히 강조하고 있는 것은 암묵지식을 형식지식으로 전환시키는 과정이다. 형식지식은 지식관리자에 의해서 장악되어 관리될 수 있는 지식을 말하므로, 이러한 과정을 통하여 결국 노동자의 지식이 자본가의 지식으로 전환된다고 말할 수 있다. 일찍이 브레이버만(Harry Braverman, *Labour and Monopoly Capital*, Monthly Review Press, 1975; 강남훈/이한주 역, 『노동과 독점자본』, 까치, 1989)이 지적한 바와 같은 과학적 관리를 통한 숙련 해체 과정이 지식관리를 통해서 계속되고 있는 것이다. 지식관리에 대한 자세한 분석은 이 논문의 범위를 넘어서는 것으로 별도의 논문에서 분석되어야 할 것이다.

35) 하드웨어는 유형물에 체화된 지식, 소프트웨어는 인간으로부터 일단 독립되어 객관화된 무형물 형태의 지식, 웨트웨어는 인간의 두뇌에 내재하는 지식을 말한다.

36) 네트워크 지식이란 소집단이나 네트워크 내에서 상호작용 속에서 개발되고 공유되기 때문에 전적으로 사적인 지식도 아니고 공적인 지식도 아닌 잡종 형태의 지식을 말한다. 김호균, 『제3의 길과 지식기반경제』, 백의, 2001, 86-87쪽.

반드시 그런 것만은 아니다. 과학지식은 매우 높은 수준의 지식일지라도 일반적으로 쉽게 모방할 수 있으며, 숙련과 같은 경험지식은 낮은 수준의 지식일지라도 쉽게 모방하기 힘들다. 쉽게 모방할 수 있는 지식은 지식을 처음 만들어내는 비용과 이미 만들어진 지식을 습득하는 데 들어가는 비용에 엄청난 차이가 있다.[37] 쉽게 모방할 수 있는 지식은 경제 전체에 미치는 외부효과가 클 것이다.

이제 제2절에서 분석한 사슴과 해리의 모형을 활용하여 지식노동이 미치는 효과를 분석하여 보기로 하자. 예를 들어 해리 잡는 노동자들 일부가 10시간이 아니라 5시간에 해리를 잡을 수 있게 되었다고 가정해 보자. 그리고 5시간에 해리를 잡을 수 있는 노동은 지식노동이고, 종전대로 10시간에 해리를 잡을 수 있는 노동은 보통노동이라고 해 보자. 이러한 지식노동이 등장하면 어떤 변화가 일어날 것인가? 이것은 지식노동이 가지고 있는 지식이 어떤 종류의 지식이냐에 따라서 달라진다. 다음과 같은 여섯 가지 경우로 나누어서 분석을 해보자.

〈A. 기술적으로 모방 가능하고, 노동투입이 필요한 경우〉

지식노동자가 가진 지식이 모방가능한 지식이지만, 모방하기 위해서는 지식을 창출하는 것과 동일한 양의 노동이 필요한 경우를 생각해 보자. 즉 노동자들의 입장에서는 지식을 습득하기 위해서 의도적인 학습이 필요하며, 자본가들의 입장에서는 지식노동자로 만들기 위해 노동자들을 교육해야 하는 경우를 말한다. 예를 들어 500시간의 교육을 받으면 지식노동이 되어 해리 100마리를 5

---

37) 이것은 생산비용과 재생산비용 사이의 차이, 혹은 고정비용과 한계비용의 차이라고도 부를 수 있다.

시간에 잡을 수 있게 된다면, 100마리를 1,000시간에 잡으나 500시간 지식을 습득하고 500시간에 잡으나 마찬가지일 것이다.[38] 사슴과 해리는 옛날과 같이 2:1의 비율로 교환된다. 5시간의 지식노동의 생산물과 10시간의 보통노동의 산출물이 1:1의 비율로 교환되며 지식노동 1시간은 보통노동 2시간의 가치를 창출해낸다. 이것은 재정거래가 기술적으로도 가능하고 외부적 제도적으로 가능하지만, 재정조건이 충족되지 않는 상태이므로 평등교환 상태이고 가치법칙이 성립하는 상태이다. 이 경우는 "생산물의 보다 큰 가치는 그러한 재능을 얻는 데 지출된 시간과 노동에 대한 합리적인 보상에 불과할 것이다."[39]

〈B. 기술적으로 모방 가능하고, 노동투입이 필요 없는 경우〉

다음으로 지식노동자의 지식이 모방가능한 지식이며, 모방을 위해서 아무런 추가적인 노동도 투하할 필요가 없는 경우를 생각해보자. 예를 들어 해리에 대한 지식을 처음으로 발견하는 데에는 상당한 시간이 들지만 해리의 습성이 다 같아서 한번 그 지식이 발견되면 다른 사람들은 단지 그 지식을 활용하기만 하면 되는 경우를 생각해 볼 수 있다. 이 경우에는 노동투입의 전환을 통한 재정행위가 즉각 일어나서 모든 노동자가 지식노동자로 전환될 것이다. 그러나 이 지식은 아무런 가치도 창출하지 못한다. 해리의 가치가 반으로 떨어지며, 사슴과 해리는 1:1로 교환될 것이다. 이것은 등가교환이며 평등교환이다. 폐쇄경제를 가정하고, 해리의 수요가 일정하다면 지식노동자(해리 노동자)의 절반은 실업자가 될 수 있을 것이다. 물론 해리의 가치가 떨어져서 해리의 수요가 증가하거

---

38) 앞에서도 이야기하였지만, 평균이윤율 문제는 여기서 다루지 않는다.

39) Adam Smith(1776), 김수행 역, 『국부론』, 53쪽.

나 새로운 산업이 등장한다면 오히려 고용이 늘어날 수도 있다.

⟨C. 기술적으로 모방 가능하고, 노동투입이 필요 없지만, 제도적으로 불가능한 경우⟩

B의 경우와 같이 지식을 창출하여도 다른 사람들이 아무 비용 없이 즉각 그 지식을 모방할 수 있다면 그 지식으로부터 아무런 경제적 이득도 얻을 수 없다. 이런 경우 지식을 창출한 사람은 특허와 같은 지적재산권 제도를 이용해서 다른 사람이 그 지식을 활용하는 것을 막을 수 있다. 이 경우에는 해리를 생산하는 일부 지식노동자들이 이득을 보고 있다는 사실을 누구나 다 알고 있고, 또한 똑같은 지식을 사용하는 방법을 알고 있지만, 지적재산권법에 의해서 금지되어 있기 때문에 생산이나 노동투입의 대체를 통한 재정거래를 할 수 없게 된다. 이 경우에는 사슴과 해리의 교환 비율은 여전히 2:1일 것이다. 그러나 이것은 재정 행위의 기술적, 경제적 가능성은 있지만, 제도적 가능성이 막혀 있는 경우이므로 등가교환이 아니라, 독점 가격에 따른 교환이다. 보통노동과 지식노동은 불평등하게 교환된다. 불평등한 상태는 시장의 힘에 의해서가 아니라 법률적, 제도적 장치를 통해서 보장된다.

⟨D. 고도한 기술로서 모방이 불가능한 경우⟩

다음으로 지식노동자들의 지식이 고도한 수준의 노하우(know-how) 형태로 숨겨져 있어서 보통노동자들이 그 지식을 습득할 수 없지만, 그러한 지식은 경험학습 형태로 습득된 것이어서 지식노동자의 관점에서는 그 지식을 학습하는 데 아무런 추가적인 노동이 투입되지 않는 경우를 생각해 보자. 이 경우에는 노동투입의 전환을 통한 재정거래가 기술적으로 불가능하다. 즉 지식노동자가 5시간 걸려서 해리를 잡는다는 사실을 알더라도 보통노동자는 10시간 걸려서 해리를 잡을 수밖에 없다. 해리와 사슴의 교환비율은 여전히 2:1로 유지되고, 지식노동자가 5시간 걸려서 잡은 해리는 보통노동자가 10시간 걸려서 잡은 해리와 같은 가치를 가지게 된다. 지식노동은 5시간만큼 특별한 이득을 얻을 수 있다. 이것이 바로 특별잉여가치이다. 지식노동은 보통노동 이상의 가치를 창출한다. 가치대로의 교환이면서 특별잉여가치가 발생하지만, 불평등교환은 아니다. 이 경우가 A와 다른 점은 A의 경우는 지식노동이 두 배로 많은 가치를 창출하더라도 지식노동에 투입된 노동량이 두 배이므로 등노동량교환이지만, 지금의 경우에는 지식노동에 추가로 투입된 노동이 없으므로 부등노동량교환이라는 것이다.

⟨ E. 기술은 동일하나 외부적 조건 등으로 모방이 불가능한 경우 ⟩
지식노동자의 지식이 고도한 지식은 아니지만 외부적 조건으로 인하여 모방이 불가능한 경우를 생각해 보자. 예를 들어 폭포 같은 특수한 자연조건을 활용하여 해리를 잡으면 5시간에 잡을 수 있는 지식을 가지고 있다고 가정해 보자. 이 경우에도 재정거래는 불가능하다. 보통노동자는 지식노동자처럼 5시간에 해리를 잡을 수 있는 지식을 가지고 있지만, 폭포가 없기 때문에 그 지식을 활용할 수 없는 상태이다. 사슴과 해리의 교환비율은 여전히 2:1로서, 등가교환이다. 지식노동자의 5시간 노동은 10시간의 가치를 가진다. 그러나 이 초과이윤은 특별잉여가치가 아니라 지대이다. 이것은 외부적 조건으로 재정거래가 불가능한 경우이므로 불평등교환을 의미한다.

〈F. 처음에는 고도기술로 모방이 불가능하지만 점차 확산되는 경우〉

지식의 가장 일반적인 동학이라고 할 수 있다. 처음에는 지식이 노하우 같은 형태로 숨겨져 있지만 점차 확산되어 다른 보통노동자들도 하나둘씩 그 지식을 습득하게 되고 마침내 모든 노동자가 그 지식을 습득하게 되는 경우이다. 처음에는 D의 경우에서 보듯이 지식노동자는 특별잉여가치를 창출할 수 있다. 그러나 지식이 확산되어 가고 많은 노동자가 지식노동자로 전환되어감에 따라 재정거래가 점점 활발하게 일어난다. 재정거래가 계속되면 해리의 가치는 점점 하락하지 않을 수 없고, 마침내 모든 노동자들이 다 지식노동자가 되면 해리의 가치는 5시간으로 감소하게 된다. 지식노동은 일시적으로만 특별잉여가치를 창출한다. 이것이 앞에서 살펴본 D의 경우와 다른 점이다. 모든 노동이 지식노동으로 전환되고 나면 특별잉여가치는 사라지지만 상대적 잉여가치가 형성된다.

이상의 여섯 가지 경우를 종합하면 다음과 같은 결론들을 얻을 수 있다.

첫째, 어떤 경우에도 지식은 더 많은 사용가치를 생산할 수 있도록 만들어 준다. 해리 잡는 지식이 늘어나면 해리 생산량은 그만큼 늘어날 수 있다.

둘째, 지식을 창출하거나 활용한다고 해도 경제적으로 이득을 보지 못할 수 있다. A나 B의 경우에는 아무런 이득이 없으며, F의 경우에는 이득이 일시적이다.

셋째, 지식노동이 보통노동에 비해서 항상 더 많은 가치를 창출한다고 말할 수도 없다. 특별잉여가치나 지대가 창출되어 가치총량이 증가하는 경우는 D와 E 두 가지 경우뿐이다. F의 경우에는 일시적으로만 특별잉여가치가 창출된다.

넷째, 지식을 창출한 자본이 이득을 얻을 수 있는 경우는 지식의 확산이 기술적, 외부적, 제도적으로 불가능한 경우뿐이다. 다른 말로 표현하면, 지식은 독점을 할 때에만 이득을 얻을 수 있는 것이다. C, D, E, F의 경우에는 모두 지식의 확산이 막혀 있다. 지식을 통하여 이득을 얻을 수 있는 조건은 지식의 수준이 높아야 한다는 것이 아니라, 지식의 수준에 격차가 있어야 한다는 것이다.

다섯째, 지식을 창출한 자본이 이득을 보는 경우에는 특별잉여가치가 생산되는 경우를 제외하고는 불평등교환이다.

여섯째, 한 분야의 지식은 결과적으로 그것을 창출한 자본에게는 아무런 직접적인 이득을 주지 못하는 경우에도, 상대적 잉여가치를 증대시킴으로써 자본가 계급 전체에게 이득을 줄 수 있다.

5. 외부효과, 규모효과, 국제무역

지금까지 우리는 잉여가치량이나 사회적 수요를 명시적으로 분석하지 않았다. 잉여가치량과 사회적 수요를 명시적으로 고려하면 제4절에서의 분석을 연장할 수 있다.

제4절의 마지막에서 상대적 잉여가치를 증대시킴으로써 자본가 계급 전체에게 이득을 가져다 줄 수 있다는 점을 언급하였다. 이것을 지식노동의 외부효과(external effect)라고 부르기로 하자. 외부효과라고 부르는 이유는 지식노동을 고용한 자본이 그 효과를 직접적인 목표로 하지 않고 있다는 의미에서이다.

B의 경우를 통해서 외부효과를 좀더 살펴보기로 하자. 이 경우에는, 보통노동이 모두 지식노동으로 전환되더라도 더 많은 가치를 생산하는 것은 아니다. 그러나 가치량에는 변화가 없는 경우에도 잉여가치량은 늘어날 수 있다. 예를 들어 노동자들이 하루에 10시간 노동을 하고 노동자들이 하루를 살아가기 위해서 해리 반마리가 필요하다고 가정해 보자. 보통노동을 사용했을 때에는 10시간에 해리 1마리를 생산하므로 임금을 지불하고서도 해리 반 마리, 즉 5시간분의 가치를 남길 수 있었다. 지식노동으로 전환하면 10시간에 해리 2마리를 생산하므로 해리 1.5마리를 남길 수 있게된다. 해리 1마리의 가치가 5시간으로 하락하더라도, 자본가가 남긴 해리 1.5마리의 가치는 7.25시간이다. 이와 같이 지식노동은 과거의 보통노동과 동일한 가치를 생산하더라도 자본가를 위한 더많은 잉여가치를 생산할 수 있는 것이다.

슘페터(J. Schumpeter)의 경우에는 기술혁신이 이윤율을 일시적으로 증가시키지만, 기술이 모방, 확산되고 나면 그 이득이 사라져 버리고 만다. 그리고 많은 신성장이론 모형에서는 한번 지식을 개발하면 그 효과가 사라지지 않고 계속 유지된다. 그러나 마르크스의 경우에는 기술혁신의 효과가 기술을 개발한 자본가에게는 일시적이고, 자본가 계급 전체로 보면 계속 유지된다고 파악한 것이다.

다음으로 지식노동과 시장의 크기가 어떤 관계에 있는지에 대하여 살펴보기로 하자. 이것을 위해서는 재생산표식에서처럼 사회적 수요를 명시적으로 고려할 필요가 있다. 사회가 모두 400명의 노동자로 구성되어 있고, 모든 노동자가 하루에 해리 반 마리와 사슴 한 마리가 필요하다고 가정해 보자. 이 경우 사회 전체적으로 필요한 사슴은 400마리이고 해리는 200마리이다. 모든 노동자가 하루에 10시간씩 똑같이 노동을 하고 있다면, 200명의 노동자가 해리 200마리를 생산하고, 나머지 200명의 노동자가 400마리의 사슴을 생산하여 모든 사회적 수요를 충족시킬 수 있을 것이다. 물론 사슴 2마리와 해리 1마리가 교환되며, 등가교환이고 평등교환이 이루어진다.

이제 해리를 잡는 노동자들 중에서 100명이 지식노동자로 전환되어 해리를 5시간에 잡을 수 있게 되었다고 해 보자. 보통노동자들은 해리를 잡는 데 여전히 10시간이 걸린다. 이 경우에는 여러 가지 가능성이 있지만, 지식노동자들이 해리의 가치를 10시간 이하로 낮추는 경쟁을 하지 않기 때문에 보통노동자들이 해리 생산에서 축출되지 않는 경우를 상정해 보자. 사슴의 생산량은 400마리이므로 200마리의 해리가 사슴과 교환될 수 있다. 그 중에 보통노동자들이 100마리를 생산하므로 지식노동자들은 100마리만 생산하면 된다. 이 문제는 지식노동자들이 하루에 5시간만 노동한다면 해결할 수 있다. 해리는 이전과 마찬가지로 200마리가 생산되고, 사슴과 2:1의 비율로 교환된다. 5시간의 지식노동은 10시간의 보통노동과 교환되므로, 지식노동이 창출하는 특별잉여가치는 모두 5시간*100명＝500시간이 된다.

이러한 나라에 다른 나라에서부터 사슴을 생산하는 노동자 100명이 이주하여 왔다고 가정해 보자. 사슴의 생산량은 이제는 600마리로 증가하게 된다. 이제는 해리를 생산하는 지식노동자들이 하루에 10시간씩 노동을 하여 300마리의 해리를 만들어 내도 해리 전체를 사슴과 교환할 수 있게 된다. 지식노동 10시간은 20시간의 보통노동과 교환되므로 지식노동이 창출한 특별잉여가치는 10시간*100명＝1,000시간으로 늘어나게 된다. 이와 같이 지식노동과 보통노동이 존재할 때 시장의 크기가 커지면 지식노동이 창출하는 특별잉여가치량도 증가하게 된다. 이것을 생산된 특별잉여가치량이 시장의 규모에 따라 증가한다는 의미에서 규모효과(size effect)라고 부르기로 하자.[40]

국제무역은 시장의 규모를 증가시키기 때문에 당연하게 특별잉여가치와 지대를 증가시킨다. 지대가 증가하는 경우에는 국제무역으로 인하여 불평등교환이 확대된다고 할 수 있다. 특별잉여가치의 경우에는 국제무역으로 인한 규모효과가 좀더 극단적인 형태로 나타날 수 있다. 다음과 같은 경우를 살펴 보자.

중심국과 주변국 두 나라가 존재하며, 중심국에서는 해리 노동자가 모두 지식노동자가 되어 해리와 사슴이 1:1로 교환되는 상태(B의 경우)이고 주변국은 해리와 사슴이 2:1로 교환되는 처음 상태라고 가정해 보자. 그리고 사슴은 무역이 불가능하며 해리만이 무역의 대상이라고 가정해 보자.[41] 무역을 하기 전에 중심국의 지식노동자는 아무런 특별잉여가치를 만들어내지 못하는 상태에 있었다. 지식이 확산되어 있기 때문이다. 그런데 국제무역을 하게 되면 사정이 달라진다. 해리는 중심국에서는 5시간에 생산을 하고 주변국에서는 10시간에 생산을 한다. 해리를 추가로 생산할 때에 주변국의 보통노동을 이용할 수밖에 없다고 한다면 해리의 국제가치는 10시간이 될 것이다.[42] 그렇게 되면 선진국의 지식노동은

---

40) 신성장이론에서 규모효과라고 하는 것은 규모가 증가할 때 지식의 수준이나 사용량이 (더 빠르게) 늘어나는 효과를 말한다. 이 글의 분석에서도 시장의 규모가 커짐에 따라 지식노동자들의 노동시간이나 고용된 지식노동자수가 증가할 것이므로 경제 전체로 보면 지식 수준이나 지식의 사용량이 늘어나게 된다.

41) 사슴을 장소를 이동할 수 없는 서비스라고 생각하면 된다.

42) 중심국의 규모는 작고 주변국의 규모는 커서 국제시장에서 대량지배 상태가 10시간이라고 가정하든지, 기술적인 가중평균상태가 10시간에 가깝다고 가정하더라도 분석의 결론은 마찬가지이다.

새롭게 특별잉여가치 5시간을 만들어낼 수 있게 된다. 이와 같이 국제무역은 중심국 지식노동의 특별잉여가치 창출 능력을 되살려 놓는 것이다.

그런데 국제무역의 효과가 여기서 그치는 것은 아니다. 사슴을 생산하는 노동은 중심국이나 주변국 모두 5시간에 사슴을 생산하는 동등한 지식을 가진 노동이다. 그럼에도 불구하고 중심국의 사슴 생산 노동 1시간은 주변국의 사슴 생산 노동 2시간과 간접적으로 교환된다. 예를 들어 중심국의 사슴노동자가 사슴 1마리를 생산해서 해리 1마리와 바꾸고 그것을 주변국으로 가져가서 사슴 2마리와 바꾼다면 결과적으로 사슴 1마리를 공짜로 얻을 수 있는 것이다. 이와 같이 국제무역은 지식노동과 보통노동 사이에서뿐만 아니라 보통노동과 보통노동 사이에서도 불평등교환을 발생시키는 효과를 가지고 있다.

물론 이러한 사슴을 생산하는 동등한 노동 사이의 불평등교환은 주변국의 사슴을 생산하는 노동자가 세계화 등의 흐름으로 인하여 중심국으로 이주할 수 있게 된다면 더 이상 유지될 수 없다. 이러한 노동의 국제간 이동도 일종의 재정거래라고 할 수 있고, 재정거래를 통하여 가치법칙이 성립되면 불평등교환은 사라질 것이다. 그러나 이 경우에 노동자들이 주변국으로부터 중심국으로 대량으로 자유롭게 이동할 수 있고 해리의 추가 생산에 원래의 주변국 보통노동자를 이용할 수밖에 없어서 해리의 가치가 10시간으로 된다면, 중심국에서도 사슴과 해리는 1:1 이 아니라 2:1로 교환될 것이다. 중심국 사슴생산노동자의 입장에서 보면 국제무역으로 인하여 자신들의 임금이 하락하게 되는 하향평준화 효과가 나타나는 것이다. [43]

---

43) 이것은 쥬류경제학에서 말하는 요소가격 균등화 정리가 적용되는 경우라

6. 지식기반경제론의 네 가지 주장에 대한 비판

지식기반경제론의 첫 번째 주장은 지식이 부의 원천이고 가장 중요한 생산요소가 되었다는 것이다. 지식이 가장 중요해졌다는 주장에 대해서는 굳이 반박할 필요가 없겠지만, 다음과 같은 제한을 가하는 것이 좋을 것이다.

흔히 지식을 노동이나 자본에 대비시키고 있는데[44] 이것은 잘못된 관행이다. 지식은 궁극적으로 인식의 주체인 인간과 분리되어 존재할 수 없다. 지식은 하드웨어 형태이든, 소프트웨어 형태이든 웨트웨어 형태든 모두 인간 노동의 산물이거나 인간의 노동 속에 존재한다. 그러므로 지식은 인간의 노동과 대립하여 존재하는 것이 아니라 노동 자체의 속성을 말하는 것이다. 흔히 인간적인 노동의 가장 기본적인 특징을 구상과 실행의 통일[45]에서 찾는데, 이것은 바로 지식과 노동이 분리될 수 없다는 사실을 확인해 주는 것이다. 오늘날 소프트웨어나 컨설팅 같은 형태로 지식 자체가 상품으로 거래되는 경우가 많아지고 있지만, 그 경우에도 상품화된 지식은 인간 노동의 산물이다.

다음으로 지식은 그 자체로서 항상 보다 많은 가치를 창조할 수 있는 것은 아니다. 이것은 제4절의 분석을 통하여 분명하기 확인

고 할 수 있을 것이다.

44) 예를 들어 드러커의 다음과 같은 주장을 다시 한번 상기하여 보자. "지식은 오늘날 의미있는 유일한 자원이다. 전통적인 생산요소들인 토지(즉 천연자원), 노동 그리고 자본은 사라지지 않았다. 그러나 그것들은 부차적인 것이 되어 버렸다." Peter Drucker, *Post-Capitalist Society*; 이재규 역, 『자본주의 이후의 사회』, 78쪽.

45) Harry Braverman, *Labour and Monopoly Capital*; 강남훈/이한주 역, 『노동과 독점자본』.

한 바 있다. 지식노동이 보통노동 이상으로 가치를 창출할 수 있는 경우는 지식노동 이외에 보통노동이 존재하거나 다른 지식노동이 지식을 모방할 수 없을 때뿐이다. 지식은 지식격차가 있는 경우에만 보다 많은 가치를 창출할 수 있다. 46) 그리고 특별잉여가치의 경우처럼 일시적으로 더 큰 가치를 만들어낼 수 있다고 하더라도 그런 능력은 얼마 안 가 사라져 버린다. 이러한 이유 때문에 지식의 확산을 막는 것이 지식소유자의 결정적인 이해관계가 된다. 이와 같이 지식기반경제는 점점 불평등한 교환을 만들어내는 경향을 가진다.

두 번째로 지식기반경제에는 수확체감의 법칙이 적용되지 않기 때문에 다른 경제법칙이 적용된다는 주장에 대해서 살펴보자. 이것은 흔히 지식 자체가 가진 여러 가지 특성 때문에 발생하는 현상이라고 설명된다. 지식은 외부성을 가지고 있어서 한 사람의 지식이 증가하면 다른 사람의 지식도 따라서 증가하게 된다든지, 지식은 비경합적이고 배제불가능한 공공재적인 성격을 가지고 있어서 한 사람이 지식을 소비한다고 다른 사람이 그 지식을 소비하지 못하는 것은 아니기 때문에 이런 현상이 발생한다고 주장한다.

지식에 의해서 수확체증 현상이 나타나든지 수확체감 현상이 저지되는 것은 분명한 사실이다. 그러나 그렇다고 해서 다른 경제법칙이 적용되는 것은 아니다. 경제법칙에 중요한 것은 사용가치가 아니라 가치인데, 47) 이러한 주장은 가치와 사용가치를 구분하지 않고 혼동하고 있다. 48) 제3절의 분석에서도 확인할 수 있듯이

---

46) 흔히 정보경제학에서는 정보가 부족한 경우가 아니라 정보가 비대칭적인 경우를 문제 삼는데, 이것은 이 글의 분석과 일맥상통한다.

47) 가치는 현실 세계에서 화폐단위로 표현된다. (가치형태)

48) 여기서 가치와 사용가치의 혼동이란, 가치는 그 실체가 노동이지만 항상

지식노동의 등장으로 인해서 해리의 생산량이 많아지더라도 해리의 가치가 하락한다면 가치총량에는 아무런 변화가 없게 된다. 해리를 생산하는 자본의 입장에서는 해리 생산량이 아니라 해리 생산을 통한 화폐적 이득(예를 들어, 해리의 가격×해리 생산량)이 늘어나는 것이 중요하다. 지난 90년대의 통계로 볼 때 지식산업의 생산물들은 다른 어떤 생산물보다도 가격이 더 급속하게 하락하고 있다는 점을 고려하여 보면,[49] 이러한 혼동은 매우 치명적인 혼동이라고 할 수 있다. 자본은 사용가치를 획득하기 위하여 운동하는 것이 아니라 가치(이윤)를 획득하기 위해서 운동하는 것이다.

　세 번째로 지식노동자의 수가 점점 증가하고 지식산업의 비중이 점점 증가한다는 주장은 타당한 주장이다. 오늘날의 노동자는 과거의 노동자에 비하면 모두 다 지식노동자들이라고 할 수 있다. 그러나 중요한 사실은 오늘날의 지식노동자들이 모두 과거보다 더 높은 임금을 받는 것은 아니라는 점이다. 점점 많은 노동자들이 지식노동자가 되어 가고 있음에도 불구하고 1990년대 미국의 통계를 보면 노동자들의 실질임금은 오히려 하락하는 현상이 나타났다.[50] 이것은 지식노동은 다른 노동과 격차가 있을 때에만 보다 많은 가치를 창출할 수 있다고 하는 제3절에서의 분석과 일맥상통하는 현상이다. 지식노동자와 지식산업이 증가하는 것은 분명한

화폐형태로 표현되는 것이므로, 화폐적인 측면과 실물적인 측면의 혼동을 의미하는 것이다.

49) 이러한 혼동은 특히 화폐를 명시적으로 고려하지 않는 신성장이론모형에서 두드러지게 나타난다고 할 수 있다. 신성장이론에 속하는 많은 연구에서는 생산량이 많아지면 가격이 하락하는 효과를 전혀 고려하지 않고 있는 것으로 보인다. 사용가치 차원에서는 수확체증이 발생하더라도 가치차원에서는 수확체감이 발생할 수 있는 것이다.

50) *Businessweek*, 2000. 2. 14 등을 참조

현상이지만, 거기에 비례해서 돈을 더 많이 버는 지식노동자나 지식산업의 수가 증가하는 것은 결코 아니다.

네 번째로 마지막으로 지식기반경제에서 세계화경향이 가속화되고, 지식이 확산되는 현상은 분명히 나타나고 있다. 그러나 그렇다고 해서 지구 전체에서 부가 증가한다고는 말할 수 없다. 앞절의 분석에 따르면 지식노동은 더 많은 보통노동과 만날 때에 더 큰 잉여가치를 창출할 수 있는 규모효과를 가지고 있으며, 세계화가 추진되는 계기 중의 하나는 바로 이 지식노동이 가진 규모효과를 극대화하기 위해서이다. 따라서 세계화가 진행될수록 지구 전체에서 부가 평등해지는 경향이 나타나는 것이 아니라 오히려 불평등해지는 경향이 나타나게 된다. 이것은 지식기반경제에 입각하여 세계화가 본격적으로 추진되었던 90년대 이후에 세계적으로 소득불평등은 심화되었다는 사실에도 부합되는 명제이다. 세계화가 진전되면서 주변국 민중들의 노동강도가 강화되고, 노동시간이 연장되며, 노동착취가 심화되는 현상이 나타나는 것은 결코 우연이 아니다.[51] 그리고 지식이 지구 전체로 확산되는 것은 틀림없는 사실이지만, 지식의 확산을 막아야만 지식을 소유한 자본이 이득을 누릴 수 있기 때문에, 지식기반경제는 지식의 확산을 막기 위해서 과거 어느 때보다도 더 집요하게 노력하는 경제라고 할 수 있다.

7. 맺음말

가치법칙은 추상적인 원리가 아니라 자본주의 경제에서 현실적

---

51) 오늘날 나이키 같은 다국적기업의 경우 심각한 문제로 제기되고 있는 제3세계에서의 고한(膏汗)공장(sweat shop)을 생각해 보면 좋다.

으로 작용하고 있는 법칙으로 설명되어야 한다. 이 글에서는 가치법칙을 개인들의 합리적인 행동인 재정거래를 통하여 성립하는 법칙으로 해석하여 보았다. 재정거래가 아무런 방해 없이 가능한 경우가 가치대로의 교환이 이루어지는 경쟁상태이고, 제도적 요인 때문에 불가능하면 독점이 되고, 기술적 요인 때문에 불가능하면 특별잉여가치를 발생시키며, 외부적인 요인 때문에 불가능하면 지대를 발생시키게 된다. 재정거래는 한 종류의 노동 대신에 다른 종류의 노동을 투입하는 방식으로 이루어질 수도 있는데, 이러한 재정거래가 내부적(기술적) 조건 이외의 조건 때문에 불가능해지면 불평등교환이다. 독점과 지대는 불평등교환을 낳는다.

사슴과 해리 모형은 매우 간단한 모형이지만, 그로부터 지식노동의 의미에 대하여 몇 가지 기본적인 결론을 도출할 수 있었다. 지식은 항상 더 많은 사용가치, 혹은 더 좋은 사용가치를 만들어낸다. 그러나 지식이 항상 더 많은 가치, 즉 더 많은 이윤을 만들어내는 것은 결코 아니다. 지식을 개발한 사람이나 자본에게 이득이 되는 경우로서는 특별잉여가치, 지대와 독점이윤을 발생시키는 경우가 있는데, 그 중에서 특별잉여가치나 지대를 발생시키는 경우에만 사회 전체적으로 더 많은 가치가 창출된다그 말할 수 있다. 그리고 평등교환이라고 할 수 있는 경우는 특별잉여가치뿐이다. 지식노동이 만들어낼 수 있는 특별잉여가치나 지대는 규모가 클수록 크기가 커지는 규모효과를 가지고 있으며, 특별잉여가치의 경우에는 경제 전체의 잉여가치율을 높이는 외부효과를 가지고 있다. 국제무역은 이미 소멸되어버린 지식노동의 특별잉여가치 생성 능력을 소생시키기도 하고, 동질적인 보통노동 사이에서도 불평등교환을 일으키기도 한다.

우리가 얻었던 결론에 비추어 본다면 지식기반경계는 미래학자들이 꿈꾸는 바와 같은 이상적인 경제가 결코 아니다. 지식이 늘어나면 사용가치는 분명히 늘어나지만 가치는 늘어나지 않을 수도 있다는 것이 지식기반경제의 기본적인 모순이라고 할 수 있다. 이것은 정치경제학의 근본 모순인 사용가치와 가치 사이의 모순이 발현된 형태라고 볼 수 있다. 이 모순을 자본주의 내에서 해결하기 위하여 지식기반경제는 지식을 독점하고 지식의 확산을 막음으로써 지식의 증가가 잉여가치의 증가와 연결되도록 만들려고 노력하게 된다. 그러므로 자본주의 경제는 지식기반경제로 전환되면 될수록 불평등과 격차가 확대되는 경향이 나타나게 된다. 수퍼스타, 20대 80, 승자독식 등의 현상은 이러한 흐름을 잘 보여주고 있다고 할 수 있다.

7장 정보혁명과 신자유주의의 결합
—배제적 축적체제

1. 머리말

정치경제학에서 오늘날의 자본주의를 신자유주의라고 규정할 때 그것은 대략 다음과 같은 몇 가지 경향이나 정책, 혹은 그것을 뒷받침하는 이데올로기를 가리키는 의미로 사용되고 있다.

첫째는 시장의 확대와 국가의 축소 경향이다. 상품의 양이 증가하면서 점점 더 많은 사용가치가 상품으로 공급되고, 국가의 규제가 사라지고 국영기업은 민영화되며, 국가의 기능은 최소화된다. 시장에서의 자유가 증대하고, 시장의 규율이 지배적이 된다.

둘째는 금융주도 경향이다. 금융자유화가 진전되어 파생상품을 포함하여 다양한 금융상품이 생겨나며, 금융자본이 자본분파 중에서 주도적인 위치를 차지하게 되고, 주식 소유가 부의 가장 중요한 보유 형태가 되며, 금융소득이 소득의 주요한 원천으로 떠오른다.

셋째는 세계화 경향이다. 무역, 직접투자, 포트폴리오 투자 등의 형태로 국경을 넘나드는 상품과 자본이 증대하고, 노동과 자본의 국가간 이동이 자유로워지며, 기업과 시장의 규모가 전세계적인 규모로 증가한다. 초강대국인 미국이 주도권을 행사하는 국제적 조절이 강화되면서 국가적 조절은 축소된다.

그런데 이러한 신자유주의에 대하여 그것이 주요 자본주의 국가들의 정책이나 특성을 의미하는 것인가 아니면 자본주의의 새로운 단계를 의미하는 것인가라는 문제를 제기해 볼 수 있다.[1] 경향이나 특성을 단계와 구분하는 것은 쉬운 일은 아니겠지만, 그러한 경향이 얼마나 지속되었는가, 그러한 경향이 가역적인가 비가역적인가, 그리고 얼마나 큰 규모로 나타났는가 등을 기준으로 판단할 수 있을 것이다. 이러한 기준에서 보면 신자유주의 현상은 적어도 20년 이상, 세계적인 규모에서, 역전되지 않은 채 지속되고 있기 때문에 신자유주의를 새로운 단계라고 규정하는 것이 타당해 보인다.

국내의 연구를 살펴보더라도 다음의 인용에서 확인할 수 있듯이 많은 연구자들이 신자유주의를 단계에 가까운 개념으로 사용하고 있다.

> 자본의 세계화와 자유화의 경향은 원래 자본의 개념 자체에 내재해 있는 것이지만, 현대의 과학기술혁명의 진전 하에서 생산력과 생산관계의 국제화가 급속하게 추동되는 현대에 이르러 질적으로 새로운

---

1) 이것은 국가독점자본주의이론에서 특성론과 단계론 사이의 논쟁을 떠올리는 질문이다. 이 논쟁에 대해서는 골드슈미트(Werner Goldschmidt, "Grundzug oder Entwicklungsphase," 1979; 정운영 편, 『국가독점자본주의이론 연구 II』, 돌베개, 1988)와 김성구(김성구, 「독일에서의 국가독점자본주의 논쟁」, 정운영 편, 『국가독점자본주의이론 연구 II』) 등을 참조할 수 있다.

단계에 이르렀으며, 특히 1980년대 이래 선진자본주의 국가들에서 지배적인 사조로 등장한 (신)자유주의 정책에 의해 그 운동공간을 극대화하기에 이르렀다.[2]

이와 같이 신자유주의를 자본주의 발전의 한 단계라고 한다면 그것을 어떤 이론적 입장에서 파악할 것인가가 문제가 된다. 이 글에서는 축적체제와 조절양식이라는 조절이론(regulation theory)의 두 가지 개념을 활용하여 신자유주의를 파악해 보려고 한다.

그 동안 조절이론 내에서도 포드주의 이후 여러 나라의 자본주의 발전을 포스트포드주의(post-Fordism)와 신테일러주의(neo-Taylorism)로 유형화하는 등 상당한 연구가 전개되었다.[3] 이들은 특히 자본주의의 기술체계와 작업조직이 어떻게 바뀌고 있는가에 대하여 집중적으로 분석을 하였다.[4] 그러나 이들은 정보혁명의 전체적인 모습을 파악하지 못하였으며 이러한 기술적 발전과 생산체제의 변화가 어떠한 조절양식과 결합될 것인가에 더하여 분명한 견해를 제시하지 못하였다. 특히 포스트포드주의 논의는 지나친 낙관적 전망 때문에 곧 한계를 드러내게 되었다.

최근에는 현대자본주의를 분석하기 위하여 아글리에타[5]와 브와이에[6] 등에 의해서 금융주도 성장체제에 대한 연구가 행해졌

---

2) 김성구, 「자본의 세계화와 신자유주의적 공세」, 김성구/김세균 외, 『자본의 세계화와 신자유주의』, 문화과학사, 1998, 15쪽.

3) Alain Lipietz, *Mirages et Miracles: problemes de l'industrialisation dans le tiers monde*, La Découverte, 1985; 김종한 외 역, 『기적과 환상』, 한울, 1991.

4) 이영희, 『포드주의와 포스트포드주의』, 한울, 1994.

5) Michel Aglietta, *Macroéconomie financière*, La Découverte, 1995; 전창환 역, 『금융제도와 거시경제』, 문원, 1998.

다.[7] "금융주도 성장체제에서는 기관투자가를 매개로 하여 주주가치와 같은 금융규범이 기업의 행동양식-지배구조, 경쟁형태, 임노동관계, 그리고 국가의 금융재정정책 등을 일차적으로 규정하는 지배적 심급으로 파악된다."[8] 그러나 이러한 금융주도 성장체제에 어떠한 축적체제가 결합되어 있는지에 대해서는 아직 분명한 판단이 없어 보인다. 실제로 브와이에는 포드주의 이후에 나타난 7가지 축적체제를 검토하면서 아직 어떤 것도 제대로 실현되지 못한 상태라고 파악하고 있다.[9] 이병천은 금융주도 성장체제 논의가 인구구성의 변화, 가계의 부의 구성변화 등에서 그 출현조건을 찾고 있기 때문에 계급들 사이의 대립, 국가의 권력관계에 대한 분석을 간과하고 있다고 비판한다.[10]

지금까지 우리는 정보혁명의 여러 가지 특징과 경향을 정치경제학적 시각에서 분석하여 보았다. 그러나 정보혁명은 진공 속에서 진행되고 있는 것이 아니라, 신자유주의라는 구체적인 맥락 속에서 진행되고 있다. 따라서 현대자본주의를 제대로 파악하기 위

---

6) Robert Boyer, "Is a finance-led growth regime a viable alternative to Fordism? A preliminary analysis," *Economy and Society*, Vol. 29, No. 1, Feb. 2000.

7) 이에 대한 개괄과 논평으로서는 전창환, 『현대자본주의 미래와 조절이론』, 문원출판, 2000; 전창환, 「신자유주의적 금융화와 미국자본주의의 구조변화」, 김진방/성낙선 외, 『미국자본주의 해부』, 풀빛, 2001; 이병천, 「세계자본주의 패권모델로서의 미국경제」, 『사회경제평론』, 제15호, 풀빛, 2000; 조영철, 「앵글로 아메리칸 모델의 기업지배구조와 노사관계」, 김진방/성낙선 외, 『미국자본주의 해부』 등을 참조할 것.

8) 이병천, 앞의 글, 20쪽.

9) Robert Boyer, op. cit., pp. 112-116.

10) 이병천, 앞의 글, 22쪽.

해서는 이 두 가지 요소가 어떻게 결합되어 있는지를 분석하는 것이 필수적이라고 할 수 있다. 이 글의 기본적인 시각은 신자유주의와 정보혁명은 비교적 독립된 요소로서 다소 상이한 계기에서 출발하였지만 오늘날에 이르러 축적체제와 조절양식이라는 형태로 접합되어 새로운 성장체제가 형성되었다고 파악하는 것이다. 보다 구체적으로 말하면 금융적 조절을 핵심으로 하는 신자유주의적 조절양식에 정보혁명이 만들어낸 축적체제—이것을 배제적 축적체제(exclusive regime of accumulation)라고 규정하려고 한다—가 결합되어 있다는 것이 이 글의 기본적인 시각이다.

이러한 입장 하에서 2절에서는 새로운 축적체제를 개념화하기 위한 작업으로 기존의 축적체제와 조절양식에 관한 논의를 간단하게 검토하겠다. 제3절에서는 정보혁명의 결과 탄생하고 있는 배제적 축적체제에 대하여, 제4절에서는 금융시장을 통한 조절양식에 대하여 살펴보려고 한다. 구체적으로 주식자본의 운동에 대한 정치경제학적 분석과 더불어 주식시장을 통한 조절양식을 분석할 것이다. 주식자본은 금융적 조절의 핵심적인 역할을 하면서도 그 자체가 자본으로 축적체제 안에서 운동하고 있는 자본이다. 신자유주의적 조절의 형태는 주식시장을 통한 조절 이외에도 탈규제, 민영화, 세계화 등 여러 가지 요소가 있고 상호 밀접하게 연관되어 있다. 그러나 이 글에서는 일단 주식시장을 통한 금융적 조절만을 살펴보려고 한다. 신자유주의가 금융자유화로부터 시작되었으며, 신자유주의적 조절 중에서 가장 중요한 것이 금융적 조절이고, 이것이 정보혁명과 가장 밀접하게 연관되어 있다고 파악하였기 때문이다.[11]

11) 민영화, 세계화, 탈규제 등을 모두 포함하는 신자유주의적 조절양식과 정보혁명에 의해 만들어진 배제적 축적체제를 접합시켜서 현대 자본주의의 전체

이 글의 주된 분석의 대상은 1990년대의 미국이다. 그러나 이 글은 실증적인 분석이 아니라 이론적인 분석이기 때문에, 1990년대 미국경제 자체를 이해하려는 것이 목적이 아니라 그로부터 축적체제의 경향과 법칙을 추출해 내려는 것이 목적이다. 이러한 축적체제의 경향과 법칙은 적절한 수정을 거친다면 다른 나라에도 적용할 수 있을 것이다.

2. 기본 개념: 축적체제와 조절양식

조절 이론은 신자유주의자들과 달리 사회에 존재하는 것은 자동적으로 존재하는 것이 아니라, 재생산되는 것이라는 기본 입장을 취한다. 12) 여기서 재생산이란 기존의 관계들을 계속 존재하도록 다시 생산하는 과정을 의미한다. 물질적 재화를 생산하는 과정과 개인, 집단 및 계급들이 행동하는 방식이 응집력 있게 결합되고 조절되어야 한다고 보는 것이다. 이러한 생각은 축적체제와 조절양식이라는 두 가지 개념으로 구체화된다.

축적체제(régime d´accumulation)란 자본축적 과정에서 끊임없이 발생하는 왜곡과 불균형을 해소하여 자본축적의 진행을 일관된 형태로 보증할 수 있는 규칙성의 총체를 말한다. 13) 이것은 생산

모습을 그려내는 연구는 앞으로의 과제이다.

12) Michel Aglietta, *A Theory of Capitalist Regulation: The U.S. Experience*, New Left Books, 1979; 성낙선 외 역, 『자본주의 조절 이론』, 한길사, 1994, 12쪽.

13) Robert Boyer, *La théorie de la régulation: Une analyse critique*, La Découverte, 1986; 정신동 역, 『조절 이론』, 학민사, 1991.

편성과 노동편성의 존재 양식, 자본형성의 시간적 범의, 가치 및 소득 분배(임금·이윤·과세)의 존재 형태, 주도적인 사회적 수요, 비자본주의적 생산양식과의 접합이라는 다섯 가지 요소로 구성되어 있다. 14) 리피츠는 이것을, 생산물을 생산하는 조건들(노동생산성, 기계화의 정도, 산업부문의 상대적 중요성)과 생산물을 사회적으로 이용하는 조건들(가계의 소비, 투자, 정부지출, 외국무역)로 양분하여 설명을 한다. 15) 이 두가지 조건들은 저생산 표식에 나타나므로, 축적체제는 재생산표식으로 요약된다고도 할 수 있다. 16)

조절양식(mode de régulation)이란 "개인들 상호간의 모순되고 대립적인 행동을 축적체제의 전반적 원리에 적합하도록 만드는 여러 가지 메커니즘의 조합"17)으로 정의된다. 리피츠는 이것이 기업과 노동자를 전체적 원리에 적응하도록 만드는 관습과 순응성, 시장의 규칙, 노동·사회입법, 화폐·금융 네트워크 등 제도화된 형태로 구성되어 있다고 말한다. 후자는 다시 국가적 형태, 사적 형태(노사간의 노동협약), 준공공적 형태(프랑스적인 사회보장제

---

14) 아글리에타는 축적체제를 "절대적 잉여가치를 정의하는 가장 보편적인 규범의 안정적 제약 하에서 상대적 잉여가치를 증가시키는 사회적 변형의 형태"라고 정의함으로써, 축적과정뿐만 아니라 조절양식 혹은 사회적 축적구조의 일부를 포함하는 개념으로 사용하고 있다. Michel Aglietta, *A Theory of Capitalist Regulation: The U. S. Experience*; 성낙선 외 역, 『자본주의 조절이론』, 63쪽.
그러나 이 글에서는 좀더 도식적인 브와이에나 리피츠의 정의를 다르기로 한다.

15) Alain Lipietz, 앞의 책.

16) David Kotz, "The Regulation Theory and the Social Structure of Accumulation Approach," in David Kotz/Terrence McDonough/Michael Reich, eds., *Social Structure of Accumulation*, Cambridge University Press, 1994.

17) A. Lipietz, 앞의 책.

도)로 구분할 수 있다. 이러한 조절양식들이 역사적으로 규정된 제도형태와 결합을 통하여 기본적인 사회적 관계들을 재생산하는 기능, 현재의 축적체제를 유지하고 조종하는 기능, 분산적 의사결정의 총체가 동태적으로 양립하도록 보증하는 기능을 한다.[18]

이러한 조절양식은 제도형태(formes institutionnelles)로 구체화되거나 제도형태 속에서 실현된다. 조절 이론에서 주목하는 중요한 제도형태로서는 화폐제약의 형태(금본위제인가 관리통화제인가), 임노동관계(노동력의 사용과 재생산을 규정하는 조건의 총체), 경쟁형태(자유경쟁인가 독점인가), 국가형태(자유방임적인 값싼 정부인가 케인즈적 개입국가인가), 국제체제(팍스 브리타니카인가 팍스 아메리카나인가) 등을 들 수 있다.[19]

축적체제와 조절양식의 결합을 성장체제(regime of growth), 혹은 발전양식(mode de développement)이라고 한다.[20] 성장체제 차원에서는 축적체제와 조절양식의 조응과 비조응이 문제가 된다. 축적체제에 조절양식이 조응하지 못하면 위기가 발생하고, 중대한 위기가 발생하면 새로운 조절양식이 탄생한다는 조절이론의 동학은 여기서 도출된다.

그러나 많은 사람들이 축적체제라는 용어와 성장체제라는 용어를 혼동해서 사용하고 있다. 예를 들어 포드주의(Fordism)적 축적체제라고 하면 좁은 의미에서의 축적체제를 의미하기도 하고,

---

18) Robert Boyer, *La théorie de la régulation : Une analyse critique*, La Découverte, 1986; 정신동 역, 『조절 이론』, 학민사, 1991.

19) 山田鋭夫, 『レギュラシオンアプローチ : 21世紀の經濟學』, 藤原書店, 1991, 73쪽.

20) Robert Boyer, *La théorie de la régulation : Une analyse critique*; 정신동 역, 『조절 이론』.

넓은 의미에서 포드주의적 성장체제를 의미하기도 한다. 조절이론에서는 성장체제를 구성하는 축적체제와 조절양식 중에서 축적체제가 보다 더 규정적인 역할을 한다고 보고 있기 때문에 이러한 혼동은 크게 문제되지 않는다고 할 수 있다. 이 장에서도 축적체제라는 용어를 전후 맥락으로 보아 혼동의 여지가 없는 한, 두 가지 의미로 자유롭게 사용하려고 한다.

조절이론에서는 19세기 이후 자본주의 역사에서 두 가지 축적체제를 발견하였다. 하나는 19세기 중반에서 제1차 세계대전 사이의 외연적 축적체제(extensive regime of accumulation)이고, 다른 하나는 제2차 세계대전 이후 70년대 사이의 포드주의적 축적체제(Fordist regime of accumulation)라고도 불리는 내포적 축적체제(intensive regime of accumulation)이다. 외연적 축적체제에서는 가혹한 노동 조건과 낮은 임금으로 높은 잉여가치율을 유지함으로써 이윤율의 하락을 방지하였다. 소비는 노동자들의 소득에 의해서가 아니라, 식민지나 개척지의 확대로 충당되었다.

내포적 축적체제에서는 노동자들에게 상대적으로 높은 임금을 지불하였지만, 그 임금의 상승이 소비재 생산부문의 생산성 증가 범위 이내에서 이루어졌기 때문에 잉여가치율을 안정적으로 유지할 수 있었다. 그리고 생산재 생산부문의 생산성 증가로 인하여 자본의 기술구성이 증가하더라도 가치구성이 높아지지 않았다. 이 두 가지 조건이 결합됨으로써 이윤율 저하에 반작용하는 힘이 구조적으로 보장되었던 것이다. 다른 한편으로 소비재 생산부문의 생산성 증가로 인한 소비재 생산량의 증대는 노동자들의 높은 임금에 의한 구매력의 확대로 수요되었다.[21] 생산과 소비 사이의

---

21) Alain Lipietz, "Behind the Crisis: the Exhaustion of a Regime of Accumulation. A 'Regulation School' Perspective on Some French Empirical

균형이 식민지의 외연적 확장에 의해서가 아니라 노동자들의 소득 증대에 의해서 충족되었기 때문에 내포적 축적체제라고 이름을 붙인 것이다.

3. 배제적 축적체제

앞에서 지적하였듯이, 축적체제는 생산물을 생산하는 조건과 생산물을 소비하는 조건으로 요약할 수 있다. 이 절에서는 외연적 축적체제와 내포적 축적체제를 거친 자본주의가 이제는 배제적 축적체제를 만들어내고 있다는 것을 살펴보려고 한다. 그 중에서 우선 생산방법, 노동력 재생산, 잉여가치의 지배적 형태 등 세 가지 관계가 어떻게 변화하고 있는지를 분석해 보려고 한다. 그리고 나서 마지막 부분에서는 이러한 관계들이 생산과 소비의 측면에서 배제적 축적체제의 호순환 구조를 어떻게 만들어가고 있는지를 살펴보려고 한다.

1) 생산 방법

포드주의적 축적체제의 특징이었던 대량생산(mass production) 방법이 대량맞춤생산(mass customization) 방법으로 변하고 있다. 대량맞춤생산은 획일적이고 표준적인 제품을 대량으로 생산하던 대량생산체제를 변화시켜 기본적으로 대량생산방법을 유지하면서도 소비자들의 기호를 반영하여 다양한 종류의 제품을 수요의 변화에 따라 유연하게 생산하는 것을 말한다. 흔히 인터넷을 통한

Works," *Review of Radical Political Economy*, Vol. 18, No. 2, 1986.

대량맞춤생산의 대표적인 예로서는 델(Dell) 컴퓨터[22]와 리바이스 청바지(Levi's)[23] 등을 들 수 있다.

대량맞춤생산을 하기 위해서는 자본의 운동 과정 전체가 변해야 한다.

먼저 소비자의 주문을 받거나 선호를 파악하여 생산을 지시하는 과정이 신속하게 이루어져야 한다. 이것을 위하여 CALS (commerce at the light speed), 식품, 잡화 산업에서는 효율적 소비자 반응(efficient consumer response), 의류산업에서 신속반응(quick response) 등의 기술이 개발되었다. B2B(business to business), B2C(business to consumer) 전자상거래가 급증하고 있으며, 경매(판매자 주도 경매), 역경매(구매자 주도 경매), 공동구매 등의 방법이 사용되고 있고, 소비자를 위하여 가격을 비교해 주거나 물건을 추천해 주는 로봇(robot)이나 대리인(agent) 프로그램들이 인터넷을 돌아다니고 있다.

다음으로 원료와 부품을 조달하는 구매과정이 혁신되어야 한다. 일찍이 자동차 산업에서는 적기생산(just-in-time) 방법이 사용되었고, B2B 전자상거래(electronic commerce)와 전자시장(e-marketplace)이 급속도로 팽창하고 있다. 이러한 흐름들은 물류센터를 건설하고, 공급망 관리(supply chain management) 기술을 도입하면서 점점 통합되고 있다.

---

22) 델 컴퓨터(Dell Computer Co.)는 1996년 7월부터 웹 사이트에서 제품을 판매하기 시작하였다. 반 년 뒤 인터넷을 통한 PC 판매가 매월 100만 달러를 넘어서게 되었다. U.S. Department of Commerce, *The Emerging Digital Economy II*, 1999.

23) 리바이스(Levi Strauss & Co.)는 1994년 맞춤생산을 개시하였으며 1998년 초 이것을 확대하여 오리지널 스핀(original spin)이라는 프로그램을 도입하였고, 1998년 11월부터 인터넷 판매를 시작하였다. (http://www.levi.com)

생산과정은 하나의 생산라인에서 여러 종류의 제품을 생산할 수 있도록 유연생산체제(FMS: flexible manufacturing system)로 바꿔어야 한다. 여기에는 컴퓨터를 활용한 CAD(computer aided design), CAE(computer aided engineering), CAM(computer aided manufacturing) 등의 기술이 함께 사용되고 있고 점차 CIM (computer integrated manufacturing)의 개념으로 통합되고 있으며, 유연생산체제는 유연생산판매체제(FMMS: flexible manufacturing and marketing system)로 나아가고 있다.

이러한 기술혁신은 점점 통합되어 인트라넷(intranet)을 구축하고 그룹웨어(group ware)를 통하여 업무를 조절하고 지식을 공유하는 기술이 개발되었으며, 최근에는 회사자원관리(ERP, enter-prise resource planning) 등의 기술이 개발되고 있다.[24]

대량맞춤생산에 따라 노동자의 구성과 직무가 달라지게 되면 기업의 조직도 변하지 않을 수 없다. 과거의 기업은 위계적(hierarchy)인 조직형태를 가지고 있었다. 이것은 표준화된 제품의 생산에 적합한 것이었다. 그러나 대량맞춤생산에서는 피콧 등의 주장처럼, 전략적 네트워크(strategic network) 형태나 모듈(module) 형태 등이 기업의 적합한 조직 형태가 된다.[25]

대량맞춤생산을 하기 위해서는 노동자와 노동과정도 변화해야 한다. 노동자들이 유연한 생산방법에 적응하기 위해서는 한 노동

---

24) 1장에서 살펴본 바와 같이 정보혁명은 표준과 규약이라는 약속으로 구성되어 있다. 따라서 상당히 많은 기술혁신이 새로운 약속을 추가하는 형태로 출현한다. 끊임없이 새로운 개념과 용어와 약어가 등장하고 추가되는 것이 정보혁명의 특징이다.

25) Arnold Picot/Ralf Reichwald/Rolf T. Wigand, *Die Grenzlosen Unternehmung*, 1998; 宮城 徹 譯, 『情報時代の 企業管理の 教科書』, 稅務經理協會, 188쪽.

자가 여러 가지 기능을 가지고 다품종을 생산할 수 있도록 숙련되어야 한다. 소위 포스트포드주의(post-Fordism) 논쟁에서 논란이 되었던 것과 같이 유연전문화(flexible specialization)가 추구되고, 노동자가 다기능을 가지게 되며,[26] 지식노동자로 바뀌는 등의 변화가 일어나야 한다.

리피에츠(A. Lipietz)나 브와이에(R. Boyer) 같은 포스트포드주의자들은 이러한 변화에 따라 작업조직이 구상과 실행의 재통일의 방향으로 재편성되고 교섭에 기초한 참여를 통하여 고용이 안정되고 노동자들에게 충분한 보상이 주어짐으로써, 생산성이 회복되고 안정된 새로운 축적체제가 형성될 것으로 전망하였지만,[27] 이러한 전망은 실현되지 못하였고, 신자유주의적 흐름이 지배하게 되었다. 이렇게 된 데에는 신자유주의적 조절이 결정적인 역할을 하였다고 할 수 있지만 축적체제 내에서도 다음과 같은 요인들을 찾아볼 수 있다.

첫째로, 기업의 입장에서 보면 모든 노동자를 지식노동자로 만드는 데에는 비용이 많이 들 것이다. 만약 일부의 지식노동자들에게만 전문적이고 복잡한 업무를 맡기고 나머지 보통노동자들에게는 단순한 업무만 맡겨도 유연생산이 가능하다면, 그렇게 하는 것이 비용측면에서 바람직할 것이다. 지식노동자들에게만 더 높은 보수와 더 많은 교육훈련 기회를 제공하면 되기 때문이다.

둘째로, 정보기술은 기계장치(하드웨어)나 그것을 움직이는 소프트웨어 자체는 더 복잡하게 만들지만 그것을 사용하는 노동은 단순하게 만드는 경향이 있다. 그래서 보통 노동자들은 과거보다

---

26) M. J. Piore/C. F. Sabel, *The Second Industrial Divide-Possibility for Prosperity*, Basic Books, 1984.

27) 이영희, 앞의 책, 42쪽.

여러 가지 일을 하고 있지만 자신의 지식이나 숙련은 오히려 더 낮아지게 되는 효과가 더 강하게 나타난다. 아울러 똑똑해진 기계장치와 소프트웨어는 일반적으로 노동강도를 증가시키는 효과가 있다.

셋째로, 정보기술은 비생산적 노동자를 축출하는 경향이 강하며, 이러한 노동자들을 실제로 축출했을 때에야 비로소 그 효과가 나타난다. 비생산적 노동이란 제도의 불완전성 혹은 정보의 부족이나 비대칭성 때문에 필요한 노동이다. 정보기술을 도입하면 정보를 수집하고 처리하는 능력이 놀랄 만큼 발전하기 때문에, 이러한 노동이 불필요하게 된다. 정보혁명은 비생산적 노동을 축출하는 역할을 한다는 점에서 산업혁명과 결정적인 차이가 있다. 정보혁명으로 인하여 시장에서 나타나는 탈중개(disintermediation) 현상이 기업 내부에서도 진행되고 있는 것이다.

넷째로, 정보혁명은 실시간으로 기업의 업무를 원격 통제하고 조정하는 것을 가능하게 만들기 때문에 진정으로 세계화된 생산체제를 가능하게 한다. 세계적으로 원료가 가장 싼 곳에서 물자를 조달하고 임금이 가장 싼 곳에서 생산을 하게 되면 개별기업이나 개별작업장 단위에서 일반 노동자들을 포섭하여 안정적인 고용을 유지하는 것보다는 노동의 유연성을 높이는 것이 중요해질 것이다. 보통노동자들은 국민경제나 지역경제 차원에서 경쟁하는 것이 아니라 가장 후진적인 경제가 포함되어 있는 세계경제 차원에서 경쟁해야 하므로 고용의 불안정과 노동조건의 악화에 직면하게 된다.

이러한 결과로 다수 노동자들의 고용은 불안정해지고, 노동강도가 증가하면서 노동시간이 늘어나게 되었다.[28] 고용불안정은

---

28) 고용의 불안정은 세계 각국의 자료에서 분명하게 확인할 수 있다. 미국의

정규직 노동자를 임시직 노동자로 대체하는 경우에도 발생하지만, 비생산적 노동자를 축출하는 데서도 발생한다. 나아가 기업의 핵심역량(core competence)만 남기고 나머지는 외부발주(outsourcing) 한다든지 극단적인 경우에는 분사(spin-off)해 버리고 하청계약(subcontracting)을 통해서 제조한다면, 보통노동자들의 고용은 더욱 불안정해질 것이다. 기업이 세계화함에 따라서 축적과정에서 배제된 노동자들은 국내의 산업예비군들과의 경쟁뿐만 아니라 지구적인 산업예비군들과의 경쟁에 직면하게 되기 때문이다.[29] 이러한 축적체제를 배제적 축적체제라고 부르려는 이유는 바로 이러한 특징 때문이다. 다시 말해서 소수의 지식노동자만 축적체제 안으로 포섭하고 다수의 보통노동자는 불완전고용이나 실업의 형태로 배제해 버리는 경향이 있기 때문이다.

2) 노동력의 재생산

내포적 축적체제에서는 비교적 높은 임금이 지불되어 노동자를 체제 내에 포섭하려고 하였다. 노동자들은 높은 임금을 받음으로써 대량생산방법의 도입으로 반복적이고 강도가 높은 작업에 대한 보상을 받을 수 있었다. 또한 노동조합 활동이 장려되고 단체교섭이 일상화되어 산업민주주의가 정착되었다. 그러나 배제적 축적체제에서는 임금구조가 상당히 달라지고 있다. 이제는 소수의 지

경우를 보면 1990년대에 노동시간이 증가하였다는 것을 확인할 수 있다.

29) 이러한 경향을 잘 보여주는 예가 나이키(Nike)이다. 나이키는 본사에서는 부가가치가 가장 높은 연구개발, 설계, 마케팅 등만을 담당하고 실제 생산은 하청공장과의 계약을 체결해서 행하는 '생산 없는 제조업(manufacturing without production)'을 실현하고 있다. 나이키는 현재 전 세계 51개 나라에서 736개의 공장과 하청계약을 맺고 있으며 모두 556,350명의 노동자가 나이키 하청공장에서 노동하고 있다. (http://www.nikebiz.com)

식노동자들에게만 고임금을 지불하고 다수의 보통노동자들에게는 임금 인상이 억제되어 임금격차가 커지고 있다. 노동자들이 끊임없이 축출 압력을 받고 있는 상황에서 임금인상을 요구하는 것은 어려울 것이다. 또한 취업 중인 노동자들조차도 기업의 규모가 세계화되어 감에 따라 지구적 차원에서의 경쟁으로 인하여 임금인하 압력이 강화되고 있다. 소득분배의 악화는 1990년대를 통하여 전세계적으로 확인되는 현상이다.

내포적 축적체제에서는 기본임금을 보장하면서 집단상여금 제도가 도입되었다.[30] 이것은 집단 작업을 하는 노동자들의 생산성을 개별적으로 측정하는 것이 어려웠기 때문에 도입된 제도였다. 그러나 이제는 임금이 개인별로 책정되고 상여금도 개인별로 지급되는 형태로 바뀌게 되었다. 보통노동자들은 치열한 경쟁 하에 놓여있기 때문에 특별한 동기부여를 할 필요가 없으므로 상여금은 지식노동자 계층에 집중되고 있다. 스톡옵션(stock option)이 지식노동자들에게 대한 보편적인 형태의 상여금으로 되어가고 있다.[31]

포드주의 시대에 도입된 국가나 공공단체에서 부담하는 간접임금도 점차 사라지고 있다. 국가의 기능이 축소되고 있기 때문이

---

30) Michel Aglietta, *A Theory of Capitalist Regulation : The U. S. Experience*; 성낙선 외 역, 『자본주의 조절 이론』.

31) 1980년 미국에서 CEO들의 보수는 노동자들 임금의 42배였다. 1990년에는 84배였고, 1999년에는 475배로 증가하였다. GE의 CEO인 잭 웰치(Jack Welch)는 1999년에 보수(compensation)로 4,570만 달러, 스톡옵션 공여(stock option grants)로 4,690만 달러, 스톡옵션 행사(exercises)로 4,850만 달러, 미행사 스톡옵션으로 4억 3,640만 달러, 합계 5억 7,750만 달러를 벌었다. 보수와 스톡옵션 행사만 치더라도 노동자 15,000명의 임금에 해당되는 금액이다. (http://www. aflcio. org/paywatch 참조)

다. 각종 공공서비스가 민영화되고 심지어 교육기관까지 시장원리가 도입되면서 사실상 국가나 공공단체에서 부담하던 간접임금도 점점 축소되고 있다. 심지어 연금제도나 의료보험제도마저도 민영화됨으로써 노동력의 전체적인 재생산도 국가의 책임이 아니라 개인의 책임으로 전환되고 있다. 연금기금의 주식투자 허용 등으로 인하여 노동자와 그 가족의 재생산이 금융시장의 기복에 의존하도록 되어가고 있다.[32]

이와 같은 노동자들 사이의 임금 격차 확대, 간접임금의 축소, 집단성과급의 개별성과급으로의 전환, 스톡옵션, 노동력 재생산의 금융시장 의존 등이 배제적 축적체제에서 노동력 재생산의 특징이라고 할 수 있다. 보통노동자 계급은 비생산적 노동의 축출과 지구적 차원의 경쟁 등으로 인하여, 실업과 임시고용, 과소고용 등에 시달리면서 축적체제의 중심으로부터 배제되어 주변화되어 가고 있다.

3) 잉여가치의 지배적 형태

흔히 조절이론에서는 포드주의 이전의 외연적 축적체제에서는 절대적 잉여가치가 잉여가치의 지배적 형태였는데, 포드주의에서는 상대적 잉여가치가 잉여가치의 지배적 형태가 되었다고 설명한다.[33] 그러나 배제적 축적체제에서는 잉여가치의 지배적 형태가

---

32) 최근 엔론(Enron)의 파산에서 드러났듯이 기업연금제(401ⅹ)를 채택하고 있는 회사의 노동자들은 주식시장에 자신의 노후생활을 맡기고 있는 셈이다. 기업이 파산하여 주식이 휴지조각이 되는 경우에는 노동자들의 재생산에 대한 심각한 위협이 닥친다. 엔론의 노동자 1만7천여 명은 자사주의 주가가 올해 초 80달러 선에서 29일 36센트로 폭락하는 바람에 99% 이상의 손실을 보았다. (한겨레, 2001. 11. 30)

33) David Kotz, op. cit.

달라지고 있다. 그것은 바로 특별잉여가치, 독점이윤과 지대이다.

특별잉여가치는 상대적 잉여가치와 밀접한 연관이 있다. 앞에서도 살펴본 바와 같이, 특별잉여가치가 경쟁에 의해서 사라지면서 상대적 잉여가치로 전환되는 것이다. 그리고 상대적 잉여가치가 지배적인 경우에도 개별기업이 기술혁신을 하는 동기도 상대적 잉여가치 획득에 있는 것이 아니라 특별잉여가치 획득에 있는 것이다. 그러므로 특별잉여가치가 잉여가치의 지배적 형태라는 측면에서는 배제적 축적체제와 내포적 축적체제는 크게 다르지 않다고 할 수 있다. 그러나 다음과 같은 점에서 적지 않은 차이가 있다. 우선 특별잉여가치는 일시적으로 존재하기 때문에 지배적 형태의 잉여가치가 된다는 말은 기술혁신이 끝없이 진행되고 있다거나 경쟁에 의해서 기술이 전파되는 속도가 느려졌다는 것을 의미한다. 동태적으로 보아서 전자의 경우는 매우 효율적인 상태이겠지만, 후자의 경우는 오히려 비효율적인 상태일 가능성이 많다. 다음으로 상대적 잉여가치는 기술혁신의 과실을 자본 전체가 공유한다는 것을 말하는데, 특별잉여가치는 그 과실을 개별자본이 독차지한다는 것을 말한다. 기술혁신의 과실을 나누는 잔치에 소수의 자본만이 참여하고 다른 자본이 배제되는 것이다.

독점이윤은 다른 자본이나 소비자로부터 잉여가치가 이전된 것이다. 따라서 그것은 사회전체적인 잉여가치를 증가시키지 못하면서 분배상태를 악화시킨다. 다수의 구성원을 잉여가치의 분배로부터 배제하는 것이다. 배제적 축적체제에서 독점이윤이 지배적인 잉여가치 형태가 되는 것은 몇 가지 경향의 결과이다. 첫째로 상품화 경향의 결과이다. 제2장에서 살펴본 바와 마찬가지로 배제불가능성 등 지적 재산권의 여러 가지 특성 때문에 상품화를 위해서는 독점가격설정이 필수적인 경우가 있다. 독점가격으로 상품화된 대표적인 것으로서 특허와 저작권 등을 포함하는 지적재산권을 들 수 있다. 둘째로 정보상품의 규모수익체증 현상 때문에 독점이 발생할 수 있다. 이 경우에는 경쟁시장에서는 상품의 정상적인 재생산이 불가능하다. 경쟁 시장에서는 가격을 0에 가까운 값으로까지 낮추는 가격경쟁이 진행되기 때문이다. 이러한 경쟁의 결과 상품화에 실패하든지, 독점 시장이 될 것이다.[34] 배제적 축적체제에서 독점은 시장에서 단 하나의 기업만 존재하게 되는 극단적인 형태로 나타나는 경우가 종종 있다. 이러한 경향은 흔히 승자독식(winner-take-all) 현상이라고 불린다. 지적재산권은 법률적으로 보호되기 때문에 승자독식 경향이 매우 강하다. 때로는 고도의 지식을 보호하는 것이 아니라 누구나 다 생각할 수 있는 간단한 아이디어를 보호하려는 경향까지 나타난다.[35] 이런 경우에는 지적 재산권이 기술의 확산뿐만 아니라 오히려 혁신에도 장애가 될 것이다.

지대는 비옥한 토지라든지 인구가 집중되는 도시 중심부의 토

---

[34] 이 문제와 관련하여 넷스케이프(Netscape)와 마이크로소프트(Microsoft) 사이의 브라우저(browser) 전쟁을 생각해 보면 좋다. 현재는 브라우저 시장이 사라졌고, 따라서 브라우저의 상품화에는 실패한 상태이다. 그러나 앞으로 다시 시장이 생길 수도 있다. 마이크로소프트가 브라우저의 가격을 영원히 받지 않겠다고 약속하고 있지만, 그 약속이 지켜질지는 미지수이기 때문이다. 그리고 다른 각도에서 보면, 마이크로소프트는 이미 브라우저의 가격을 운영체제 가격에 포함시켜 받고 있는 상태라고도 할 수 있다.

[35] 아마존(Amazon)의 원클릭(one-click) 특허를 예로 들어보자. 소비자들이 한번만 클릭하면 결제가 끝나도록 만든 비즈니스 모델 특허(BM 특허)이다. 원클릭 특허가 인정되었기 때문에 아마존에 로열티를 내지 않으려면 다른 사이트에서는 두 번 클릭해서 결제가 끝나도록 만들 수밖에 없다. 만약 투클릭에도 특허가 인정된다면(원클릭이 인정된 마당에 투클릭이 안 될 이유가 없다), 또 다른 사이트에서는 세 번 클릭에 결제가 끝나도록 만들 수밖에 없는 것이다.

지와 같이 자본의 힘으로 재생산될 수 없는 조건에 의하여 초과이윤이 생길 때를 말한다. 그것은 자본의 생산력이 높아서가 아니라 자본의 생산력과 상관이 없는 다른 조건에 의해서 발생하는 것이다. 앞에서 우리는 지대를 발생시키는 중요한 요인으로서는 네트워크 효과와 브랜드 효과를 들었다. 네트워크 효과는 사용자들이 많이 모임으로써 사용자들에 의해 만들어지는 효과이다. 그럼에도 불구하고 네트워크를 소유한 자본은 초과이윤을 얻을 수 있다. 재주는 곰이 넘고 돈은 주인이 버는 셈이다. 브랜드 효과도 자본에 의해서 만들어지는 측면도 있지만, 소비자들이 브랜드에 부여하는 측면도 강하다. 소비자들은 자신들이 만들어낸 것에 대해 더 많은 돈을 지불하고 있는 것이다. 지대는 사회의 모든 구성원들로부터 허위의 사회적 가치를 지불하도록 만드는 것이다. 이런 의미에서 지대도 배제적 형태의 하나라는 것이 분명하다.

4) 호순환 구조

축적체제가 안정적으로 성립되기 위해서는 축적이 계속될 수 있는 호순환 구조가 성립되어야 한다.[36] 호순환 구조는 다시 두 가지로 표현할 수 있다. 생산 측면에서는 이윤율저하경향이 억제되어야 한다고 할 수 있다. 자본의 운동은 이윤율을 중심으로 이루어지는 것이다. 소비 측면에서는 생산물에 대한 수요가 확보되어야 한다. 배제적 축적체제에서는 노동자들을 배제하면서도 어떻게 이러한 호순환 구조를 만들어낼 수 있느냐가 축적체제 성립의 관건이 된다.

포드주의에서는 이러한 호순환 구조가 생산재부문과 소비재부

---

36) 여기서 호순환이란 노동자들의 입장에서 호순환이 아니라, 자본축적의 입장에서 호순환을 의미하는 것이다.

문의 생산성 증가에 의해서 보장되었다고 할 수 있다. 이것은 다음과 같은 정식화를 통해서 확인할 수 있다.[37] r을 일반이윤율, C, V, S를 각각 불변자본가치, 가변자본가치, 잉여가치, q를 유기적 구성(전체 노동에 대한 자본의 비율, 즉 C/(V+S)), e를 잉여가치율(전체 노동에 대한 잉여가치의 비율, 즉 S/(V+S))이라고 하자. 그러면 이윤율은 다음과 같은 공식으로 결정된다.

$$
(1) \qquad r = \frac{S}{C+V} = \frac{\dfrac{S}{V+S}}{\dfrac{C}{V+S} + \dfrac{V}{V+S}} = \frac{e}{q+(1-e)}
$$

식 (1)로부터 잉여가치율 e가 하락하지 않고, 자본구성 q가 증가하지 않는다면 이윤율이 안정적으로 유지될 수 있다는 것을 확인할 수 있다. 그런데 내포적 축적체제에서는 생산재부문(제1부문)에서의 생산성 증가로 인하여 q의 값이 상승하지 않고, 소비재부문(제2부문)에서의 생산성 증가로 e의 값이 상승하지 않았기 때문에 이러한 조건이 충족될 수 있었던 것이다.

배제적 축적체제를 정식화하기 위해서는 정보혁명의 특성을 고려하여 생산적 노동과 비생산적 노동을 구분하여야 한다. 식 (1)에서의 가변자본 V에 생산적 가변자본 PV와 비생산적 가변자본 UV가 포함되어 있다고 가정한다. 그리고 여기서는 비생산적 노동에 대한 보수가 잉여가치에서 공제된다고 가정하면, 관측잉여가치 S는 생산적 노동이 생산한 생산잉여가치 PS에서 비생산적 가변자본 UV를 공제한 값이 될 것이다. 이윤율은

---

37) 이 장에 나오는 수식은 제5장에 나오는 수식과 기본적으로 동일한 것이기 때문에 가능한 한 제5장에서와 같은 부호를 사용할 것이다.

$$(2) \quad r = \frac{S}{C+V} = \frac{PS-UV}{C+PV+UV}$$

와 같이 표현된다.

유기적 구성 q, 관측잉여가치율 ε, 생산잉여가치율 e, 비생산
노동비율 μ는 다음과 같이 정의할 수 있다.

$$(3) \quad \varepsilon = \frac{S}{V+PS} \;, \quad q = \frac{C}{V+PS} \;,$$
$$\mu = \frac{UV}{V+PS} \;, \quad e = \frac{PS}{V+PS} = \varepsilon + \mu$$

이윤율을 나타내는 식 (2)는

$$(4) \quad r = \frac{\varepsilon}{q+1-(\varepsilon+\mu)} = \frac{e-\mu}{q+1-e}$$

와 같이 변형된다. 식 (4)로부터 이윤율은 생산잉여가치율, 자본
의 유기적 구성, 비생산노동비율 등에 영향을 받는다는 것을 확인
할 수 있다.

노동자들을 축출함에도 불구하고 이윤율저하경향이 나타나지
않을 가능성은 여러 가지가 있다. 우선, 식 (4)에서 비생산노동비
율 μ의 감소는 직접 이윤율을 높인다는 것을 확인할 수 있다. 이
제는 자본의 구성 q가 높아지거나 생산잉여가치율 e가 저하한다고
하더라도 이윤율이 유지될 수 있는 가능성이 생긴 것이다. 또한
배제적 축적체제에서 노동자들의 축출은 노동자들 사이의 경쟁을

격화시켜 잉여가치율 e가 낮아지는 것을 방지한다. 정보기술의 발달에 의한 생산재 가격의 급격한 하락은 유기적 구성 q의 상승도 억제하고 있다.

다음으로 잉여가치의 지배적 형태가 특별잉여가치, 독점이윤, 지대 등으로 변하게 되면 이윤율은 직접적으로 증가하게 된다. 특별잉여가치, 독점이윤, 지대 등은 q나 μ에 아무런 영향을 끼치지 않으면서 e를 증가시키게 된다. 물론 특별잉여가치나 지대의 경우에는 개별자본의 이윤율과 더불어 사회전체의 평균이윤율이 상승하지만 독점이윤의 경우에는 개별자본의 이윤율만 상승한다는 차이가 있다. 마지막으로 배제적 축적체제의 세계화 경향은 이윤율을 더욱 높이게 된다. 앞에서 분석한 바와 같이 지대나 독점이윤은 세계화가 진전될수록 커지기 때문이다. 이와 같이 이윤율을 결정하는 모든 구성요소가 이윤율저하경향을 억제하는 방향으로 작용하여 호순환 구조를 만들어내고 있는 것이다.

기술혁신으로 인하여 노동자가 너무 많이 축출되면 경제 전체에서 생산된 잉여가치가 결국은 줄어들기 때문에 이윤율이 저하하게 된다. 잉여가치를 생산하는 원천은 노동자이기 때문이다. 이것이 바로 이윤율저하경향의 핵심적인 내용이다. 반대로 자본의 축적으로 인하여 노동자가 너무 많이 흡수되면 임금이 상승하기 때문에 잉여가치율이 다시 낮아지게 된다. 이와 같이 자본이 고용할 수 있는 노동인구의 크기에는 상한과 하한이 존재한다. 자본축적은 이 상한과 하한 사이를 진동하면서 진행되는 것이다.

정보혁명의 경우에도 자본축적이 이러한 상한과 하한 사이를 진동하면서 진행된다는 기본적인 사실에는 변화가 없다. 그러나 기술혁신에 의해서 비생산적 노동자가 축출되더라도 생산된 잉여가치량이 줄어들지 않기 때문에 잉여가치량의 감소로 인해서 생기는 축적의 제한은 상당히 줄어든다. 이와 같이 노동자를 흡수할 수 있는 상한은 그대로인데, 노동자를 축출할 수 있는 하한은 탄력적으로 낮아지고 있는 것이 배제적 축적체제의 특징이다.

다음으로 수요 측면에서의 축적체제가 성립할 조건을 생각하여 보자. 포드주의에서는 노동자들에게 고임금을 지불하고 대량소비라는 새로운 소비양식을 만들어냄으로써 수요를 확보하는 데 성공하였다. 배제적 축적체제에서도 대량맞춤생산에 적합한 새로운 소비양식을 만들어내야 한다. 대량맞춤생산은 대량생산을 부정하는 것이 아니라 그것을 기본으로 하면서, 한계에 부딪친 표준제품의 판매를 맞춤생산을 통하여 더욱 확대하려는 시도이다. 따라서 한편으로 표준화된 제품의 대량소비를 추구하면서도 다른 한편으로 개인의 기호에 따라 다양한 제품을 소비하는 차별화된 소비양식이 발달한다. 이에 따라 브랜드나 프랜차이즈 형태의 소비가 더욱 중요하게 되고, 생산자는 소비자의 욕망을 불러일으키기 위해서 광고를 통한 기호의 창출에 나서며, 소비자가 광고 상품을 소비하는 것이 아니라 기호 자체를 소비하게 되는 '소비의 사회' 현상도 나타나게 된다.[38]

그러나 배제적 축적체제에서는 노동자를 축출하는 경향이 있기 때문에 위와 같은 방식의 소비 확대만으로는 축적체제를 뒷받침할 만큼 충분한 수요를 확보하기 어렵다. 다음과 같은 요인들이 추가로 작용하여야 한다.

첫째로, 투자를 통한 수요의 확보이다. 정보혁명 과정에서 모든 산업에 걸쳐서 엄청난 IT 투자가 행해지고 있다. 투자를 통해

---

38) Jean Baudrillard, *La société de consommation: ses mythes, ses structures*, Gallimard, 1974; 이상률 역, 『소비의 사회』, 문예출판사, 1992.

수요를 확보한다는 것은 과거의 축적체제에서도 마찬가지로 사용되었던 방법이다. 그리고 이러한 투자가 생산능력의 증대로 연결된다면 수요 문제는 장기적으로 오히려 악화될 수 있다. 그러나 일부의 IT 투자는 생산량의 증가로 연결되지 않는다. 생산성 역설에 대한 논쟁에서도 살펴볼 수 있듯이 생산의 증가보다는 서비스의 증가를 목적으로 행해지는 IT 투자도 상당히 많이 있다.[39]

둘째로, 일부의 지식노동자들이 받는 고소득과 그에 따른 고소비를 생각해 볼 수 있다. 만약 지식노동자들의 소득 증가분이 축출된 노동자들의 소득 감소분보다 크다면, 지식노동자들의 늘어난 소비를 가지고 일반노동자들의 줄어든 소비를 어느 정도 보충할 가능성이 있다.

셋째로, 금융시장 활성화로 인한 소비의 증가를 생각해 볼 수 있다. 예를 들어 노동자들이 직접 혹은 간접으로 주식투자를 하게되었다고 할 때 주식시장이 활성화되면 노동자들의 자산평가가 늘어나게 되므로 소비가 증가할 것이다. 다음 절에서도 살펴보겠지만, 브와이에 같은 연구자들은 이러한 호순환구조의 성립 가능성을 현실적인 것으로 고려하고 있다.[40]

넷째로, 세계화 경향은 수요 확보를 위한 중요한 수단이 된다. 외연적 축적체제에서는 시장을 확보하기 위하여 제국주의적 진출이 불가피하였다. 내포적 축적체제에서는 세계 시장에 의존하기

---

39) 신문사 홈페이지의 경우를 생각하여 보자. 홈페이지를 만들고 데이터베이스를 유지하는 데에는 막대한 투자비가 들어간다. 그러나 아직까지는 홈페이지를 유료로 운영하고 있는 신문사는 드물다. 새로운 수익을 창출하기 위해서라기보다는, 경쟁에 뒤처지지 않기 위하여 독자들에게 더 많은 서비스를 제공하는 목적으로 운용되고 있다고 보아야 할 것이다.

40) Robert Boyer, "Is a finance-led growth regime a viable alternative to Fordism? A preliminary analysis."

보다는 노동자들에게 고임금을 지불하고 대량소비 규범을 만들어 국민국가 내에서 수요를 확보하였다. 그러나 배제적 축적체제가 되면서 세계시장이 다시금 절대적으로 필요하게 된 것이다. WTO 의 출범과 인터넷의 등장은 세계시장을 현실적, 가상적으로 확대 시키고 있다. 미국 자본의 직간접 해외투자가 늘어나고 있으며, 미국경제의 무역의존도는 90년대 신경제 기간 중에 급속하게 증가 하였으며, 2001년의 불황기에도 줄어들지 않고 있다.[41]

배제적 축적체제는 다수의 노동자를 배제함으로써 유지되는 축 적체제이다. 포스트 포드주의, 혹은 네오포드주의 등의 다양한 가 능성이 전망되었던 포드주의 이후의 축적체제는 정보혁명과 결합 되면서 배제적 축적체제를 형성해가고 있는 것이다.

물론 배제적 축적체제에서 노동자를 축출하는 경향이 일방적으 로 나타나는 것은 아니다. 모든 법칙이 다 그렇듯이 배제경향은 반작용하는 경향과의 모순 속에서 진행된다. 반작용하는 경향 중 가장 직접적인 것은 노동자들의 저항이다. 노동자들은 구조조정 이나 정리해고에 저항하고 있고, 세계화에 반대하고 있다. 물론 축적체제가 안정적으로 유지되려면 이러한 저항을 물리적, 이데 올로기적으로 분쇄하는 데 성공하여야 할 것이다. 다음으로 가격 효과를 생각해 볼 수 있다. 임금이 충분히 하락하면 노동자를 축 출하지 않는 것이 유리해질 수도 있다. 그러나 이러한 가격효과는 노동자를 축출한 산업과는 다른 산업에서 나타날 가능성이 크다. 예를 들면 제조업에서 쫓겨난 노동자가 불안정한 서비스업에 취업

---

41) 미국의 무역의존도(수출＋수입/GDP)는 1994년 20%를 넘어선 이래 꾸준 히 증가하여 2000년에는 29%에 도달하였고, 불황기인 2001년에도 28%의 비 율을 유지하고 있다. 과거 1961년의 무역의존도가 불과 8%였던 것과 비교하면 상당한 차이라고 할 수 있다. (자료: Bureau of Economic Analysis)

하는 경우이다.

또한 노동자들이 완전하게 축출되는 것이 아니라 임시직 형태로 전환되거나, 파트타임 형태로 고용될 수도 있다. 이와 같은 고용의 불안정화도 축출의 한 가지 형태라고 할 수 있다. 그리고 위에서 말한 반작용하는 힘들이 상당하게 작용하고 있기 때문에 대다수의 노동자들이 축출되어 있는 상태보다는 이렇게 불안정하게나마 고용되어 있는 상태가 배제적 축적체제의 일상적인 모습이 될 가능성이 많다. [42]

4. 금융시장을 통한 조절

1) 주식자본의 운동

정치경제학에서 자본이란 보다 많은 화폐(이윤)를 획득하는 것을 목적으로 한, 화폐에서 시작해서 화폐로 끝나는 운동을 가리킨다. 주식에 투자되는 화폐도 나중에 주식을 팔아서 보다 많은 화폐를 획득할 목적으로 운동하고 있으므로 분명히 자본이다. 이 자본을 주식자본이라고 불러보자. [43] 화폐를 M, 주식을 S라고 하면, 주식자본의 운동은 다음과 같이 나타낼 수 있다.

---

42) 정건화는 이러한 불안정성이 정보화의 진전이 노동시장에 미치는 뚜렷한 영향이라고 보고 있다. 정건화, 『정보화의 진전이 노동시장에 미치는 영향』, 한신대학교, 1998.

43) Karl Marx(1894), *Capital*, Vol. III; 김수행 역, 『자본론』, 제3권, 비봉출판사, 1990, 572쪽. 힐퍼딩은 이것을 'share capital'이라고 불렀다. (Rudolf Hilferding[1947], 김수행/김진엽 역, 『금융자본』, 새날, 1994)

(5) $M-S-M'$

그런데 이러한 자본의 운동은 주식의 구매와 판매로 이루어져 있으므로, 유통과정에서 잉여가치가 발생할 수 없다는 가치법칙에 위배된다. 실제로 주식은 구매하는 순간에는 판매자가 있고, 판매하는 순간에는 구매자가 있으므로, 한 사람이 덕을 보면 다른 사람이 손해를 볼 수밖에 없다. 이것은 〈그림 1〉에서 확인할 수 있다.

<그림 1> 주식자본의 운동

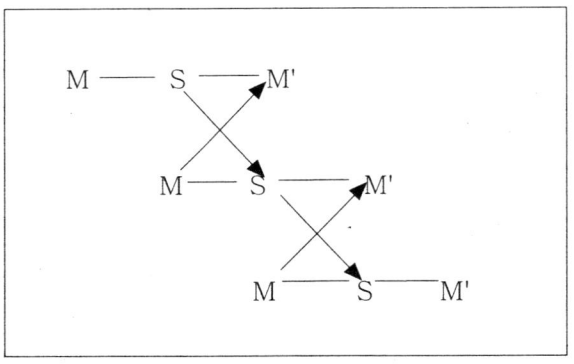

하나의 주식자본의 운동은 다른 주식자본의 운동과 이와 같이 연결되어 있기 때문에 이러한 운동은 전체적으로 보아서 잉여가치가 발생할 수 없다. 일종의 영합게임(zero-sum game)이다. 그러나 이와 같이 두 자본의 운동만 살펴보면 분명하게 드러나는 사실이 주식시장 전체로서는 잘 드러나지 않는다. 이것은 두 가지 이유 때문이다. 하나는 현물주식시장에서는 만기일이 없기 때문이다. 선물이나 옵션과 같은 파생상품의 경우에는 일정한 시점이 되

면 게임을 끝내고 모두 현금으로 바꾸었다가 새로 게임을 시작하기 때문에 영합게임이라는 성격이 분명히 드러난다.44) 다른 하나는 주가가 상승할 때에는 전체가 행복해지고, 하락할 때에는 전체가 불행해지는 자산평가가 매일매일 참여자의 머리 속에서 이루어지기 때문이다. 이러한 자산평가는 참여자들을 누가 따고 누가 잃는 관계가 아니라 모두가 따고 모두가 잃는 공동운명체인 것처럼 보이게 만든다.

혹은 한 사람의 수익이 다른 사람의 주식시장에의 참여나 기존 사람의 추가적인 참여에 의해서만 보장된다는 의미에서 폰지 시스템(Ponzi system)45)과 유사한 성격을 가지고 있다. 이것은 흔히 중첩세대모형(overlapping generations model)으로도 설명한다.

---

44) 여기서 영합게임이라는 것은 파생상품 투자를 통한 금전적인 이득과 금전적인 손실을 합계했을 때 합이 0이 된다는 뜻이다. 주류경제학에서 말하는 효용의 측면에서는 돈을 잃은 사람도 만족할 수 있다. 파생상품 시장의 위험회피 기능을 고려하더라도 마찬가지이다. 헤지거래자(위험회피를 위해서 파생상품 투자를 하는 사람)는 위험을 회피하는 대신 금전적인 손실을 감수한다. 이 위험회피자의 금전적인 손실은 투기거래자(파생상품 투자를 통해서 금전적인 이득을 추구하는 사람)의 금전적인 이득이 된다. 위험회피라는 측면에서 위험회피자는 이득을 보지만, 금전적인 이득과 손실을 합해보면 0이 된다는 사실에는 변함이 없다.

45) 찰스 폰지(Charles Ponzi)는 1920년대 금융 피라미드 사기의 원조이다. 그는 유럽의 반송우표의 국제가격과 환율의 차이를 이용한 중재거래를 통해서 높은 수익을 올릴 수 있다고 선전하여 투자자를 모집하였다. (Robert Shiller, *Irrational Exuberance*, Princeton University Press, 2000) 일반적으로 폰지 시스템이 성립하기 위한 조건으로서는 다음과 같은 것들을 들 수 있다. 첫째, 고수익을 약속해야 한다. 둘째, 그럴듯한 사업 계획이 있어야 한다. 셋째, 실제로 그 사업의 구체적 내용에 대해서는 일반인들이 잘 몰라야 한다. 넷째, 최초의 몇 사람들에게 진짜 고수익을 제공하여야 한다. 다섯째, 고수익을 올린 사람들이 대중들에게 선전을 하여야 한다. 황소시장(bull market)에서는 이러한 조건들이 전부 충족되는 것이 아닐까?

중첩세대모형이란 앞 세대와 뒤 세대가 서로 섞여서 살아가면서, 앞 세대의 생활을 뒷 세대가 부담하는 모형을 말한다. 노인들이 연금을 계속 더 많이 받기 위해서는 인구가 계속 늘어나면 된다. 주식시장에서는 참여자가 많아지면 주가가 상승하고, 참여자가 줄어들면 주가가 하락하는 것은 이러한 모형들로 설명할 수 있다.[46]

그러나 주식을 소유하는 것은 다이아몬드나 종이조각을 소유하는 것과는 다르다. 주식은 주식회사에 대한 의결권이나 소송제기권 등의 공익권과 이익배당 청구권이나 잔여재산 청구권과 같은 공익권을 갖는 수익증권이다. 그런데 의결권이나 소송제기권의 행사는 궁극적으로 보다 많은 이익을 청구하기 위해서 이루어지는 것이므로, 주식은 "미래의 이윤에 대한 청구권"[47] 이라고 할 수 있다. 그러므로 〈그림 1〉과 같은 주식시장에서 자본의 운동은 〈그림 2〉에서와 같이 그에 대응하는 산업자본의 운동을 근거로 하고 있다고 보아야 할 것이다.

〈그림 2〉에서 타원 안은 주식시장을 의미하고 그 밖은 산업자본의 운동을 가리킨다. 산업자본에 의해서 생성된 잉여가치($M'-M$)는 배당의 형태로 주기적으로(예를 들면, 1년에 한 번씩) 주식시장에 흘러 들어간다. 이것이 주식시장에서의 운동에 대한 합리적 근거이다. 자본주의 사회에서 규칙적으로 발생하는 소득의 흐름은 이 자율을 매개로 자본화(capitalization) 된다. 마르크스는 실제로 자본의 운동을 하지는 않지만, 이와 같은 방식으로 자본화된 자본을 의

---

46) 참여자의 규모는 고객예탁금과 거래량 등의 지표로 확인할 수 있다. "주가는 거래량의 그림자"라든지 "재료보다 수급이 앞선다"는 격언들은 주식시장에 나도는 격언 중에서 가장 믿을 만한 것들이다.

47) Rudolf Hilferding, 앞의 책, 143쪽.

제자본(fictitious capital) 이라고 불렀다. 주식자본은 바로 이와 같이 미래의 배당(예상배당)에 기초해서 자본화된 의제자본이다. 48)

<그림 2> 산업자본과 주식자본

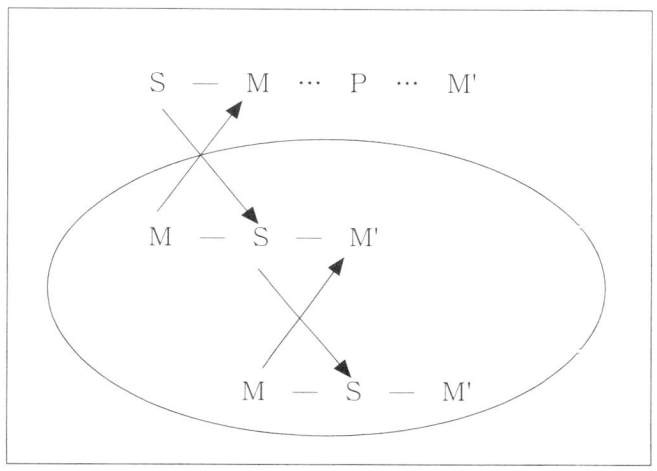

마르크스는 이와 관련하여 다음과 같이 말한다.

신용제도는 주식자본을 발생시키며 주식은 그 자본에 대한 소유권을 대표하게 된다. …… 그러나 그 자본은 이중으로—즉 한번은 소유권 인 주식의 자본가치로서, 그리고 또 한번은 그 사업에 실제로 투하되 었거나 투하될 자본으로서—존재하는 것은 아니다. 그 자본은 오직 후자의 형태로만 존재하며, 주식은 이 자본에 의해 실현될 잉여가치 에 대한 소유권(주식소유의 크기에 따라 잉여가치를 분배받는다)에 불과하다. 49)

---

48) 주식의 내재가치(intrinsic value), 혹은 기본가치(fundamental value)는 미 래의 배당의 현재가치이다.

49) Karl Marx(1894), *Capital*, Vol. Ⅲ; 김수행 역, 『자본론』, 제3권, 572쪽.

그러나 이러한 주식자본의 운동에 대한 합리적 근거가 주식자본의 영합게임 성격을 근본적으로 바꾸는 것은 아니다. 주가 중에서 배당의 자본화에 의해서 합리화될 수 있는 부분을 제외한 나머지는 영합게임에 의해서 충당된다고 보아야 할 것이다. 그런데 이러한 합리적 부분은 실제의 주가에 비하여 너무 작다.[50] 실제로 이렇게 작은 배당을 바라고 투자하는 사람은 극히 드물다.[51] 그리고 미래의 배당은 아무도 정확하게 알 수 없으므로, 나름대로의 예상에 기초해서 행동할 수밖에 없다.[52] 이것은 다음과 같이 이야기할 수도 있다. 주식보유로부터 발생하는 수익은 배당과 자본이득인데, 주식자본 운동의 결정적인 목표는 자본이득이다. 바로 이 자본이득 부분이 영합게임의 성격을 가지는 부분이다.

　　이 점과 관련하여 마르크스는 다음과 같은 지적을 하고 있다.

---

50) 완전한 정보가 있어서 리스크를 생각할 필요가 없고 현재의 배당이 영원히 계속된다면, 합리적인 주가배당비율(price dividend ratio)은 이자율의 역수배가 될 것이다. 그러나 주가는 불황국면일지라도 이 비율을 넘는 경우가 거의 대부분이다. 장기투자가는 장기적으로 주가가 오를 것을 예상하는 투자가이지, 장기적으로 배당만으로 만족하는 투자가는 아니다.

51) 배당율이 높은 주식의 예를 하나 들자. 1999년 SK텔레콤의 배당율은 40%에 육박하였다. 액면가 500원짜리 주식을 가진 사람은 200원의 배당을 받을 수 있었다. 그러나 이 배당을 위해서는 40만원을 지불해야 했다(1999년 말 가격).

52) 일반적으로 배당이 없더라도 사내유보가 증가하면 주식의 내재가치가 올라간다. 이것은 사내유보가 미래 배당의 증가를 가져올 것이라고 예상하기 때문이다. 그러나 올해의 사내유보 증가가 미래의 배당을 영구히 증가시키는 것은 아니기 때문에 이러한 예상에는 투기적 성격이 있다. 이자율의 경우에도 마찬가지이다. 이자율의 하락은 현재가치를 증가시키기 때문에 내재가치를 상승시킨다. 그러나 이 경우에도 이러한 내재가치 계산이 합리화되기 위해서는 이자율이 현재의 수준을 영원히 유지한다는 가정이 필요하다. 이상의 내용을 종합해 보면, 내재가치 계산 공식 자체에도 투기성이 내재되어 있다고 할 수 있다.

주식은 상품으로서 매매될 수 있으며 따라서 자본가치로서 유통하는 자본이기 때문에 환상적인 성격을 지니며, 그것의 가치는 현실적인 자본(이것에 대한 소유권이 주식이다)의 가치운동과는 전혀 무관하게 등락할 수 있다. 주식의 가치는 이자율의 하락—이것이 화폐자본의 독특한 운동과는 무관하며 이윤율 저하경향의 단순한 결과라고 간주한다면—에 따라 필연적으로 상승하는 경향을 가지므로, 이 환상적인 부는 자본주의적 생산이 발달하여 감에 따라 증대하는 경향을 가진다.[53]

주식자본, 일반적으로 금융자본의 영합게임의 성격은 파생상품(derivatives)에 투자되는 자본의 경우에는 완전히 투명하게 드러난다. 파생상품의 경우에는 주기적으로 만기가 되면 수익과 손실을 정산하여 기존의 상품을 파기하고 새로운 상품을 가지고 다시 자본의 운동을 시작하기 때문이다. BIS의 추정에 의하면, 2001년 6월말 현재 파생상품에 투자되는 자본의 규모는 100조 달러 정도로 추정되는데, 이것은 3년 전에 비해서 38%나 증가한 규모이다.[54] 전 세계 연간무역량의 10배가 넘는 금액이 결과만으로 보면 카지노와 다름이 없는 영합게임에 동원되고 있는 것이다.

주식시장이 형성되고 나면 주식시장에 돌아다니는 화폐량은 산업자본의 운동을 하고 있는 화폐량보다 몇 배나 커지게 된다.[55] 이 차이는 이윤낳는 자본이 이자낳는 자본으로 전환하면서 발생한

---

53) Karl Marx(1894), *Capital*, Vol. III; 김수행 역, 『자본론』, 제3권, 585쪽.

54) 총 99조의 파생상품 명목잔고 중 이자율 파생상품이 75조, 외환파생상품이 20조, 주식파생상품이 2조를 차지하였다. (Bank for International Settlements, "The global OTC derivatives market at end-June 2001: Second part of the triennial Central Bank Survey of Foreign Exchange and Derivatives Market Activity," 20 December, 2001)

55) 같은 말이지만, 시가총액(capitalization)은 자본금총액보다 커지게 된다.

다. 액면가 5,000원에 이윤율 15%인 기업의 주식은 이자율이 5%일 때 15,000원에 거래되는 것이 적절하므로 10,000원의 창업자이득이 발생한다. 이 차이는 주식 소유자가 최초로 시장에서 주식을 거래할 때 발생하는데, 힐퍼딩은 이것을 창업자이득(promoter's profit)이라고 불렀다. 〈그림 2〉에서 최초의 주식자본운동, 즉 굵은 이탤릭으로 표시된 자본운동에서 창업자이득이 발생한다. 오늘날의 표현을 쓰자면, 창업자가 이 창업자이득을 실현하는 과정이 바로 최초공개매수(initial public offering)이고, 벤처캐피탈(venture capital)은 바로 이 창업자이득을 노리는 자본이다.[56]

창업자 이득은 다른 각도에서 보면, 주식의 가치를 기업의 미래배당의 현재가치에 기초해서 평가하고 매매하는 과정에서 발생한다. 이러한 과정은 결국 기업의 미래가치를 사전실현(pre-realization)하는 것이라고 볼 수 있다. 사전실현이라는 말을 쓴 이유는 지금부터 영원히 일정한 비율의 배당(혹은 일정한 성장률의 배당)을 계속 받았을 때 모을 수 있는 돈을 창업자들은 창업자이득의 형태로 한순간에 벌어들인다는 의미에서이다.

〈그림 2〉에서 또 하나 주목해야 할 것은 주식시장에서 산업자본의 운동으로 화폐가 처음에 한 번만 흘러 들어간다는 것이다. 화폐는 주식회사를 창업한 사람의 호주머니에서 나와서 산업자본의 운동을 시작한다. 그 이후에는 더 이상 화폐가 공급되지 않는다. 주식시장이 활황이 되더라도 그 자체로 운동하는 산업자본이 늘어나는 것은 아니다. 그것은 주식자본의 이득, 즉 자본이득의 원천

---

56) 창업자이득은 주식뿐만 아니라 수익을 낳는 모든 자산이 자본화할 때 일반적으로 발생하는 현상이다. 따라서 이것은 보다 일반적으로 자본화이득(capitalization profit)이라고 부르는 것이 타당할 것이다. 증권화(securitization)는 자본화이득을 쉽게 실현할 수 있는 방법의 자본화이다.

이 될 뿐이다. 57) 창업자가 투자하는 화폐나 창업자이득을 나누어 가지려고 벤처 캐피탈이 투자하는 화폐만이 산업자본의 운동으로 전환된다고 할 수 있다. 이것이 바로 주식시장이 예상외로 산업자본 조달의 주요한 원천이 되지 않고 있는 현상의 한 가지 이유라고 할 수 있다. 58)

지금까지의 우리는 주식자본의 운동에 대하여 가치론적인 시각에서 분석을 하였다. 이상의 분석으로부터 주식자본과 실물자본 운동 사이의 관계를 다음과 같이 정리해 볼 수 있다.

주식자본의 운동은 실물자본의 운동을 기초로 하고 있지만, 그 자체로서 별도의 자본운동이다. 주식자본의 획득하는 잉여가치의 대부분은 다른 주식자본의 음의 잉여가치에서 충당되는 것이다. 주식자본을 포함하여 상당한 규모의 금융자본이 영합게임에 종사하고 있다. 또한 발행시장을 제외하면, 주식자본의 증가가 실물자본의 증가를 의미하는 것이 아니다. 주식자본의 크기는 실물자본의 이윤율이나 예상배당률 등에 기초해서도 움직이지만 이자율의

---

57) 중간에 주가가 유리하게 형성되어 유상증자를 하는 경우에는 이론적으로 새로운 주식회사가 추가적으로 생긴 것이라고 생각하면 될 것이다. 화폐가 한 번만 산업자본으로 흘러 들어간다는 사실에는 변함이 없다.

58) 주식시장이 가장 발달해 있는 미국의 경우에도, 1990년 비은행기업의 주식을 통한 자금조달은 전체 외부자금조달의 2.1%에 불과하였다. 이것은 너무 작은 비중이다. 은행대출은 61.9%이고, 채권을 통한 자금조달은 29.8%였다. (Frederic S. Mishkin, *Financial Markets and Institutions*, Addison Wesley Longman, 2000, p. 389) 아글리에타(Michel Aglietta, *Macroéconomie financière*: 전창환 역, 『금융제도와 거시경제』, 39쪽)와 헨우드도 같은 지적을 하고 있다. (Doug Henwood, *Wall Street: How It Works and for Whom*, Verso, 1995; 이주명 역, 『월스트리트 누구를 위해 어떻게 움직이나』, 사계절. 1999) 이러한 현상은 흔히 적대적 인수의 위협에 대한 주주들의 반등, 정보의 비대칭성으로 인한 주인-대리인 문제, 리스크의 회피 등의 이유로 설명된다.

등락이라든지 주식자본의 공급량 등과 같이 실물자본의 현실적인 움직임과 관계가 없는 요인들에 의하여 크게 변한다.

그럼에도 불구하고 주식자본의 운동은 실물자본의 운동을 조절하는 역할을 한다. 주식자본의 운동이 활발해지면 실물자본의 운동도 활발해진다. 여기에는 창업자이득을 노리는 주식자본의 운동이 매우 중요한 역할을 한다. 이것은 주식자본이 실물자본에 자본을 공급하는 유일한 직접적인 경로이다. 그러나 이외에도 주식자본의 운동이 실물자본의 운동을 주도하고 제어할 수 있는 다른 많은 간접적인 경로가 있다. 이러한 경로에 대해서는 다음 절에서 살펴볼 것이다.

그러나 주식자본의 운동은 실물자본의 운동을 제약할 수 있다. 주식자본의 운동은 궁극적으로 실물자본이 벌어들인 잉여가치의 분배에 기초하고 있다. 따라서 주식자본은 실물자본이 생산한 잉여가치를 재투자하기보다는 분배할 것을 요구할 가능성이 있다. 일반적으로 금융자본은 실물자본이 생산한 잉여가치의 일부를 요구하기 때문에, 금융자본이 실물자본에 비하여 너무 많아지면, 오히려 실물자본의 축적에 장애가 될 수 있다. 금융자본의 축적은 실물자본의 이윤율저하 경향에 대한 대응방법의 하나이다. 그러나 금융자본과 실물자본을 포함하는 전체 자본의 입장에서 보면 이윤율저하 경향이 오히려 가속화되는 결과가 될 수 있다.

2) 주식시장의 불안정성

주식시장의 가장 큰 특징은 불안정성이다. 로버트 쉴러는 1880년대부터 2000년까지의 주가수익비율을(PER)을 계산하여 〈그림 3〉과 같은 결과를 얻었다.[59] 여기서 주가수익비율은 실질 S&P

---

59) Robert Shiller, op. cit.

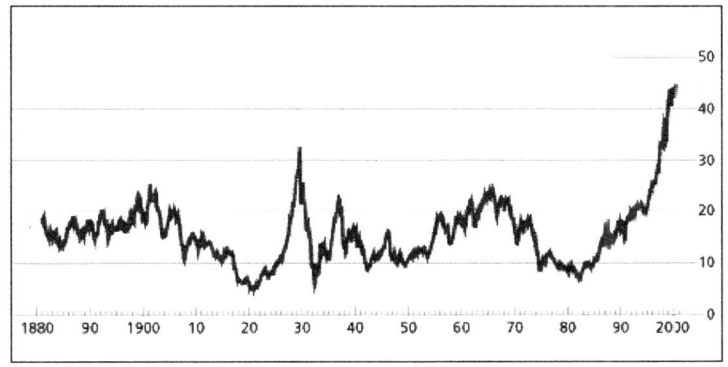

<그림 3> 주가수익비율, 1881-2000

500지수를 이윤의 10년 이동평균으로 나눈 값으로 계산한 것이다.[60] 해당 기간 동안 주가수익비율은 매우 큰 진폭을 가지고 변동하였으며, 그 진폭은 점점 더 커져 가는 것처럼 보인다. 그리고 주가수익비율이 매우 높은 상태에서 급격하게 주가가 폭락한다는 것을 확인할 수 있다.

　이러한 불안정성은 여러 가지로 설명할 수 있다. 우선 합리적 변동성이라고 불릴 만한 부분에 대해서 검토해 보자. 주식의 내재가치를 기업의 예상배당의 현재가치라고 볼 때, 이자율이나 예상배당의 조그만 차이가 현재가치에 커다란 변화를 일으킨다. 그러나 예상수익이나 배당을 정확하게 예측하는 것은 불가능하기 때문에 전문가들 사이에서도 다른 사람의 판단에서 크게 벗어나지 않으려는 무리짓기(herding)나 따라하기(mimicking) 행동을 하지 않을 수 없다. 이와 같이 예상수익 자체가 합리적으로 설명되기 어려운 것이다. 그래서 주가의 과다한 변동성을 합리적으로 설명

---

60) 그림에서 뚜렷하게 보이는 4개의 봉우리는 각각 1901년, 1929년, 1966년, 2000년에 해당된다.

할 수 있다는 주장은 설득력이 떨어진다.

아글리에타는 흥미롭게도, 소음거래자(noise trader)인 일반투자가와 기관투자가(포트폴리오 투자가)가 모두 주식시장의 변동성을 증가시킨다고 주장하고 있다. 61) 그는 일반투자가들은 현재의 추세가 계속될 것이라고 생각하고 행동하기 때문에 변동성을 높이고, 기관투자가들은 옵션을 통한 무위험 포트폴리오를 만들기 위해서 변동성을 높인다고 주장한다. 62) 기관투자가가 주식시장에서 결코 변동성을 감소시키지 않는다는 사실은 일찍이 케인즈가 지적한 바 있다. 63)

다음으로, 주식시장에서는 주기적으로 거품(bubble)이 형성되었다가 붕괴된다. 거품은 주식의 가격이 주식의 내재가치를 넘어서 계속 상승하는 현상을 가리킨다. 앞의 〈그림 3〉은 주식시장의 변동성뿐만 아니라, 역사적으로 주식시장에서 거품이 주기적으로 형성되었다가 꺼지는 일이 되풀이되었다는 사실도 잘 보여준다. 특히 최근의 거품은, 이자율이 5-6% 정도인 점을 고려하여 보면, 내재가치로부터 매우 큰 괴리를 보이고 있다고 추정할 수 있다. 64)

---

61) M. Aglietta, *Macroéconomie financière*; 전창환 역, 『금융제도와 거시경제』.

62) 그는 옵션 델타(Δ)를 예로 들고 있다. 여기서 옵션 델타란, 기초주식 가격의 변화에 대한 옵션 가격의 변화이다. 또한 델타는 무위험헤지를 위하여 매도한 옵션 1계약당 매수할 주식 수를 말한다고도 볼 수 있다. 이 델타를 이용하여 무위험 포트폴리오를 만들 수 있다. 이 델타는 주가에 따라 변하므로 포트폴리오는 계속 조정되어야 한다. 아글리에타는 이 조정 과정에서 주가의 현재 추세가 강화된다고 설명하고 있는 것이다.

63) J. M. Keynes(1936), 조순 역, 『고용, 이자 및 화폐의 일반이론』, 비봉출판사, 1982, 152-153쪽.

64) 이자율이 5-6%라면 주가수익비율(PER)은 20배 정도가 적당하다. 그런데 〈그림 3〉으로부터 최근의 PER가 40배가 넘는 것을 확인할 수 있다.

흔히 주식시장의 합리성을 신봉하는 사람들은 합리적 거품 (rational bubble)을 거론한다. 합리적 거품은 내재가치는 아니지만 어떤 요인이 존재하고 그 요인이 계속 증가할 때 나타나는 주가의 상승을 말한다. 예를 들어 닷컴(dotcom) 주식의 가격이 오를 것이라고 믿는 사람의 숫자가 점점 많아지면서 닷컴 주식의 가격이 계속 오르는 현상을 말한다. 65) 그러나 이러한 설명에서 가장 큰 문제점은 합리적 거품의 존재가 이미 다른 비합리적인 요소의 존재를 전제로 하고 있다는 것이다. 그리고 합리적 거품에서의 합리성은 개인적인 차원에서의 합리성을 말할 뿐 주식시장 전체의 합리성을 말하는 것은 아니다.

거품과 관련하여 케인즈의 세 가지 비유를 음미해 보는 것이 재미있다. 하나는 미인투표 비유이다. 미인투표에 참가하는 사람들은 자기가 진정 미인이라고 생각하는 사람에게가 아니라 다른 사람들이 미인이라고 투표할 것이라고 생각되는 사람에게 투표한다는 것이다. 66) 이 비유는 주식의 내재가치에서 괴리된 거품의 존재를 지적하고 있다. 그리고 이 거품은 인기에 의해서 생긴다. 다음은 20파운드의 미래가치를 가진 주식이 3개월 뒤에 30파운드로 평가될 것이 분명하다면 25파운드에 구입하는 것이 현명하다는 이야기이다. 67) 여기서는 합리적 거품을 말하고 있다. 이 때 합리성은 다른 사람들이 30파운드에 살 것이라는 믿음에서 생긴다. 마지막 비유는 음악이 끝날 때에는 누군가는 앉을 의자가 없게 된다는

---

65) 수식으로 표현하면, t기의 주가를 Pt, 내재가치를 Ft, 거품요인을 Bt라고 할 때, Pt＝Ft＋Bt이고, Bt＋1＝bBt(b는 증가율)이면, 주가가 계속 오르게 된다. 이것이 합리적 거품이다.

66) J. M. Keynes, 앞의 책, 154쪽.

67) 같은 책, 155쪽

것을 알고 있음에도 불구하고 음악이 연주되는 동안에는 재미있게 놀 수 있는 음악의자놀이(musical chair)의 비유이다.[68] 이것은 거품은 언젠가는 붕괴한다는 사실과 더불어, 거품이 언젠가는 붕괴된다는 것을 분명히 알더라도 붕괴하기 전까지는 놀이에 참여해서 즐길 수 있다는 것을 말한다.[69]

거품이 급속하게 꺼지면 주가가 폭락하면서 다른 금융시장으로 확대되어 금융위기가 일어난다. 이 때 금융위기란 금융자산의 가격이 전체적으로 폭락하면서 경제활동이 급격하게 위축되는 현상을 말한다. 이러한 폭락은 흔히 불확실성, 정보의 비대칭성으로 인한 역선택과 도덕적 해이,[70] 집단행동 등으로 설명이 되는데, 기본적으로는 거품이 형성되는 메커니즘과 동일한 힘들이 반대 방향으로 급격하게 작용하는 것이라고 할 수 있다. 금융위기가 일어나면 주식가격은 종종 내재가치 이하로까지 하락하게 된다.

주식시장의 이러한 불안정성은 일반적으로 금융취약성(financial fragility)의 원천이 된다. 아글리에타는 이러한 특성을 시스템 리스크라는 개념으로 총괄하고 있다. "시스템 리스크는 경제 주체들이 지각하는 리스크에 대한 합리적 대응이 다변화에 의한 리스크

---

68) 같은 책, 154쪽.

69) 이러한 점에서 보면 폰지 시스템도 개인적인 합리성을 가지고 있다. 거품이 붕괴하기 전에 빠져 나오면 되기 때문이다. 아이작 뉴턴(Isaac Newton)이 유명한 사우스 시(South See) 거품에 뛰어들었다는 것은 널리 알려진 사실이다. 거품이 한참 일어날 때 몇 주 샀다가 일찍 팔고 나와서 짭짤한 수익을 올렸다. 그러나 자기가 나오고 난 뒤에도 주식이 끝없이 오르자 다시 거액을 들고 시장에 뛰어들었다가 큰 손실을 보았다. 그는 "물체의 움직임은 계산할 수 있지만, 미친 사람들의 움직임은 전혀 알 수가 없다"고 한탄하였다.

70) M. Aglietta, *Macroéconomie financière*; 전창환 역, 『금융제도와 거시경제』, 121쪽 이하.

의 더 나은 배분을 초래하는 것이 아니라, 전체적 불안정성을 야기하는 경제상태가 발생할 가능성"[71]을 말한다. 다시 말해서 개별 주체들에게는 위험을 회피하기 위한 합리적인 행동이 모든 주체들이 동일한 행동을 함으로써 체계 전체의 위험이 증가하는 현상을 말한다. 이러한 취약성은 금융시장에서 나타나는 단순한 정보비대칭성의 문제를 뛰어넘는 것이다.[72] 쉐네는 금융취약성의 원천으로서 금융의 자유화, 세계화, 탈규제화 등을 들고 있다.[73] 민스키(H. P. Minsky)는 이러한 불안정성이 금융시장 일반이 갖는 유동성과 일반성의 추구로 인해서 발생한다는 좀더 일반적인 설명을 하고 있다.[74]

3) 주식시장을 통한 조절

조절이론에서 조절이란 개인들 상호간의 모순되고 대립적인 행동을 축적체제의 전반적 원리에 적합하도록 만드는 여러 가지 메커니즘의 조합[75]을 말한다. 이것은 기업과 노동자들에 대한 규범, 시장에서의 규칙, 노사관계 제도, 화폐 및 금융 제도 등으로 나누어질 수 있다. 이러한 조절양식들은 기본적인 사회적 관계들을 재생산하고, 축적체제를 유지하고 조절하여, 분산적인 다수의

---

71) 같은 책, 120쪽.

72) François Chesnais, eds., *La Mondialisation financière—Genèse, Coût et Enjeux*, La Découverte & Syros, 1996; 서익진 역, 『금융의 세계화』, 한울, 2002, 295-296쪽.

73) 같은 책, 301-307쪽.

74) 조복현, 『현대자본주의 경제의 불안정성』, 새날, 1997.

75) Alain Lipietz, *Mirages et Miracles: problemes de l'industrialisation dans le tiers monde*; 김종한 외 역, 『기적과 환상』, 한울, 1991.

의사결정이 서로 조화를 이루는 것을 보장하는 기능을 한다.

전통적인 의미에서 금융이란 저축을 투자로 전환시키는 행위를 말한다. 그런데 아글리에타는 금융이 다음과 같은 세 가지 기능을 한다고 지적하고 있다. 첫째는 정보의 생산과 유통이다. 이 기능은 때때로 정보에 의한 정보의 생산, 즉 거품을 낳을 수 있다. 둘째는 자산평가이다. 금융자산의 평가는 저축을 배분하는 역할을 한다. 셋째는 감시와 통제기능이다. 저축재원이 효율적으로 쓰이고 있는지를 감시하는 것이다. 이 기능을 통하여 소유권의 실행이 가능해진다.[76] 이러한 기능들 이외에 리스크의 교환이라는 기능을 추가할 수 있을 것이다. 금융은 수익의 희생 하에 리스크를 회피하려는 사람과 리스크를 감수하여 수익을 추구하려는 사람 사이에 리스크를 교환하는 행위로 볼 수 있다.

주식시장은 이러한 기능들을 통하여 축적체제를 조절하게 된다. 자산평가 기능에서부터 시작해 보자.

주식자산의 가치는 주가에 의해서 끊임없는 변동한다. 그러나 그것은 실현된 가치가 아니라 계산상의 변화에 불과하다. 왜냐하면 주가가 올라 수익이 발생해서 그것을 실현하기로 결심하고 판매하려는 순간 가격이 하락하여 오히려 손해를 볼 수 있기 때문이다. 이것은 전체 자산 중의 극히 일부분의 거래만을 가지고 전체의 자산의 가격을 평가하는 자산시장에 일반적으로 나타나는 현상이다.[77]

이와 같은 자산평가에 의해서 개인과 기업의 행동이 변하게 되

---

76) Michel Aglietta, *A Theory of Capitalist Regulation : The U. S. Experience*; 성낙선 외 역, 『자본주의 조절 이론』, 53-55쪽.

77) 실제로 주식시장에서 하루에 거래되는 양은 전체 상장주식의 1-2% 정도에 불과하다.

는 것을 자산평가효과(asset valuation effect)라고 불러보자. 이 자산평가효과는 완전하게 가공적인 것은 아니다. 주가가 상승하여 개인과 기업의 자산평가가 증가하고, 그에 따라 개인들의 소비가 늘어나고, 이것이 기업들의 수익성을 증가시켜 실제로 주식의 내재가치를 높일 수도 있기 때문이다. 브와이에는 이러한 자산평가효과가 호순환을 가져올 수 있다는 것을 구체적인 거시 경제모형으로 증명하고 있다.[78]

이러한 자산평가효과는 개인들의 소비와 저축에 영향을 끼치게 된다. 금융화가 진전되면서 사람들은 자신들의 부의 점점 더 많은 부분을 주식으로 보유하게 되었다. 그런데 자산평가효과에 의하여 개인들의 부는 끊임없이 변동하게 된다. 일반적으로 자산평가액이 증가하면 사람들의 소비가 늘어난다. 아글리에타는 사람들이 자신들의 소득에서 일정한 비율을 자산으로 보유하려고 한다는 가정 하에서 주가가 상승했을 때 저축률이 떨어지는 현상을 설명하고 있다.[79]

기업의 경우에는 자산평가효과에 더욱 민감하게 반응하지 않을 수 없다. 주가가 떨어지면 유상증자를 통하여 자기자본조달을 할 수 없을 뿐만 아니라 기업의 순자산을 담보로 은행에서 대출을 받거나 회사채를 발행하는 것마저 어려워진다. 무엇보도도 낮은 주가는 적대적 인수합병의 가능성을 높여서 주주들의 경영권을 위협하게 된다. 높은 자산평가를 받기 위해서는 주주들에게 기업의 경영상태를 감시하고 통제할 수 있는 권한을 주어야 한다. 이로 인

---

78) Robert Boyer, "Is a finance-led growth regime a viable alternative to Fordism? A preliminary analysis."

79) Michel Aglietta, *Macroéconomie financière*; 전창환 역, 『금융제도와 거시경제』, 26쪽.

해서 감시통제 기능이 활성화된다. 또한 기업들은 투자가로서의 주주들에게 기업의 사정에 대한 정보를 투명하고 구체적으로 제시할 필요가 있다. 이에 따라 정보제공 기능도 강화된다.

주식시장을 통한 조절의 특징과 그 결과에 대해서는 최근 국내외에서 많은 연구가 진행되었다.[80] 라조닉[81] 등은 주식시장 규범이 법인기업으로 하여금 70년대까지의 유보하고 재투자(retain and reinvest)하는 전략을 버리고 규모축소하고 배당(downsize and distribute)하는 전략을 채택하게 만들었다고 지적하고 있다. 그들은 이것이 기업의 장기적인 성장 기반을 무너뜨릴 수 있다는 점을 지적하고 있다. 또한 프라우드 등은[82] 기관투자가들이 산업분야와 관계없이 모든 기업에게 과도한 사용자본수익률(return on capital employed)을 무차별하게 요구함으로써 합병, 분사, 규모축소 등 온갖 형태의 구조조정과 자사주 매입과 같은 전략의 채택을 불가피하게 만든다는 점을 지적하고 있다. 이 과정에서 자본시장이 요구하는 것과 생산물시장이 허용하는 것 사이의 모순이 증대한다. 이병천[83]은 주식시장을 통한 조절의 결과 다음의 세 가지 결과가 나타난다고 요약하고 있다. 금융불안정성의 증가, 근시안적인 단기주의, 배제적인 임노동관계가 그것이다.

---

80) 주주가치(shareholder value)를 둘러싼 *Economy and Society*지의 특집호(Feb. 2000)가 그 대표적인 예이다.

81) William Lazonick/Mary O'Sullivan, "Maximizing shareholder value: a new ideology for corporate governance," *Economy and Society*, Vol. 29, No. 1, Feb. 2000.

82) Julie Froud, Colin Haslam, Sukhdev Johal & Karel Williams, "Shareholder value and financialization: consultancy promises, management moves," *Economy and Society*, Vol. 29, No. 1, Feb. 2000.

83) 이병천, 앞의 글.

이 중에서 단기주의와 배제적인 임노동 관계는 밀접하게 연관되어 있다. 주주가치를 중시하는 경영자들은 기업은 단기적인 실적을 높이는 행동을 하게 된다는 것이 지배적인 견해이다. 대부분의 주주들이 단기적인 자본이득을 노리고 투자하는 사람들이기 때문이라는 것이다. 그 중에서도 특히 기업의 수익성을 즉각적으로 극대화시키는 전략이 선택된다. 대표적인 것이 흔히 구조조정이라고 불리는 규모감축(downsizing)과 외부발주(out-sourcing)이다. 이러한 행위는 장기적으로 기업의 가치가 손상될 수도 있지만, 단기적인 수익성을 높이는 데에는 즉각적인 효과를 나타낸다. 매출은 그대로인 채로 인건비가 줄어들기 때문이다. 이러한 구조조정은 주식시장에서 정당한 것으로 평가된다. 노동즈합이 구조조정에 반대하면, 그 기업의 주가를 떨어뜨림으로써 느동자나 소비자들의 태도를 길들이게 된다.

브와이에는 주식시장을 통한 조절이 정부정책의 효과나 목표를 변화시킨다는 흥미로운 사실을 지적하고 있다.[84] 하나는 임금 하락의 효과이다. 케인즈적인 전통에 따르면 임금하락은 소비를 감소시켜 유효수요를 감소시키는 효과가 있는 것으로 간주되었다. 그러나 자산평가효과가 큰 경우에는 임금하락이 주식가격을 상승시키고 소비자들의 자산평가를 늘림으로써 오히려 소비를 증가시킬 수도 있다는 점을 지적하고 있다. 그는 또한 정부정책의 목표를 인플레이션의 억제보다는 주가의 안정으로 설정하는 것이 필요하게 되었다는 것을 지적하고 있다. 주가가 너무 높아지면 거품붕괴의 우려가 있고, 너무 낮아지면 금융위기가 초래될 수 있기 때문이다.[85]

---

84) Robert Boyer, "Is a finance-led growth regime a viable alternative to Fordism? A preliminary analysis."

주식시장을 통한 조절은 투명한 경영, 전문경영인 우대, 정보의 생산, 수익성의 중시, 부채의 감소, 주주권익 보호 등과 같은 바람직한 효과를 가져 올 수 있다. 그러나 이것은 노동자와 소비자를 희생시킨 대가로 얻어지는 자본의 합리화이다. 그리고 이러한 조절은 주식자본이 갖고 있는 영합게임적인 축적구조와 주식시장이 가지고 있는 근본적인 불안정성으로 인하여 매우 투기적이고, 매우 불안정한 조절이 될 수밖에 없다. 거품이 일어날 때는 너무 많은 기업이 창업되고 경제가 과잉팽창하지만, 거품이 꺼질 때에는 너무 많은 기업과 노동자가 퇴출되고, 필요 이상으로 위축된다. 산업자본으로 활동하는 금액보다 엄청나게 큰 금액이 영합게임에 동원되고, 그에 따라 금융자본의 수익성을 확보하는 것이 점점 어려워진다. 노동자들은 불안정한 고용과 저임금에 시달리게 되고, 투기와 같은 비생산적 금융활동이 증가하면서 일부의 성공한 금리생활자와 실패한 투자가 사이의 소득격차는 점점 늘어난다. 경제 전체적으로 불안정성과 기생성이 증가하게 된다.

4) 정보혁명과의 상호작용

주식자본의 운동이 정보혁명에 의하여 만들어진 축적체제에 끼친 긍정적인 효과 중 가장 중요한 것은 벤처자본(venture capital)의 투자를 통하여 벤처기업을 활성화시킨 것이다. 정보혁명에서는 제품혁신과 새로운 시장을 형성하기 위한 경쟁이 활발하게 전개되고 있기 때문에 벤처기업의 역할이 특히 중요하다고 할 수 있다. 주식자본이 발달하고 나스닥과 같은 형태로 주식시장을 새롭게 제도화함으로 벤처기업은 자신의 미래가치를 주식시장에서 사

---

85) 알랜 그린스펀(Alan Greenspan)은 연준이 이자율을 결정할 때 주가수준을 중요한 변수로 고려하고 있다는 것을 분명히 하고 있다.

전실현하고 창업자이득을 벤처자본과 함께 나누어 가지는 것이 용이하게 되었다. 축적체제의 호순환 조건 중에서 중요한 조건인 투자의 활성화가 이와 같이 충족될 수 있게 되었다.

정보혁명은 주식시장을 포함하는 금융시장의 발달에 기술적 가능성을 제공해 주었다. 주식시장은 거래가 신속하고 정확하게 이루어져야지만 활성화될 수 있다. 주식거래비용이 거래를 통해 얻을 수 있는 수익보다 크다면 주식시장은 확대될 수 없다. 정보혁명은 이러한 거래비용을 상당한 수준으로 낮추었다. 또한 주식시장은 주식에 대한 정보가 풍부하게 주어져야 활성화될 수 있다. 기업에 대한 정보가 풍부할수록 주식거래에 참여하는 사람들이 늘어날 것이다. 정보혁명은 풍부한 정보를 신속하게 제공하여 주식시장을 활성화시켰다. 뿐만 아니라 파생상품과 기초상품, 혹은 하나의 파생상품과 다른 파생상품 사이의 복잡한 관계를 실시간으로 계산하여 제공함으로써 파생상품 거래에 누구나 쉽게 참여할 수 있는 가능성을 열어주었다.

주식시장은 정보가 상품으로 거래되는 토대가 되었다. 광고 형태가 아니라 직접 유료 판매되는 형태로 가장 먼저 상품화된 정보는 주식시장에 관한 정보였다.[86] 주식시장에서는 남보다 조금 빨리 정보를 수집하면 엄청난 수익을 올릴 수 있으므로, 주식시장 참여자들은 신뢰성 있는 정보에 대해서는 기꺼이 돈을 지불하고 있다. 신용평가도 금융상품에 대한 정보를 판매하는 행위로 간주할 수 있다. 주식시장에 관한 종합적인 정보라고 할 수 있는 주가지수도 상품화에 성공하였다.[87]

---

86) 한국은행에서 값이 비싸서 IMF 이후에 비로소 도입하였다고 하는 블룸버그 단말기(Bloomberg terminal)가 좋은 예이다. 이 단말기를 통해서 한국에 곧 외환위기가 닥칠 것이 확실하다는 보도가 전 세계로 퍼져나갔다.

지대와 독점을 추구하는 경향도 주식시장의 발달에 의해 촉진된다. 벤처기업이 특허나 저작권 같은 지적재산권을 가지고 있으면 더 쉽게 벤처자본의 투자를 확보할 수 있고, 주식시장에서 재빨리 창업자이득을 실현할 수 있다. 가입자의 수로 대표되는 네트워크 지대의 경우에도 마찬가지이다. 가입자가 많은 기업의 주가는 당장 수익이 없더라도 쉽게 상승할 수 있다. M&A를 하면 독점이 강화되어 수익이 올라갈 것으로 기대하기 때문에 주가가 상승하는 경향이 있다. 이것은 독점을 강화하는 효과를 가진다. 또한 주식시장은 규모감축과 같은 구조조정을 반기는데, 이것은 노동자를 축출하는 배제적 축적체제를 합리화하는 역할을 한다.

5. 배제적 축적체제의 한계

축적체제의 한계는 축적체제 안에서 호순환 구조를 낳은 조건들이 더 이상 충족되지 않을 때를 말한다. 포드주의의 경우에는 생산성 향상 범위 내에서의 임금상승이라는 호순환 조건이 생산성이 정체하고 인플레이션 압력이 가중되면서 축적체제의 구조적 위기를 낳았다.

배제적 축적체제의 경우에는 이제 겨우 형성 단계에 있으며, 한 차례 정도의 순환적 위기를 거치고 있는 상태라고 할 수 있어서 축적체제의 한계를 논하는 것이 성급해 보인다. 그러나 이론적인 차원에서 다음과 같은 한계들을 지적할 수 있다.

배제적 축적체제에서 호순환 조건의 하나는 이윤율 저하경향의

---

87) 다우존스(Dow Jones) 회사는 다우존스 지수를 기초자산으로 하는 파생상품이 등장하고 나서 다우존스 지수를 유료화하였다.

억제이다. 이것은 우선 잉여가치를 생산하지 않는 비생산적인 노동자의 축출에 의해서 보장된다. 그러나 아무리 정보혁명이 진행된다고 할지라도 거래비용을 완전하게 0으로 만들 수는 없을 것이다. 그리고 비생산적 노동자가 완전하게 축출될 정도로 정보혁명이 진행되어 생산적 노동자만 남게 되면 다시금 이윤율 저하경향에 부딪치지 않을 수 없다.

수요를 확보하기 위한 세계화 경향도 마찬가지이다. 세계화 경향은 세계시장이 완전하게 형성될 때까지는 산업 전체의 수요를 늘리지만, 세계시장이 완성되고 나면 한 기업의 시장 확대가 다른 기업의 시장 축소와 대응하게 될 것이다. 이것은 제국주의 국가들이 지구 전체의 영토를 완전하게 분할하면서 제국주의 전쟁이 시작된 것과 마찬가지 원리라고 할 수 있다. 배제적 축적체제에서 잉여가치의 지배적 형태인 독점과 지대는 소비자의 잉여가치 일부가 이전된 것이다. 따라서 축적체제 전체의 부의 증가를 가져오지 않는다.

금융자본은 기본적으로 산업자본의 잉여가치에서 이윤을 분배받거나 참가자들끼리의 영합게임에 종사하고 있다. 따라서 금융자본의 지나친 증가는 산업자본의 활동에 대하여 궁극적으로 장애가 될 수 있다. 실물자본이 생산하는 잉여가치는 한정되어 있는데 잉여가치를 나누어 가져야 하는 화폐자본의 규모가 자꾸 커진다면 문제가 악화될 것이다. 금융자본을 통한 조절은 단기주의적인 경향이 있기 때문에 장기적인 성장 잠재력을 저하시킬 수 있다. 금융시장에서는 호황기의 금융도취와 거품이 전염과 연쇄반응을 통하여 순식간에 붕괴될 수 있다. 금융시장을 통한 조절은 불안정하고 취약하기 때문에 작은 충격에도 축적체제 전체를 붕괴시킬 위험이 있다.

노동자들을 축적체제에서 배제시키고 세계적인 차원에서 무한 경쟁에 빠뜨리는 생산방법은 국내적으로나 세계적으로 노동자들의 거센 저항에 부딪치게 될 것이다. 이미 다국적기업에 의한 고한공장과 제3세계 수출기업의 아동노동 등은 심각한 세계적 문제로 대두되고 있으며, 아직은 미미하지만 반세계화 운동은 축적체제에 위협이 될 정도로 성장할 가능성이 있다. 노동자들의 국가간 이주는 세계적인 문제가 되고 있다. 노동자들 사이의 세계적인 무한경쟁은 장기적으로는 일반노동자들의 하향평준화를 가져와 단일한 공동운명체로 성장시킬 가능성이 있다.

6. 맺음말

이 글에서는 정보혁명에 의해서 새롭게 형성되어가는 자본주의 경제체제를 배제적 축적체제라고 규정하였다. 배제적 축적체제란 한 마디로 말하면 정보혁명 더하기 신자유주의라고 말할 수 있다. 그 특징들은 다음과 같다.

축적체제 차원에서는 생산방법이 대량생산에서 대량맞춤생산으로 바뀌어감에 따라 유연생산체제가 확립되고, 전자상거래와 전자조달이 발달하며 비생산적 노동이 축출되고 있다. 노동과정에서는 지식노동자와 보통노동자의 직무가 확연하게 구분되고 있으며, 기업의 조직도 네트워크나 모듈 형태로 전환되면서 세계화되어 가고 있다. 노동력 재생산 과정에서는 지식노동자와 보통노동자 사이의 임금 격차가 커지고, 임금이 개별화하며, 간접임금이 축소되고, 노동력 재생산이 금융시장에 의존하게 된다. 잉여가치의 지배적 형태는 특별잉여가치, 독점이윤, 지대 등으로 바뀌고 있다. 독점이윤은 사회의 다른 구성원들로부터 잉여가치가 이전되는 것이고, 지대는 사회의 모든 구성원들로 하여금 허위의 사회적 가치를 지불하도록 만드는 것이다.

노동자들을 축출함에도 불구하고 이윤율 저하경향이 나타나지 않을 가능성은 여러 가지가 있다. 자본의 구성이 높아지고 생산잉여가치율이 낮아진다고 하더라도 비생산적 노동자를 축출함으로써 이윤율이 유지될 가능성이 생겼다. 또한 노동자들의 축출은 노동자들 사이의 경쟁을 격화시켜 잉여가치율이 저하하는 것을 방지하고 있으며, 정보기술의 발달에 의한 생산재 가격의 급격한 하락은 유기적 구성의 상승을 억제하고 있다. 잉여가치의 지배적 형태가 특별잉여가치, 독점이윤, 지대 등으로 변하게 되면서 개별자본의 이윤율은 직접적으로 증가하게 된다.

노동자들의 축출로 인해서 발생하는 수요의 감소는 새로운 소비규범을 만들고, 지식노동자의 고소비와 세계화를 통한 세계시장의 확보 등에 의해서 유지되고 있다. 배제적 축적체제가 되면서 세계시장이 다시금 절대적으로 필요하게 되었다. 일반 노동자 계급은 생산과정으로부터 축출되고 지구적 차원에서 경쟁하게 됨으로써, 실업과 임시고용, 과소고용 등에 시달리면서 축적체제로부터 배제되어 주변화되어 가고 있다.

배제적 축적체제는 신자유주의적 조절양식과 결합되어 있다. 그 중에서 중요한 것 중의 하나가 주식시장을 통한 조절이다. 주식자본 그 자체로서는 잉여가치를 생산하지 못하는 자본의 운동이고 투기적인 성격을 가지지만 주식이 상장될 때 창업자 이득의 형태로 산업자본에 자금을 공급하며 주기적으로 배당의 형태로 산업자본으로부터 자금을 받는다. 주식시장의 기본적인 특성은 변동성이 크며, 주기적으로 거품이 생겼다가 꺼지는 불안정성을 가지고 있다는 것이다. 이러한 주식시장을 통하여 개인과 기업의 행동을 조절하기 때문에 신자유주의적 조절은 불안정하고, 근시안적인 단기주의에 빠지기 쉬우며, 배제적인 임노동관계를 정당화하는 역할을 하게 된다. 주식시장과 정보혁명은 상호작용을 통하여 서로를 강화하면서 더욱 발전하고 있다.

정보혁명은 많은 긍정적 가능성을 가지고 있다. 우선 정보혁명은 생산성을 비약적으로 발전시키고 있다. 점점 더 많은 정보가 디지털화되면서 더 많은 작업이 자동화되고, 불필요한 작업이 제거되며 더 많은 정보와 지식이 제공되고 있다. 다음으로 정보혁명은 시장의 무정부성을 완화시킬 수 있는 가능성을 가지고 있다. 시장의 무정부성은 시장이라는 제도가 가진 불완전성 때문에 발생하는 현상이다. 시장에서는 하나의 정보, 즉 가격에 관한 정보만이 집중적으로 유통되기 때문에 가격으로 표시되지 않는 많은 정보는 불확실한 상태에 놓여 있다. 정보혁명은 이러한 불확실성을 상당히 제거해 준다. 또한 정보혁명은 민주적인 조직 형성을 가능하게 한다. 위계적 조직은 충분한 정보가 없을 때 적합한 구조이다. 구성원 모두가 정보의 제공자이며 소비자가 된다면 네트워크 형태의 수평적 조직이 바람직하게 된다.

그러나 정보혁명은 위와 같은 가능성들에도 불구하고 자본의 운동에 종속되고 신자유주의적 조절양식과 결합되어 위와 같은 배제적 축적체제를 만들어가고 있다. 이러한 흐름에 대항하여 정보혁명의 성과를 사회구성원들 사이에 골고루 나눌 수 있는 체제를 만드는 것이 앞으로의 과제일 것이다. 중단기적으로 다음과 같은 정책들을 생각해 볼 수 있을 것이다. 배제 경향에 대한 근본적인 해결책은 노동시간의 단축이다. 두 차례에 걸친 산업혁명을 거치

면서 하루 16시간이었던 노동이 8시간으로 줄었다면, 정보혁명을
거치면서 하루 8시간인 노동시간을 4시간으로 줄일 수 있을 것이
다. 노동시간의 단축은 일자리를 나누기 위해서뿐만 아니라 정보
기술을 습득하고 그것을 활용하여 생산성을 높이기 우해서도 필요
하다. 지식의 상품화는 사회 발전을 촉진하고 사회 전체의 이익이
되는 한에서 허용되어야 하며, 그 이득을 사회적으로 통제할 수
있는 장치를 마련하여야 한다. 강력한 독점금지법을 만들어서 승
자독식 경향에 제동을 걸고 경쟁을 촉진하여야 할 것이다. 지대와
금융소득 등과 같은 불로소득에 대해서도 통제 기구를 만들어야
하며, 금융자본의 국제적 이동에 대해서는 제한을 гʼ하고 투기성
을 억제할 수 있는 방법을 모색하여야 할 것이다.

참고문헌

Aaker, David/Erich Joachimsthaler (2000), *Brand Leadership*, Free Press

Aghion, Phillippe/Peter Howitt (1998), *Endogenous Growth Theory*, The MIT Press

Aglietta, Michel (1979), *A Theory of Capitalist Regulation: The U. S. Experience*, New Left Books, 성낙선 외 역, 『자본주의 조절 이론』, 한길사, 1994

Aglietta, Michel (1995), *Macroéconomie financière*, La Découverte, 전창환 역, 『금융제도와 거시경제』, 문원, 1998

Arthur, Brian W. (1994), *Increasing Returns and Path Dependency in the Economy*, The University of Michigan Press

Bank for International Settlements (2001), "The global OTC derivatives market at end-June 2001: Second part of the triennial Central Bank Survey of Foreign Exchange and Derivatives Market Activity," 20 December

Baudrillard, Jean (1974), *La société de consommation: ses mythes, ses structures*, Gallimard, 이상률 역, 『소비의 사회』, 문예출판사, 1992

Bell, Daniel (1973), *The Coming of Post-industrial Society: A Venture in Social Forecasting*, Basic Books

Blackwell, Roger/Kristina Stephan (2001), *Customers Rule!*, Crown Pub

Boyer, Robert (1986), *La théorie de la régulation: Une analyse critique*,

La Découverte, 정신동 역, 『조절 이론』, 1991, 학민사

Boyer, Robert(2000), "Is a finance-led growth regime a viable alternative to Fordism? A preliminary analysis," *Economy and Society*, Vol. 29 No. 1, Feb.

Braverman, Harry(1975), *Labour and Monopoly Capital*, Monthly Review Press, 강남훈/이한주 역, 『노동과 독점자본』, 까치, 1989

Brynjolfsson, Erik/Lorin M. Hitt(2000), "Computing Productivity: Are Computers Pulling Their Weight?," *MIT Sloan School of Management*, January.

Brynjolfsson, Erik/Brian Kahin eds. (2000), *Understanding the Digital Economy: Data, Tools, and Research*, MIT Press.

Burton-Jones, Alan(1999), *Knowledge Capitalism*, Oxford.

Castells, Manuel(1989), *The Informational City: Information Technology, Economic Restructuring, and the Urban-regional Process*, Blackwell

Castells, Manuel(1996), *The Rise of the Network Society*, Blackwell

Castells, Manuel(1997), *The Power of Identity*, Blackwell

Castells, Manuel(1998), *End of Millenium*, Blackwell(Second Edition, 2000)

Castells, Manuel/Yuko Aoyama(1994), "Paths Towards the Informational Society: Employment Structure in G-7 Countries, 1920-90," *International Labour Reivew*, 133, No. 1, pp. 5-33

Chesnais, François(1994), *La Mondialisation du Capital*, Syros

Chesnais, François(1997), 「금융지배적인 세계적 축적체제의 출현」, 이병천/백영현 편, 『한국사회에 주는 충고』, 삼인

Chesnais, François eds. (1996), *La Mondialisation financière—Genèse, Coût et Enjeux*, La Découverte & Syros, 서익진 역, 『금융의 세계화』, 한울, 2002

Daniel, Bell(1973), *The Coming of Post-industrial Society*, Basic Books

David, Paul(1989), "Computer and Dynamo: The Modern Productivity

Paradox in Historical Perspective," Standford University Center for Economic Research, Working Paper No. 172

Deleuze, Gilles/Félix Guattari (1987), *A Thousand Plateaus*, University of Minnesota Press

DeLong, J. Bradford/A. Michael Froomkin (2000), "Speculative Micro-economics for Tomorrow's Economy," in Kahin Brian/H. R. Varian eds., *Internet Publishing and Beyond: The Economics of Digital Information and Intellectual Property.*

Doeringer, P./M. Piore (1971), *Internal Labour Markets and Manpower Analysis*, D. C. Heath

Dosi, Giovanni et al. (1988), *Technical Change and Economic Theory*, Pinter

Downes, Larry/Chunka Mui (1998), "Unleashing the Killer App," *Harvard Business Review*; 이기문 역, 『킬러 애플리케이션』, 국일증권경제연구소, 1998

Drucker, Peter (1993), *Post-Capitalist Society*, Harperbusiness, 이재규역, 『자본주의 이후의 사회』, 한국경제신문사, 1993

Dutton, H. William ed. (1996), *Information and Communication Technologies: Visions and Realities*, Oxford University Press

Emmanuel, Arghiri (1972), *Unequal exchange: a study of the imperialism of trade*, (With additional comments by Charles Bettelheim), Brian Pearce Translated, Monthly Review Press

Evans, Philip/Thomas S. Wurster (2000), *Blown to Bits: How the New Economics of Information Transforms Strategy*, Harvard Business School Press, November, 보스턴 컨설팅 그룹 역, 『기업 해치와 인터넷 혁명』, 세종서적, 2000

Friedman, Thomas (2000), *The Lexus and the Olive Tree*, Anchor Books

Froud, Julie, Colin Haslam, Sukhdev Johal & Karel Williams (2000), "Shareholder value and financialization: consultancy promises, management moves," *Economy and Society*, Vol. 29, No. 1. Feb.

Froud, Julie/Colin Haslam/Sukhdev Johal/Karel(2000), "Shareholder value and financialization: consultancy promises, management moves," *Economy and Society*, Vol. 29, No. 1, Feb.

Garson, G. David(1995), *Computer Technology and Social Issues*, Idea Group Publishing

Gilder, George(1990), *Microcosm: The Quantum Revolution in Economics and Technology*, Touchstone Books

Goldhaber, Michael H. (1997), "The Attention Economy and the Net," *First Monday*, Vol. 4, No. 2

Goldschmidt, Werner(1979), "Grundzug oder Entwicklungsphase," 정운영 편, 『국가독점자본주의이론 연구 II』, 까치, 1988

Grant, R. M./C. Baden-Fuller(1995), "A Knowledge-Based Theory of Inter-firm Collaboration," *Academy of Management Best Papers Proceedings*, pp. 17-21

Groenewegen, J. (1997), "Institutions of Capitalism: American, European and Japanese Systems Compared," *Journal of Economic Issues*, 31/3: 333-347

Hardt, Michael/Antonio Negri(2000), *Empire*, Harvard University Press, 윤수종 역, 『제국』, 이학사, 2001

Harris, Jerry(1995), "From Das Capital to DOS Capital: A Look at Recent Theories of Value," *A Journal of Cybernetic Revolution, Sustainable Socialism & Radical Democracy*, Issue #3, September.

Heap, Nick et al. eds. (1995), *Information Technology and Society: A Reader*, SAGE Publications

Henwood, Doug(1998), *Wall Street: How It Works and for Whom*, Verso, 이주명 역, 『월스트리트 누구를 위해 어떻게 움직이나』, 사계절, 1999

Hilferding, Rudolf(1947), 김수행/김진엽 역, 『금융자본』, 새날, 1994

Hitt, L. M./E. Brynjolfsson(1996), "Productivity, Profitability, and Consumer Surplus: Three Different Measures of Information

Technology Value," *MIS Quarterly*, June, 121-142

Houston, David(1997), "Productive-Unproductive Labor: Rest in Peace," (Comment on: Simon Mohun, "Productive and Unproductive Labor in the Labor Theory of Value") *Review of Radical Political Economics*

Hudson, Ken(2001), 「일회용 노동자」, 국제연대정책정보센터 역, 『신경제의 신화와 현실』, 이후, 2001

Itoh, Makoto(1980), *Value and Crisis*, 김수행 역, 『가치와 공황』, 비봉출판사, 1988

Kelly, Kevin(1995), *Out of Control: The Rise of Neo-biological Civilization*, Addison-Wesley

Kelly, Kevin(1998), *New Rules for the New Economy*, Viking

Keynes, J. M. (1936), 조순 역, 『고용, 이자 및 화폐의 일반이론』, 비봉출판사, 1982

Kotz, David(1994), "The Regulation Theory and the Social Structure of Accumulation Approach," in David Kotz/Terrence McDonough/ Michael Reich eds., *Social Structure of Accumulation*, Cambrideg University Press, 1994

Kotz, David/Terrence McDonough/Michael Reich eds. (1994), *Social Structure of Accumulation*, Cambridge University Press

Kranzberg, M(1985), "The Information Age: Evolution or Revolution?," in Bruce R. Guile ed., *Information Technologies and Social Transformation*, National Academy of Engineering

Krugman, Paul(1998), 『자본주의 경제의 환상』, 다이아몬드사

Laibman, D. (1992), *Value, Technical Change and Crisis*, Armonk

Laibman, D. (1993), "The Falling Rate of Profit: A New Empirical Study," *Science and Society*, Vol. 57, No. 2.

Lazonick, William/Mary O'Sullivan(2000), "Maximizing shareholder value: a new ideology for corporate governance," *Economy and Society*, Vol. 29, No. 1, Feb.

Liebowitz, Stan/Stephen Margolis(1999), *Winners, Losers and Microsoft*, The Independent Institute.

Lipietz, Alain(1985), *Mirages et Miracles: problemes de l'industriali-sation dans le tiers monde*, La Découverte, 김종한 외 역, 『기적과 환상』, 한울, 1991

Lipietz, Alain(1986), "Behind the Crisis: the Exhaustion of a Regime of Accumulation. A 'Regulation School' Perspective on Some French Empirical Works," *Review of Radical Political Economy*, Vol. 18, No. 2.

Mandel, Michael(2000), *The Coming Internet Depression*, The Wylie Agency, 이강국 역, 『인터넷 공황』, 이후, 2001

Marx, Karl(1857), *Grundrisse*, Penguin Books, 1973

Marx, Karl(1867), *Capital*, Vol. I, 김수행 역, 『자본론』, 제1권, 비봉출판사, 1994

Marx, Karl(1885), *Capital*, Vol. II, 김수행 역, 『자본론』, 제2권, 비봉출판사, 1989

Marx, Karl(1894), *Capital*, Vol. III, 김수행 역, 『자본론』, 제3권, 비봉출판사, 1990

Marx, Karl(1976), "Results of the Immediate Process of Production," *Capital*, Vol. 1, Penguin Books

Marx, Karl(1989), *Theories of Surplus Value*, Vol. I, *Collected Works*, Vol. 31, Progress Publishers

Marx, Karl(1991), *Theories of Surplus Value*, Vol. III, *Collected Works*, Vol. 33, Progress Publishers

McKinsey Global Institute(2001), *US Productivity Growth 1995-2000: Understanding the contribution of Information Technology relative to other factors*

Means, Grady/David M. Schneider(2000), *MetaCapitalism*, John Wiley & Sons

Mishkin, Frederic S. (2000), *Financial Markets and Institutions*, Addison

Wesley Longman

Mohun, Simon(1996), "Productive and Unproductive Labor in the Labor Theory of Value," *Review of Radical Political Economics*, Vol. 28, No. 4

Murray, Robin(1988), "Fordism and Post-Fordism," *Marxism Today*, 1988

Neef, Dale ed. (1998), *The Knowledge Economy*, Butterworth-Heinenmann

Negroponte, Nicholas(1996), *Being Digital*, Vintage Books, 백욱인 역, 『디지털이다』, 커뮤니케이션북스, 1999

NBER(2001), "The Business-Cycle Peak of March 2001," Business Cycle Dating Committee, National Bureau of Economic Research, Nov. 2001

Nonaka, I./H. Takeuchi(1995), *The Knowledge Creating Company: How Japanese Companies Create the Dynamics of Innovation*, Oxford University Press, 장은영 역, 『지식창조기업』, 세종서적, 1998

OECD(1996), *The Knowledge-Based Economy*, Paris.

OECD(2000), *A New Economy?: The Changing Role of Innovation and Information Technology in Growth*

Oliner, Stephen D./Daniel E. Sichel(2000), "The Resurgence of Growth in the Late 1990s: Is Information Technology the Story?," *Federal Reserve Board Finance and Economics Discussion Series 2000-20*, May 2000

Peters, Tom(1997), *The Circle of Innovation*, Alfred A. Knopf, 이진 역, 『혁신경영』, 한국경제신문사, 1999

Picot, Arnold/Ralf Reichwald/Rolf T. Wigand(1998), Die Grenzlosen Unternehmung, 宮城 徹 譯, 『情報時代の 企業管理の 教科書』, 税務經理協會

Piore, M. J./C. F. Sabel(1984), *The Second Industrial Divide-*

Possibility for Prosperity, Basic Books

Polanyi, Karl (1944), *The Great Transformation*, Octagon Books, 1975, 박현수 역, 『거대한 변환: 우리시대의 정치적 · 경제적 기원』, 민음사, 1991

Polanyi, Michael (1967), *The Tacit Dimension*, Routledge/Kegan Paul

Reich, Robert (2000), *The Future of Success*, Random House, 오성호 역, 『부유한 노예』, 김영사, 2000

Romer, Paul (1986), "Increasing Returns and Long Run Growth," *Journal of Political Economy*, June 1986

Sassen, Saskia (1991), *The Global City*, Princeton University Press

Schwartz, Evan I. (1999), *Digital Darwinism*, Broadway Books

Sengupta, Jatikumar (1999), *New Growth Theory*, Edward Elgar Pub

Shapiro, Carl/Hal R. Varian (1998), *Information Rules: A Strategic Guide to the Network Economy*, Harvard Business School

Shiller, Robert (2000), *Irrational Exuberance*, Princeton University Press

Smith, Adam (1776), 김수행 역, 『국부론』, 동아출판사, 1992

Steedman, Ian (1977), *Marx after Sraffa*, New Left Books

Stiglitz, Joseph E. (1999), *Public Policy for a Knowledge Economy*, The World Bank, January 27

Tabb, William K, 「신경제: 똑같은 불합리한 경제」, 국제연대정책정보센터 역 (2001), 『신경제의 신화와 현실』, 이후, 2001

The Economist (2000. 9. 23), "Untagling E-conomics," "Elementary, My Dear Watson," "Soving the Paradox," "Virtual Guesswork," "Bubbl. com," "Labor Pains," "Knowledge is Power," "The End of Taxes," "Catch-up If You Can," "Falling through the Net," "The Beginning of a Great Adventure," Sep. 23, 2000

Thurow, Lester (1999), *Building Wealth: the new rules for individuals, companies, and nations in a knowledge-based economy*, Harper Collins, 한기찬 역, 『지식의 지배』, 생각의 나무

Toffler, Alvin (1980), *The Third Wave*, Morrow, 김진욱 역, 『제3의 물

결』, 범우사, 1992

U.S. Department of Commerce(1998), *The Emerging Digital Economy*

U.S. Department of Commerce(1999), *The Emerging Digital Economy II*

U.S. Department of Commerce(2000), *Digital Economy 2000*, June 5

Varian, Hal R. (2000), "Market Structure in the Network age," in Erik Brynjolfsson/Brian Kahin eds., *Understanding the Digital Economy: Data, Tools, and Research*, MIT Press, 2000

Wasco, Janet(2001), 「디즈니의 마술시장 세계」, 국제연대정책정보센터 역, 『신경제의 신화와 현실』, 이후, 2001

Webster, Frank(1995), *Theories of the Information Society*, Routledge, 조동기 역, 『정보사회이론』, 사회비평사, 1997

Williams, Karel(2000), "From shareholder value to present-day capitalism," *Economy and Society*, Vol. 29, No. 1, Feb.

Yates, Michael D. (2001), 「'신'경제와 노동운동」, 국제연대정책정보센터 역, 『신경제의 신화와 현실』, 이후, 2001

강남훈(1994), 「생산가격체계에서 리카도적 편향을 제거하기 위하여」, 『한신정치경제학연구』 창간호, 한신경제과학연구소

강남훈(2000a), 「비생산적 노동과 정보기술」, 정진상 외, 『마르크스의 방법론과 가치론』, 한울

강남훈(2000b), 「정보혁명과 노동가치론」, 『사회경제평론』, 한국사회경제학회

강남훈(2000c), 「신경제의 가치론적 해석」, 한국산업사회연구회 엮음, 『경제와 사회』, 제47호, 가을

강남훈(2000d), 「디지털혁명과 신경제의 축적구조」, 경상대 사회과학연구소 엮음, 『디지털 혁명과 자본주의 전망』, 한울

권남훈/윤충한/김운호/김은민(1999), 『정보통신 중소기업가의 특성 연구』, 정보통신정책연구원

김규태/배규한/안현효(2001), 『디지털 경제, 디지털 경영』, 사회평론

김성구(1988), 「독일에서의 국가독점자본주의 논쟁」, 정운영 편, 『국가독점자본주의이론 연구 II』, 돌베개, 1988

김성구(1998), 「자본의 세계화와 신자유주의적 공세」, 김성구/김세균 외, 『자본의 세계화와 신자유주의』, 문화과학사, 1998

김성구/김세균 외(1998), 『자본의 세계화와 신자유주의』, 문화과학사

김수행(1988), 『자본론 연구 I』, 한길사

김수행(1988), 『정치경제학원론』, 한길사

김신행(1999), 『경제성장론』, 경문사

김종한(2000), 「21세기 디지털 경제 하에서 정치경제학의 주요 쟁점」, 한국사회경제학회, 『한국사회경제학회 연구논문집』

김진방/성낙선 외(2001), 『미국자본주의 해부』, 풀빛

김호균(2001), 『제3의 길과 지식기반경제』, 백의

류동민(1998), 「노동가치론과 탈근대성: 이진경의 '맑스의 근대비판: 정치경제학 비판을 위하여'에 부쳐」, 『경제와 사회』, 제39호, 가을

류동민(2000), 「디지털 네트워크경제의 특성에 대한 정치경제학적 분석」, 『노동가치론연구회 워킹페이퍼』

박기홍/조윤애/주대영/김기홍/한병섭(2000), 『디지털 경제와 인터넷 혁명』, 을유문화사

박우희 외(2001), 『기술경제학 개론』, 서울대학교 출판부

송영식/이상정/황종환(1998), 『지적소유권법』, 박영사

송현호(1998), 『신제도이론』, 민음사

양신규, 류동민(2000), 「신경제와 벤처현상의 이해」, 한국산업사회연구회 엮음, 『경제와 사회』, 제47호, 가을

유동운(1999), 『신제도주의 경제학』, 선학사

유장희/김남두(2001), 『지식기반경제 추진전략』, 이화여자대학교 출판부

유종일/장하준(1991), 「새성장이론의 비판적 검토—수렴의 문제를 중심으로」, 『경제논집』, 서울대학교경제연구소, 제30권 제4호

이강국(2001), 「最近 美國 新經濟의 好況과 不況」, 『경제논집』, 제40권 제2-3호, 서울대학교 경제연구소

이광형, 이민화(2000), 『21세기 벤처대국을 향하여』, 김영사

이병천(2000), 「세계자본주의 패권모델로서의 미국경제」, 『사회경제평론』, 제15호, 풀빛

이영희(1994), 『포드주의와 포스트포드주의』, 한울

이진경(1998), 「노동가치론의 몇 가지 전제에 관하여」, 『경제와 사회』, 제39호, 가을

이채언(1993), "Marx's Labour Theory of Value Revisited," *Cambridge Journal of Economics*, Vol. 17

이채언(1999), 「순수유통비용과 상품가치」, 『경제학의 역사와 사상』, 제2호, 나남출판사

장석인(2001), 「지식기반경제」, 박우희 외, 『기술경제학 개론』, 서울대학교 출판부, 2001

장세진(1995), 「신성장이론: 기여와 한계」, 『경제발전연구』 12월 창간호

전창환(2000), 『현대자본주의 미래와 조절이론』, 문원출판

전창환(2001), 「신자유주의적 금융화와 미국자본주의의 구조변화」, 김진방/성낙선 외, 『미국자본주의 해부』, 풀빛

전철환(2001), 「정보통신기술발전이 고용에 미치는 영향」, 한국사회과학연구소 한국산업노동학회 공동학술대회, 2001. 12. 8

정건화(1998), 『정보화의 진전이 노동시장에 미치는 영향』, 한신대학교

정성진(1990), 「세계자본주의와 불평등교환」, 이대근/정운영 편, 『세계자본주의론』, 까치

조복현(1997), 『현대자본주의 경제의 불안정성』, 새날

조영철(2001), 「앵글로 아메리칸 모델의 기업지배구조와 노사관계」, 김진방/성낙선 외, 『미국자본주의 해부』, 풀빛

조원희(1990), *Value-Theoretical Approach to the Dynamics of Competition, Monopoly-Capital, and the State*, Ph. D Thesis at Birkbeck College, University of London, Hanul Publishing Co.

조원희(1999), 「거래비용 경제학의 방법론 및 기본 개념에 대한 정치경제학적 비판」, 『경제학의 역사와 사상』, 제2호, 나남출판사

최배근(2002), 『디지털시대 다시 쓰는 경제학』, 한울

홍성태(2000), 「지식사회와 벤처 이데올로기」, 『경제와 사회』, 47호, 가을

橋本　勳(1970),『商業資本と流通問題』, ミネルヴァ書房

但馬末雄(1994),『商業資本論の 展開』, 法律文化社

刀田和夫(1993),『マルクス派サービス理論の批判と克服』, 九州大學出版會

飯盛信男(1984),『サービス經濟論序説』, 九州大學出版會

富塚良三 外 編(1985),『資本論體系 3: 剩餘價值・資本蓄積』, 有斐閣

北村洋基(1999),「情報資本主義と 勞動價値論の 現代化」,『經濟』, 9月

山田銳夫(1991),『レギュラシオンアプローチ: 21世紀の經濟學』, 藤原書店

佐藤金三朗 外 編(1977),『資本論を　學ぶ』, 有斐閣

淸野良榮(1992),『現代經濟と 蓄積體制: 競爭と 獨占の 經濟學』, 晃洋書房

鶴野昌孝(1988),『商業資本と 經濟學』, 梓出版社

색 인

정보혁명의 정치경제학

지은이/ 강남훈

초판인쇄일/ 2002년 9월 2일
초판발행일/ 2002년 9월 7일

발행인/ 손자희
발행처/ 문화과학사
주소/ 110-300 서울시 종로구 관훈동 198-16 남도빌딩
전화/ 335-0461   팩스/ 720-0466
e-mail: transics@chollian.net
homepage: http://www.jinbo.net/~moonkwa

출판등록/ 제1-1902 (1995. 6. 12)

값/9,500원

ISBN 89-86598-33-7 93320